EXCELLENT
MIDDLE
MANAGEMENT

卓越中层管理

从基层到总经理的高效进阶法

王兴旺 ◎ 著

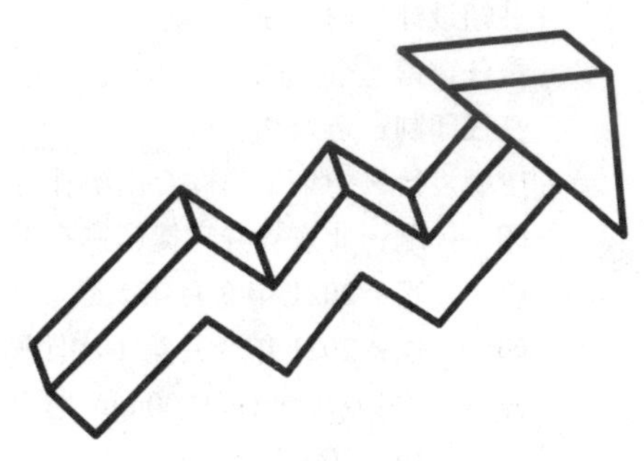

向上管理、向下管理、横向沟通

修炼自我的方法和技巧

大型国有企业、民营企业正在使用的

中层领导力培训课

中华工商联合出版社

图书在版编目(CIP)数据

卓越中层管理：从基层到总经理的高效进阶法 / 王兴旺著. -- 北京：中华工商联合出版社，2020.12

ISBN 978-7-5158-2895-4

Ⅰ.①卓… Ⅱ.①王… Ⅲ.①企业管理－组织管理学 Ⅳ.①F272.9

中国版本图书馆CIP数据核字（2020）第247283号

卓越中层管理：从基层到总经理的高效进阶法

作　　者：王兴旺
出 品 人：李　梁
图书策划：李红霞
责任编辑：孟　丹
装帧设计：周　琼
责任审读：李　征
责任印制：迈致红
出版发行：中华工商联合出版社有限责任公司
印　　刷：北京毅峰迅捷印刷有限公司
版　　次：2021年3月第1版
印　　次：2021年3月第1次印刷
开　　本：710mm×1000mm　1/16
字　　数：300千字
印　　张：18
书　　号：ISBN 978－7－5158－2895－4
定　　价：49.90元

服务热线：010－58301130－0（前台）
销售热线：010－58302977（网店部）
010－58302166（门店部）
010－58302837（馆配部、新媒体部）
010－58302813（团购部）
地址邮编：北京市西城区西环广场A座
19－20层，100044
http://www.chgslcbs.cn
投稿热线：010－58302907（总编室）
投稿邮箱：1621239583@qq.com

前言

在一个企业中，中层领导是贯彻执行企业经营发展战略的中坚力量，其职责是利用企业有限资源，包括人力、财力、物力等，为企业创造最大的效益，如完成企业既定的经营目标、人才培养和团队建设、市场信誉及风险规避。作为企业管理者，中层领导的自身修养、知识和领导能力影响着企业的健康发展。可以毫不夸张地说，企业中层领导缺乏应有的能力，其企业就无法在竞争激烈的商业环境中获得长足稳定的发展。

基于中层领导职务的至关重要性，一名卓有成就的中层领导必须具备极高的职业素质和多方面的领导能力，必须是思考能力、判断能力、决策能力和实践能力非常强悍的多面手。在管理决策上，要有高超的决断能力，能将突发性的问题和风险危机苗头在萌芽之初就控制及消灭，在关键时刻敢于拍板，瞬间抓住机遇；在团队管理上，要善于组织和引领下属，始终使团队处于高效运营之中，总是能够出色地掌控管理制度；在用人上，要善于发现人才和培养人才，敢于使用能力强的人。

作为中层领导，也面临着一个新时代的挑战。他们必须通过提升自己的职业素养和影响力来激励员工，必须建立一种关系，使整体整合的威力大于个体简单相加之和。如今的企业中层必须培养与员工的关系以加强员工对企业的认同感。他们必须对员工加以教育培训，让下属都能充分发挥自己的才能；他们必须带领团队开创业绩。与此同时，中层领导还必须为下属努力创造一个良好的工作环境，为下属的职业发展规划提供机会。

在市场竞争愈演愈烈的今天，企业的成败与兴衰，不只取决于一个人的智商，还直接受制于他的情商和综合能力，只有各方面能力都无短板的综合人才才能立于不败之地。

本书没有太多深奥的理论，而是在剖析和归纳中，提出公司中层领导在实际管理工作中经常面临的普遍性问题，并尝试寻求探索创新性的理念和解决方法。同时，本书也精选了很多实用的案例，并与理论相结合，希望能给正在想提高自己管理能力的中层领导以启迪，愿本书能助你一臂之力。

2020年7月17日

于广东中山

Chapter1

第一章 中层领导与角色定位

Chapter2

第二章 中层领导的素质修炼

Chapter3

第三章 新上任领导如何开展工作

Chapter4

第四章 中层领导的决策艺术

Chapter5
第五章
如何规范自己的工作

Chapter6
第六章
如何提高自己的口才

Chapter7

第七章

打造全方位的沟通技巧

Chapter8

第八章

如何选择适合你的人才

Chapter9

第九章

如何处理下属的抱怨

Chapter10

第十章

有效激励下属的策略

Chapter11

第十一章 把权力授给合适的人

Chapter12

第十二章 如何组织召开高效会议

Chapter1

第一章

中层领导与角色定位

领导的实质就是把企业各项资源所蕴含的力量都挖掘出来，整合各种资源为企业创造价值。

中层领导作为企业的中坚力量，扮演了重要的执行角色，在企业管理活动中有着非常重要的地位和作用。

第一节　准确认清自己的角色定位

一、什么是中层领导

从企业组织结构来讲，可分为三个管理层次，即高层（企业经营决策层）、中间层（执行控制层）和基层（操作层）。其中高层是企业经营决策层，是负责制订企业战略、经营计划、项目投资等的高级管理人员；中间层即中间管理层或执行层，简称为中层领导；而基层则是指基层管理或执行层。在企业组织管理结构中，一般呈现为金字塔式，即企业决策层管理者为少数，根据企业规模和性质的不同，存在较大的差别。通常所说的企业决策层的领导称之为高层管理者；执行层的管理者称之为中层领导，而中层管理较为均衡，例如，每一个部门的经理、课长或主管级别的管理者；操作层的管理者称为基层管理者，例如，班组长、工段长、维修组长，等等。

中层领导是企业组织结构的中坚力量，其职能是执行企业经营战略、经营决策、经营计划或具有分配资源等重要权力，对企业目标或部门目标的达成有着决定性的影响。

二、确定自己做一个什么样的人

当你第一次有机会成为一个组织的领导，首先要做的是尽快了解和融入新的组织之中，并准确地站好自己的位置；其次是想清楚你自己的动机，例如自己的人生职业发展规划目标或起点；最后，要给自己一个清晰的定位，确定自己将成为什么样的人。作为中层，在上司和下属之间成了一个“夹心饼”。这是因为，如果中层工作过于严苛，很容易引起下属的不满，甚至被下属称为公司的“打手”；如果对下属过于宽容，工作效率和质量往往会受到影响，弄不好还会把自己“革职”了。那么中层到底该怎么做呢？世界著名管理大师德鲁克认为，管理者要敢于担责。犯错并不可怕，可怕的是否认和掩饰错误。勇于担当责任的管理者，会让员工觉得他是一位心胸坦荡、有责任心的人。因为责任而树立起的威信，更能让员工信服，从而赢得员工的尊重和支持。否认和掩饰，只会让管理者失去员工的信任。因此，既然作为中层领导，就要有负责的精神，去做一个“坏人”，对于企业来说，这是角色的要求；对于个人来说，默契配合好上级，从而使团队发挥企业中承点起面的功能，为今后的职业发展规划打下良好的基础。

三、确定自己成为一个什么样的管理者

绝大多数的企业领导，都是从中基层管理岗位上一步一步走过来的，他们之所以能成为中层领导，一定是在当基层管理者的时候，做出过突出的成绩和贡献。但是能成为企业中层，你就应该理智地珍惜和善待这个职务，真正地负起责任，把部门的业务管理好，绝不辜负上下级对你的期望和要求。

作为中层领导，要把任务里的泥沙过滤掉，给你的团队一个相对干净的环境，而不是让任务在你这边停滞，或者只是缓慢地流下去，让自己成为瓶颈，前提是必须清晰地知道自己将是一个什么样的“官位”。

1. 责任型领导

责任型的中层领导具有善于组织管理和领导力的双重性，对企业经营结果负责，包括部属绩效、安全、职业发展等方面，同时兼顾人际关系；对于上级下达的工作指示，都会认真负责到底，直到完成目标为止。

2. 专制型领导

专制型的中层领导一切是以达成目标为目的，对部属的管理非常严格，不需要下属提出任何建议，只须无条件执行他们的命令，同时对任何

工作过程都要加以控制，唯恐下属出现任何错误。

3. 放任型领导

放任型的中层领导从不关心与下属的人际关系，也不关心团队的业绩，他们将一切都交代给下属负责。

4. 情感型领导

情感型的中层领导非常注重与各方面的人际关系，为了保持良好的人际关系，他们对下属的态度及要求都不会过于严格，在决策方面都会征求下属的意见和建议。

5. 中庸型领导

此类的中层领导对各方面的人际关系和生产力同样重视，但他们会在二者之间保持一个平衡点，很大程度上都会以折中的方式处理，但是对于实现企业目标效果一般。

作为企业的中层领导，就要对自己在职务形态上有一个基本的定位，便于使自己今后的管理风格及职业方向有一个明确的风向标。领导者在组织中找准角色，做好定位，摆正位置，不仅能够促进企业组织整体绩效的实现，而且对部属的职业发展、领导者的自身价值的实现等，都有着不可估量的现实意义。

第二节　认识中层领导的功能及作用

“高层管理者，做正确的事；中层管理者，正确地做事；执行层人员把事做正确。”中层管理人员进行有效管理，关键就在于：正确地做事。中层领导在企业中承担着多维度的管理职能，也自然演绎着多个角色，每天都要在下属、同事、上司、客户和供应商等这几个角色中快速切换。中层领导的作用具体来说体现在以下几个方面：

一、充分发挥上下级之间的链接作用

一般来说，企业的组织可以分为三个层次：即决策层、中层管理和执行层。组织的层次划分通常呈现为金字塔式。中层领导是高层领导的直接下属，上级在协调处理某个问题时，自然会征求中层领导的意见，对下属发生在工作上的失误也会督促你解决；而中层领导又是下属的直接责任领导人，下属对公司有什么不满、抱怨，自然也会直接向你反映。所以，一个中层在上下级之间自然起到一个沟通链接的主导作用，通常是，上级领导把任务分配给中层再传达至下属，而下属向你反馈的问题再由中层反映给上级领导。正是因为中层领导的这种链接作用，上下层级关系才能通畅。

二、“带头人”作用

中层领导常常是部门的直接负责人，团队能否取得成绩，很大程度上在于中层领导是否发挥了其应有的作用。如果你带领的部门取得了成绩，那么功劳不一定在中层领导这里，因为还有团队的勤奋努力和上级领导的英明决策；如果部门出现业绩不佳的情况，别人就很有可能认为是中层领导的责任，员工都会认为是中层领导没有正确传达上级领导的指示或领导无方，没有管理和带领好自己的下属。所以，不管从哪方面说，中层领导都要做好部门的“带头人”，发挥中层领导应有的作用。

三、缓冲矛盾的作用

一般来说，中层领导是上级和下属的直接接触者，有什么问题双方自然都会找到中间层指示工作或反映问题，而中层领导就可以在这种矛盾“碰撞”之前进行沟通、协调或说服工作，使他们的疑问、情绪得到宣泄，从而维护公司组织的和睦和团结。同时，中层领导更应懂得，自己的言行举止不再是代表你个人的思想和行为，而是代表了公司的管理文化。

四、辅助上级的参谋作用

中层领导的职责之一，就是向下属传达上级领导的工作指示。更重要的是，要当好上级领导的参谋，在决策还没有付诸实施之前，力求最大限度地进行修改和完善，弥补上级领导在决策过程中的一些欠缺，从而避免在实施决策时有可能对企业造成的损失。

中层领导在维护整个组织运营管理体系和实施决策方面发挥着巨大的作用。身为企业的中层领导要认清自己的这种功能与职责，并要经常性地协助上级领导完成各项工作任务，充分发挥好参谋作用。

第三节　熟知自己的部门

俗话说，知己知彼方能百战不殆，要想做好中层领导，就必须对自己的部门有清楚的了解，例如你的上司、下属、运作程序等基本情况。

一、谁是你的上司

作为中层领导，身处上级和下属之间，你务必清楚谁是你的上级领导。你的职责是解决问题，而不是让上司对问题一无所知。在职场上的一条基本原则就是："不要故意向上司隐瞒工作情况"。不管你做了什么事情，必须让上司了解对他会有影响的事件，无论这些事情的结果是好是坏，讨人欢喜或让人生气，是你的失误还是别人的错。要知道一件糟糕的事情如果会对所有部门都产生很大影响，而你却让上司蒙在鼓里，这几乎可以算是一个中层领导所犯的最低级的错误了。

在知道自己部门的直接上司后，应尽早花些时间了解自己上司的作风和风格。

二、了解你的上司

对于你来说，如何把握好与上司在刚开始交往的程度和性质，是一件非常棘手的事。为了获得上司在工作上的支持与帮助，你必须了解你上司的个性与领导风格。

上级领导只是职务上的一个概念。上司分许多种，不仅存在性别、国别上的不同，也存在着生活背景、知识修养等方面的差异，使得他们之间在工作上都存在着很大的差别。上司也是人，也有情绪、爱好、性格等。对于新上任领导来说，首先，应了解自己的上司属于哪类人，可使自己不会在言行习惯上与上司发生潜在的冲突，并且能与上司融洽相处，进而得到他的赏识。其次是了解他是哪一种类型的上司，这对你的发展前途也是有帮助的。经常向上司进行工作汇报进行交流沟通，希望与他们很好地相处，是新上任领导不得不去考虑的问题。尽管回答这一问题有很大的难度，但也不是毫无脉络可循的。如何与上司相处，既有普遍适用原则，也有针对各种不同类型的上司的具体而特殊的应对法则。俗话说，“看菜吃饭，量体裁衣”，意思是说面对不同的上司，应采取不同的方法，但是也绝不可一概而论。

1. 知识型上司

知识型上司属于素质和修养都比较高的一类，深受公司下属的钦佩。这种类型的上司学识渊博、见多识广、温文尔雅，善于制订计划方案及协调管理。 由于这些知识型的上司自身学识较高，他们也很自然地希望下属热爱学习，有一定的知识文化，且具有自己的一技之长。如果你具有了勤奋好学的精神并且制订了自己的职业规划的话，就会更受知识型上司赏识而且会更加支持你的工作。假如你在工作和学习中遇到了难题，可以直接找上司求教，他们会很乐意帮助你，给你解答问题，这会使你在他的心中留下很好的印象。

知识型上司很爱惜喜欢学习的人才，特别欣赏那些有创新精神、有上进心的下属，特别是对于善于学习和勇于实践的下属更为喜欢。知识型上司较高的修养，决定了他要求下属也务必谦虚有礼，和知识型上司相处，你应时时表现出谦逊的态度，切忌夸夸其谈、信口开河。

2. 教练型上司

教练型领导是一种全新的领导风格，明显区别于以往传统管理命令型的上司，他会设定一个可行性工作目标，并给你提供一些方法措施，包括一些建议，并给予相关资源方面的支持和协调；然后就是激励、鼓励你去实现工作目标，在你遇到困难时及时地给予指导，目的在于激励下属更加独立地开展工作。教练型上司更重要的意义是在培养人才，将成长的空间留给下属，来帮助下属释放他们的潜能，以激发他们在工作中的最大效能。教练型上司还可以帮助下属提升领导与管理能力，通过工作实践与业务指导，引导开发下属潜力，获得更快的职业发展，为下属提供更为广阔的职业发展空间。

3. 工作狂型上司

工作狂类型的上司属于工作积极、对工作认真负责，不完成工作任务决不罢休的类型。通常表现为将工作视为生命的全部，他也希望下属天天超时工作，甚至周六、周日也要加班加点。这类工作狂型上司见不得下属偷懒。面对这类上司也不要悲观，其实，你只要认真负责将自己手上的每项工作完成，处处小心谨慎，也是可以取得上司的信任的。

4. 粗放型上司

这种类型的上司生性脾气暴躁、易发火。有时他们经常在别人不明原因的情况下就大发雷霆，弄得下属莫名其妙不知如何应付。这类上司一般都比较豪爽、大方，对许多事情的处理，也都是粗线条的，遇到这种类型的上司，其实也是值得庆幸的一件事。

经常对下属发脾气的上司，是内心的权力欲望在作祟，下属知道了问题所在，就可以对症下药。这类上司做事讲求效率，不喜欢拖泥带水，最痛恨慢吞吞的工作作风。在这类上司手下做事时，对他分派给你的工作，要马上去做，并要及时向他汇报工作完成情况，而不要让他问你工作进程，这会让他对你的工作能力表示怀疑，使你在他心中留下做事慢条斯理的印象，对你今后发展极为不利。当他对你大发脾气的时候，你最好不要当面顶撞，更不要试图解释，要等他冷静以后再告诉他你会注意的，会按他的要求去做。

5. 经验型上司

经验型上司一般文化程度不高，但有较强的业务水平和工作能力，在公司工作服务时间较长，不少是与董事长一起打天下的元老型人物，他们都是渴求知识和希望获得尊重的。经验型上司都有一定的实操经验而且比较务实，靠的是多年对业务摸爬滚打经验的积累。他们没有机会进入高等学府深造，理论知识方面比较缺乏，但实践经验非常丰富。所以，他们最担心的就是喝过几年墨水的下属看不起自己，例如那些大学毕业的干部人选，经验型上司对下属的一言一行都非常敏感。他们对于尊重的渴求特别强烈。即使你有一点不尊重他的意思，他也能敏锐地感觉到，假如他感到某位下属不尊重他，那他就不会再对其有好感，甚至有可能采取很强硬的态度将其赶出自己的视线。因此，在这种类型的上司手下做事，你应该把你的想法和建议以请教的方式向他汇报，这样做既满足了他的自尊心，又让他觉得你是一个非常尊重他的人。

6. 懒惰型上司

这类上司对下属没有太多明确指示，对工作方面的信息也不会提供太多，偶尔开口也只是一些喝酒娱乐类的事情。面对这类上司还真拿他一点办法都没有，如果你不去理他也不行，因为他会感觉你不尊重他的存在，但工作也还要做下去，关键还是要找出这种上司的症结所在。

大致说来有以下两种情况：一是属于无心之过。也许这位上司的上司就是这种类型，或者是长久以来形成习惯，或许是业务经验不足，并不知道怎么开展工作，在一些民营企业中这一类型的上司是比较常见的。二是他有心要离职了，现在无心工作，或者本身就对自己的薪资待遇非常不满意，所以用这种怠工的方式体现出来以示抗议。

三、了解工作程序

每个部门都有其特定的运作程序，以及部门内外专业分工与统筹合作的操作模式。作为中层，必须熟悉公司各项管理运作程序和管理制度，以及业务流程、各部门管理职能、岗位职责和工作标准，包括你所在部门在组织管理结构的位置和作用。任何工作都是息息相关的，每一个环节都与运作程序有紧密的关系，要求每一个环节或工作程序必须达到何种标准，作为部门领导必须完全掌握并能够全面应用，否则，由于你的外行或不称职，不但会给部门工作造成脱节甚至失误，影响部门绩效，而且还会使同事或下属看到你的笑话，使你的威信大大降低。

四、了解你的下属

管理者应清醒地认识到不带偏见地观察下属的言行举止，才是了解员工的最佳途径。要做到了解人心、“知”人的境界并非易事。如果你能够善于观察他人的细微之处，你就一定会是一位出色的领导。一般了解下属分为三个阶段，即最初阶段、识别中阶段及高级阶段。

1. 下属的出身、学历、工作经验、家庭环境以及背景、兴趣、爱好、技术与特长等信息，对于领导而言是非常重要的。如果以上这些信息没能引起你足够的重视，那说明你还无法管理好一个部门。了解这些，也只是最初阶段。

2. 即使你已经达到第一阶段，充其量也只是了解了下属的一面而已。如果能够在下属遭遇困难时，及时事先观察臆测到他的行为，并给予适时的帮助的话，则能够更深一层地了解下属。

3. 第三阶段就是知人善用。领导者在通过多方面深入了解下属的工作背景、技术专长及职业素质等方面信息后，再充分激发他们的潜能，让下属能在自己的工作岗位上发挥最大潜力。俗话说：“置之死地而后生”，给他们足以能够考验其能力的艰巨工作，而在其面临困境时，给予适当的指引，从而使他在实践中不断磨炼自己，迅速提高自己的工作能力。

总而言之，领导者与下属彼此之间要有所认知，相互沟通，在心灵上产生一种默契，这一点尤其重要。

第四节　既是管理者也是执行者

中层领导从企业组织结构来讲是执行层的管理者，在企业运行体系中处于承上启下的位置，是企业愿景、战略决策、经营计划的组织者和执行者。所以，中层领导必须懂经营、会管理、善沟通、愿拼搏，才能担当起企业中坚力量的重任。相对于高层领导来说，中层领导更注重执行能力和对过程的管控，相对于基层人员来说中层管理者又要对工作整体上进行把握。企业的决策需要经过中层领导的严格执行并组织实施。在执行和实施过程中，需要对方法进行选择，对目标进行分解，对计划进度进行控制，对责任进行落实。关键是企业所面对的内部、外部环境是不断变化的，中层领导直接面对现实环境，需要针对环境变化不断重新考虑既定的执行流程，适合的按照既定方法做下去，不适合的调整方法继续做下去，发现环境变化时要及时向上级反映，总之要根据现实采取行动，而不是让工作失去控制。

一、注重个人的品德修养

良好的品德修养是领导者立身做人、立德做事必备的基本修养，一个人如果品德不好，越有才，为患越大。作为中层领导，除了工作之外，还应锤炼品德修养，要从管理理念、服务意识上出发，日常生活中历练、学习工作上提升，着重在自我净化、自我完善、自我提升中蓄劲储力，形成立德自觉。做人之本即为德，纵观那些中外企业的管理精英人才，无一不是品德高尚之人，都具有胸怀开阔、为人坦荡，严于律己、宽以待人，小事不计较、大事不糊涂的优良品德。即使有些人因机缘巧合而取得成功，若不注重立德，没有高尚的人格支撑，其成功也就如同昙花一现。

除了要有好的品德外，管理者还必须注重自身修养的提高，不断地充实自己和树立自己正确的价值观，只要保有宁静淡泊的胸襟，就能获得悠然自得的情趣，也能免于成为物欲的奴隶。在工作中，对下属要有平和大度之心，要有谦虚礼让的美德，和衷共济，才能使自己的品德修养不断提高，工作也会更加顺利。

二、善于学习提升自己

古语云“腹有诗书气自华”，学问是一个让人能量彰显的最好武器。学海无涯，唯有孜孜不倦地追求，方能为我所用。因此，学习是做学问的最好途径。人非生而知之，只有通过不断的学习，才能超越自我。

随着社会的进步，企业管理的分工越来越细，术业有专攻，作为中层领导，负责一个管理系统的主管工作，不仅需要具备一定的业务知识，同时必须有较全面的综合能力，只有通过勤奋学习，不断拓展自己领域外的知识素养，提高自己的综合素质，才能适应现代化企业对管理者的要求，才能胜任自己的工作。

三、善于做出表率

思想决定行动，有什么样的思想意识，就会有什么样的行动。中层领导要做好表率，首先要不断强化做好表率的意识，打牢做好表率的思想基础。正人先正己，做事先做人。领导者要想管好下属必须以身作则，不但要勇于替下属承担责任，而且要事事为先、严格要求自己，做到“己所不欲，勿施于人”。一旦通过表率树立起在员工中的威望，将会上下同心，大大提高团队的整体战斗力。得人心者得天下，做下属敬佩的领导将使管理事半功倍。

在构建执行力的团队中，管理者自身因素非常重要，企业所有员工往往将管理者行为作为自身的参考物，将他看成风向标，所以优秀的管理者在企业的日常管理中要积极参与，身先士卒。这就要求管理者要身体力行，你的身影要经常出现在员工的视线范围之内，这样，员工才会受你的影响，以你为榜样。

第五节　领导就是解决问题

有一句管理名言："高层管理者，做正确的事；中层管理者，正确地做事；执行层人员，把事做正确。"中层管理人员如何正确地做事呢？可以简单地说，这依赖于中层管理人员责任的改变，技能和素质的改变，时间运用方式的改变，价值观的改变……

一、找准自己的定位，界定好自己的职责

中层领导面对员工时代表了企业，面对上司时代表了员工，因此当企业出现沟通代沟、信任危机的端倪时，中层领导应该反思自己的工作是不是做到位了，是不是扮演好了应该扮演的角色。鉴于中层领导地位的特殊性，这就要求我们必须做到以身作则，率先垂范。

其次，中层领导应该是员工意见的收集者和制度的完善者。企业经营发展说明，制度的建立应该是一个"从下到上，再从上到下"的过程，是一个"从基层中来再到基层中去"的循环，只有开始，没有结束。所有员工都是管理规则的制定者、实践者和检验者。因此，中层领导就应该是员工反馈意见的收集者和完善者。

二、自我审视与优劣势分析

由于每个人的特点不同，其做事方式不同，所形成的管理方式也存在很大的差别。比如，有的管理者做事雷厉风行，这样的中层领导就需要以详细的计划来约束和支撑自己，以免跑得太快，产生脱节；也有的管理者思维缜密，处事谨慎，这样的中层领导需要多向市场前端和产品一线推进，增加做事张力，提升人格魄力和实践能力。

不同的中层领导有不同的风格，有的喜欢听，有的喜欢说。善于倾听的，工作中可以要求下属采用书面汇报方式，以免自己没讲清楚给下属带来不必要的误判；喜欢说的，可以要求下属采用口头汇报方式，及时反馈和表述自己的思路与想法。每一个领导者的性格和喜好不同，其管理方式也不尽相同，应根据自身情况，选择适合自己的管理方式。

三、充分体现出管理者的价值

中层领导应具有发现潜在人才的能力，能委以重任，并给予人才成长的舞台。如果没有办法做到这一点，不仅浪费了企业的资源，更严重的有可能会丢失这宝贵的“财富”。除此以外，中层领导还应该有大度的胸怀，为自己、为公司、为社会做出贡献。中层领导还应为企业组织的长远利益考虑，如果无法实现团队和员工的目标，员工就不会满意。如果你的决策能够为企业组织和员工带来良好收益，那么员工就会认可你的价值，成为你的忠实追随者，企业就会稳步发展。

一个成功的中层领导，应该具备这样大度的胸怀、责任感和使命感，虽说管理者的目标不止这些，但是，只有抓住自己的核心目标，能够为企业组织和员工创造价值，才能真正体现出一个中层领导的价值。

Chapter2

第二章

中层领导的素质修炼

一个成功的中层领导要具备两种素质：出色的能力和强烈的道德责任感。有能力的人很多，但能够成长为优秀管理者的人屈指可数。如果缺乏优秀的品格和朴素的个性魅力，领导者的能力即便再出色，人们对他的印象也会大打折扣，他的威信和影响力也会受到负面影响。领袖魅力来自工作能力和个人品格。

第一节　中层领导的业务素质与能力

管理是一门艺术，而要将这门艺术发挥得淋漓尽致，就需要领导者出众的素质和过人的能力。企业的管理者众多，但要成为一个成功的中层领导并不是每个人都可以的，特别是成为一个优秀的企业中层领导，更需要具备良好的业务素质和才能，唯此才能更好地实现企业既定的任务目标。

一、系统管理能力

中层领导的系统管理能力包括诸多内容，如管人理事，既要有宏观掌控，又要有微观管理，管的是工作，理的是思想；理顺一切，流程规范，才能人心所向，一切都顺。提升领导者的管理能力，不仅仅是靠学习，更要多思考，从工作实践中获取更多的组织管理能力。由于领导者性格的不同，组织管理的方式也要因事而异、因时而异，不同的阶段会有不同要求。因此，这就要求管理者要能够随机应变，这样才能保证组织团队的运营合理、高效。

二、规划能力

作为中层领导，要有系统性的思维，从全局、长远方向进行规划管理，建立、完善组织团队的管理系统，并结合企业经营战略和经营计划，不断提高和完善团队的战斗力和凝聚力。

一个缺少规划能力的领导者，就有可能对业务的发展做出错误的判断或做出错误的决策方案，最后导致的不仅仅是决策的失败，更有可能对企业全局经营造成严重的损失和影响。领导者规划的重点是公司目标战略规划、人才战略规划等，规划要有实际的调查研究，要具备合理性，规划过高导致无法实现会动摇军心，过低则会导致规划失去意义。

三、决策能力

管理即决策，管理是由若干个决策组成的，决策正确与否，对中层领导的工作有着重要的影响。换句话说，决策是中层领导管理的中心，也是领导力的一种体现。因此，中层领导必须坚毅果断、善做决策，该做决策的时候不能犹豫不决，要敢于拍板负责。做决策并不是头脑发热的一时冲动，而是要富有远见卓识，关注企业的战略规划和长远发展，即使现在有人反对，也要敢于力排众议，大胆拍板。

四、激励能力

激励能力是一个中层领导必须具备的能力。一名优秀的管理者，更是一名激励大师。作为中层领导，要能够开启员工的心灵，发掘其潜能，使其奋发向上，不断提升效率产能，从而达成企业既定预期的目标。这种激励，是要把员工个人的目标与企业的目标有效结合在一起的一种行为。激励不仅仅是金钱上物质的激励，更多的是靠精神，靠领导者的个人魅力。同时，中层领导要知道激励的有效性很大程度上取决于对下属心理需求定位是否准确。根据下属的不同需求制订个性化的激励方案，这样的激励方式效果会更好。

五、业务处理能力

中层领导必须具有良好的业务处理能力，做出正确的决策。一个连业务知识都不熟悉的管理者一定不是一个合格的领导，甚至都不能很好地管理好这个部门。例如，一个根本不懂生产管理的人不可能胜任生产部经理的工作；一个不懂财务管理知识或风险防控技能的领导是无法管好一个企业的财务运作系统的。

六、执行能力

“执行力”是否到位既反映了企业的整体素质，也反映了中层领导对贯彻落实企业经营目标的观念、素质和心态——即执行能力。因而企业“执行力”的培养不能只停留在管理者知识技能层面上，更应着重于中层领导的素质、心态和观念的塑造。企业要改善执行部门的执行力，应把工作重点放在这个部门的领导者身上。这是因为所有明白战略重要性的企业决策层都知道，如果没有负责战略执行的中层领导，再好的经营战略也只是停留在书面上。

实际上，任何一家企业都是如此，只有领导者首先具备了强大的执行力，员工才会有执行意识。换句话说，企业要想提升自身的执行力，就必须从提升中层领导的执行能力开始。

七、沟通能力

在工作中，团队内部经常会有各种矛盾冲突，对于这些，作为部门领导不能回避，不能惧怕，只有迎难而上，通过沟通，把问题消灭在萌芽状态，把危险转化为机遇。对于本部门与其他部门的问题，管理者依旧要沟通得体，协调到位，要能成为一名沟通高手。

沟通是企业各级领导最常用的一种重要管理手段，关键看怎样用，怎样用好。有效的沟通可以化解矛盾，形成合力。无效的沟通往往会激化矛盾，制造危机。中层领导要提升沟通能力，不仅要多思、多想，更要多练，每次沟通前都要做好充分的准备。所以，在沟通中，双方可以充分探讨彼此的需求、差异和共同点，一起寻求对策，把对方当作伙伴，而非持有对立态度。沟通时不仅要考虑自己的立场同时也要顾及对方的立场和需要，双方各取所需各有所求，这就是沟通最理想的境界。

八、知人善用能力

作为中层领导，应该具有伯乐的眼光，在发掘优秀人才的同时，也要善于发现每一个部属的长处和优点，从而在工作岗位的安排上扬长避短，最大限度地发挥下属的潜力和积极性。现在企业人力资源管理系统都是较为完善的，这就需要领导者知人善用，使每一个部属都能有最适合的岗位，更好地做好自己的本职工作，从而实现组织既定的管理目标。

知人善用，是一个领导获得事业上的成功并赢得下属尊重和信赖的根本。如果在你眼里觉得谁都不如自己，谁都不可用，用谁都不如意，总觉得唯有自己高明，用一种很势利、瞧不起人的眼光去对待下属，那么你就不可能取得辉煌的业绩，可能离失败也就不远了。

九、人际关系能力

社会生活中的人，无一不与他人发生交往。人们为了传达思想、交换意见、表达感情，就需要与他人进行沟通和交往，这种沟通和交往的行为，就叫作人际交往。在此，所要阐述的是中层领导的人际交往，即企业中层为了实现领导目标而与他人包括上级、同事、下属之间的沟通和往来。领导者在进行决策、选拔与使用人才、做部属工作等各个环节和各个不同的场合中都需要与他人进行沟通和往来，这些沟通和往来，就是领导者的人际交往；包括与企业外部各方面的人际交往，例如供应商、社会团体，等等。因此，人际关系与社交能力是必不可少的，这样才能方便与其他部门合作，争取更多的发展机会，使企业、员工获得更多的利益。

中层领导在处理各种人际关系时，应特别注意以正确的行为引起积极的行为反应，力求避免错误行为，防止出现消极的行为反应。这既是领导者正确履行协调职能的需要，也是领导者领导能力和领导水平的重要体现。

十、协调能力

中层领导在组织结构中，上边有上司，中间有同事，下边是下属，这种人际角色决定了中层领导要协调好各方的关系。协调好与上级的关系才能得到上级的赏识和支持；协调好与同级的关系，才能得到同级的配合；协调好与下级的关系，才能调动下级的工作积极性。所以，协调关系对中层领导来说是一种非常重要的能力。

协调能力是中层领导必须要掌握的一门艺术，如果不能协调与各方关系，就干不好中层工作。所以中层领导要在工作实践中不断学习，不断总结经验教训，从而提升自己协调关系的能力。

十一、创新能力

作为中层领导，要敢于“反其道而思之”。让思维向对立面的方向发展，从问题的相反面深入地进行探讨，树立新思想，创立新形象。让创新能力去突破常规，创造机遇找到未来需求。反之，一个中层如果没有创新能力，公司肯定会毫无战斗力。

第二节　积极维护你的职业品牌

不论你是刚提拔起来的中层领导，还是资历颇深的公司领导，都要重视修饰你的职业形象；这不光是指你的外在形象，也包括了你的面部表情、语言形象。

管理从思想上来说是哲学，从理论上来说是科学，从操作上来说是一种艺术。对于中层领导来说，你需要与不同的沟通对象进行语言上的沟通和交流。如领导微笑的表情与得体的语言信息，这些信息会影响你的上司和下属对你的印象。得体的形象、语言，会让你在下属心中留下好感。身为中层领导，更应当修炼和提升你职业化的形体和语言方面的表达能力。

一、语言信息形象

古代军事家鬼谷子曾经说过“口乃心之门户”，不仅是指一个人的语言代表了一个人的内心境界，适时地使用人们认为亲密而又不失分寸的礼貌用语，还会缩短你与不同沟通对象之间的距离，让你更具有亲和力。热情是有感染力的，听众与满腔热情的演讲者产生共鸣，语言的生动、表达的形态、发声技巧等都会使你的语言表达充满活力；除此之外还应善于把握现场气氛、随机应变，充分发挥你的表达能力，调动沟通对象的热情。

二、让衣着和举止提升你的魅力

领导上任，千万不要让下属对自己仪容仪表产生不整洁的第一印象。特别是衣领、袖口等一旦弄脏要立刻替换下来。因为，不注意职业形象，衣冠不整、邋遢的人不适合担任公司领导。中层领导要注意几点：

首先，要做到职业服装服饰的整洁、得体、舒适，既保持与公司文化或职业形象相称，又不显得突出、另类。其次，遇到下属向自己鞠躬行礼、打招呼时，自己也点头或微笑以示回礼；当你和下属偶遇时，在对方因为某种事情或原因没有看到自己时，领导者应采取沟通技巧方法，故作惊讶先和下属打声招呼或寒暄几句话再走开，这样既显出上级领导的职业素养，又避免了下属员工的恐慌之举。你必须意识到自己的一举一动都是在表达自己内心的情感世界。如果能够善用你的肢体语言，下属会更加乐于接纳你并在业务上配合你。

三、让“倾听”传递你的情感

不管是下属找你汇报还是向你提出意见或建议，作为中层领导切记不要迫不及待表达自己的观点，一定是在下属向你表达和提出他的意见后，再了解下属的思想情绪、工作意见或建议，最后，再表达自己的观点。切记，无论下属表达什么内容，首先你是一个倾听者，千万不要表现出不耐烦的举动，更不要做出不适宜的举动，这是一个领导者必须具备的基本素质与专业素养。有一位上市公司董事长曾说过这样一句话："一个公司的中层领导，如果不懂得什么是倾听，注定是要失败的"。由此可见，先倾听后表达是多么重要。

四、情绪管理与领导形象

情绪管理就是善于掌控自己，善于调节情绪，对工作矛盾和事件引起的反应能适可而止地排解，能以乐观的态度、幽默的情趣及时地缓解紧张的心理状态。

通用电气（GE）董事长兼CEO杰克·韦尔奇曾经说：在公司里面，对员工大呼小叫这种野蛮粗暴的管理者，要一律清退。如果一个企业领导随意表露情绪，就是一种不成熟的表现。做管理、当领导，必须要有沉稳的气度。沉稳的气度表现在哪里？如做事情沉稳、扎扎实实，不在员工面前随意表露喜怒哀乐。既然身为领导，就应通过自我素养和心理调节，来控制自我的情绪和行为，使自己以最恰当的语言及行为方式完成各项管理工作。

良好的自我控制能力是领导者的重要意志品质，也是衡量一个领导者气度涵养的主要因素，由此看出，一个成功领导者的第一管理法则就是：自我情绪管理。领导的心态、格局、包容心一定要大，心境为本、手段为术，二者结合。一般来说，导致情绪产生的原因有几方面：发生危机产生的情绪、内耗产生的情绪、决策方案执行不力产生的情绪等。不管是来自哪方面因素所产生的情绪，企业领导都应做到喜怒不形于色，始终使自己处于一种沉着冷静思考和寻求最佳方案的状态，把所有的情绪转换为一种新思维和力量，选择最佳可行性决策方案，从而避免因情绪失控做出错误决策。

如果在发生危机时不能够做到自我调节及控制，就可能毁掉你的职业形象。因此，不管你在经历着任何危机或紧急事件，请你记住，所谓的危机只不过是一个过程而已，大可不必引发自己的坏情绪，造成不可收拾的局面；无论面对任何复杂的事务，都不能因此而乱了阵脚，要做到坚强与沉稳，这样才能体现你身为企业领导的涵养及品质。

第三节　自信是成功领导的法宝

一个成功的中层领导应该明白，“自信是成功的法宝”。信心是做成一件事的关键，当一名成功的管理者也是一样，只有具有了自信心，你才能精神百倍地去努力，才能得心应手地处理手头的工作；才能在下属面前树立起成功的领导者形象；才能泰然自若，并随心所欲地思考；才能按逻辑次序归纳自己的思想；才能在公共场所或社会人士的面前侃侃而谈。这一切都是自信在起着关键作用。

人人都想成功，人人都不愿失败，可是怎么才能获得成功呢？“坚定不移的信心能够移山”。可是真正相信自己能“移山”的不多，结果真正做到“移山”的人也不多。一个充满自信的人，就是一个能坚信自己可以“移山”的人；一个充满自信的领导者，就是一个坚信自己能够处理好手头工作的人。

曾有管理学专家研究认为：人们如果没有一定的自信，就不能充分利用手头丰富的工作条件，创造出出色的业绩。换句话说，实现目标的关键，并不在企业高层，而在于工作本身的性质条件与个人的自信程度。

作为中层领导，要对自己充满自信心，相信自己可以排除万难，相信自己可以带领团队创造出非凡的业绩。拿破仑·希尔说：“信心是不可代替的解药。有方向感的信心，可令我们每一个意志都充满力量。当你以强劲的自信心去推动你的成功之轮时，你便可平步青云，无止境地攀上成功之岭。”在中国知名企业，有许多成功的领导者都有此感受，失败是痛苦的，但你又不能像阿里巴巴口中所喊“芝麻开门，芝麻开门”那样去获取成功，因为成功的道路上总是布满了荆棘。那为什么说部属总是喜欢充满自信的领导呢？原因就在于领导者的人格魅力——自信。

作为中层领导，永远不要抛弃自信，因为一个不“信”任自己“心”灵的人，不懂爱护自己、未推己及人的人，是不会有什么成就的。只有当信心融合在思想里，使潜意识转变成强大的精神力量时，才能在无限智慧的领域内促进成功的实现，成为一个卓越的管理人才，成为一位深受下属欢迎的中层领导。

第四节　中层领导的自控能力

自控能力在心理学上属于非智力因素或非智力心理品质的一个重要方面。心理学认为：自我控制能力（简称自控能力）是自我意识的重要成分，它是个人对自身的心理和行为的主动掌握，是个体自觉地选择目标，在没有外界监督的情况下，适当地控制、调节自己的行为，抑制冲动，抵制诱惑，延迟满足，坚持不懈地保证目标实现的一种综合能力。

良好的自控能力是中层领导重要的意志品质，也是衡量领导者涵养气度的尺度。

一、管理就是自控

企业的领导者管理自己永远比管理别人重要，公司行为管理、行为矫正的关键是校正自己的行为。

一个优秀的管理者要分清重要的事和紧急的事。

对于一家企业来讲，交期无限延迟的投诉是紧急的事，一个高层领导亲自出马，一下就把问题给解决了，虽然高层有成就感，但他却做了下属应该去做的事。

工作中，对于一个中层领导来讲，重要的事是建立企业的各项管理规则，设定好企业的管理系统。而领导者要学会管理自己，凡是重要的事，都是领导者自己的事。在学会了管理自己之后，管理者会变得很从容，因为他把重要的事（规划、计划、决策、培训、制度）都做好了，剩下的事下属自己就能处理好。

广东某公司客户投诉比较多，局面很乱，企业决策层下决心建立了三层客户系统，顺利地分流了客户反馈意见。不久，80%的客户投诉问题在部门以下的机构就得到了解决，需要进入到中层进行解决的问题也就占20%左右，而需要老板直接处理的奇怪客户、重要的事，每年也就一两个、一两件。

二、自控是领导者的一种美德

领导者在工作中，要想做一个极为沉稳、温和的人，那么，在其身上就要处理好热忱和自控的关系。

热忱是促使一个领导者采取行动的重要原动力，而自控能力则是指引其行动的平衡轮。它能帮助一个领导者控制其自身行为，而不会破坏其行动。

在一家超市的售后服务前台，许多顾客排着长队，他们争着向柜台后的那位年轻的女服务员诉说他们的困难，抱怨超市各种问题。在这些投诉的顾客中，有的十分愤怒且蛮不讲理，有的甚至讲出很难听的话。柜台后的这位年轻的女服务员一一接待了这些愤怒而不满的顾客，未表现出任何不满情绪。她脸上带着微笑，指导这些顾客前往相应的部门，态度优雅而镇静。而站在她背后的另一位年轻服务员，在一些纸条上写下一些字，然后再把纸条交给她。这些纸条很简单地记下顾客们抱怨的内容，但省略了这些顾客尖酸而愤怒的语言。原来，站在服务台后面，面带微笑聆听顾客抱怨的这位年轻女性是位聋哑人。她的助手通过纸条，把所有必要的事实告诉她。柜台后面那位年轻女性脸上亲切的微笑，对这些愤怒的顾客产生了良好的影响。他们来到她面前时，个个咆哮、怒吼，但当他们离开时，个个像是温顺的绵羊。事实上，他们之中的某些人离开时，脸上甚至露出了羞怯的神情，因为这位年轻女性的“自控”已使他们对自己的行为感到惭愧。

而她的经理说，他之所以挑选一名耳聋的女性担任超市最艰难而又重要的一项工作，主要是因为他一直找不到其他具有足够自控能力的人来担任这项工作。

三、善于制怒摆脱坏情绪

任何人都会有情绪，但是作为中层领导，在遇见任何不顺心的事情时，应做到喜怒不形于色，始终使自己在冷静的状态下思考问题、处理问题，才能避免出现大的差错，使自己以最合理的方式做出决策。在发生任何危机时都要保持冷静，在处理突发事件时要保持清醒，尽快摆脱坏情绪，要善于制怒。这样才能使自己不被情绪所干扰，理性地做出判断与决策，也才能不会轻易地被别人“察言观色”，钻了自己情绪的空子。

情绪是一个人的晴雨表。从心理学的角度来看，情绪可以影响一个人的心情，短则几个小时、几天，长则几个月。好的情绪可以让人充满激情与信心，积极进取的心境可以感染周围的人，把人引向成功。而悲观、伤心、气愤等坏情绪则会带给人消极负面的影响，消耗人的精力，使人陷入泥潭，裹足不前。曾国藩曾指出，“得意而喜，失意而怒，便被顺逆差遗，何曾做主”。意思就是在告诫人们，要做自己情绪的主人，否则被情绪所牵制是一件很悲哀的事。

由此看出，企业领导者要想做出一番事业，就一定要学会管理自己的情绪，不要被情绪所影响，要把对自己情绪的管理和控制作为一门“基本功”，当好自己情绪管理的“专家”。

第五节 做一个果断的领导

领导要坚决果断，这是领导者最为重要的内在素质之一。无论说话、办事、决策都要干脆、利落，这是一个领导者的才能、魄力最为直观的表现，对维持领导者形象具有尤为重要的作用。

三国时期，群雄逐鹿，剑拔弩张。曹操北踞中原，试图吞并江南。在南下征战之前，曹操向孙权修书表示，欲“与将军会猎于吴”，威胁之意溢于纸面。东吴朝野顿时人心惶惶，大臣们分成两派，以三世老臣张昭为首的一派认为曹操势力极盛，难以与之抗衡；而以周瑜为首的军方少壮派，就主张力抗曹贼。到底做何决策？降者易安，战恐难保。就在这关键时刻，孙权听从了周瑜等人的意见，坚定了与曹操战斗到底的信念，并当场拔出宝剑，砍下案头一角，斩钉截铁地说“孤意已决，再有言降者，如斯！”于是，在英主的领导下，才有了赤壁之战的辉煌，打得百万曹军“樯橹灰飞烟灭”，不可一世的曹操败走华容道。

不管在哪种情况下，领导讲话必须一是一，二是二，坚决果断，切忌含糊不清。跟下属交流，即便下属一方处于主动，领导听取对方谈话，也切忌唯唯诺诺，被对方左右。如果对方意见与自己意见相左，可以明确给予否定，如果意识到下属意见确实对公司、对自己有利，也不要急于表态。可多思考少说话，也可以“让我仔细考虑一下”“容我们研究、商讨一下”这样的理由来结束谈话，领导也可以利用时间从容仔细地考虑是取是舍，这在无形中增加了权威，总比草率决定要好。

领导不能做到坚决果断，往往给人以懦弱无能的感觉，那么这样的领导在员工心里的威信将大打折扣。领导者要时常做出各种决策，而做出这些决策都是需要勇气的。犹豫不决，优柔寡断，这些都表明领导内心的恐惧与害怕。如果一再犹豫，坐失良机，将没有人尊敬和跟随一位胆小害怕的领导。在关键时刻挺身而出，做一个英明的决断，将极大地提升你的感召力、影响力。

第六节　领导者行为的“五不要”

领导的品质是决定领导自身价值高低的一个重要方面，是领导者魅力的重要源泉。优秀的领导要严格要求自己，要知道什么可为，什么不可为，不可为的事情坚决不能去做。因此，领导者要注意以下几种情况：

一、不要只见问题，不看目标

做一个中层领导，要注意团队目标，就像驾驶汽车一样，要一边开车，一边看前方，不要一头撞到墙壁才知道到了。不要花太多时间在小问题上，要多花时间在目标上，如果一个领导把精力放在小问题上，就会忘记自己的目标，导致创造力逐渐枯竭甚至丧失。很多领导者好像很忙，其实常常都是空忙，他们每天花90%的时间去做对公司只有10%贡献的事，这种缺乏效率的一个主要原因是他们只注意小处，甚至在做下属的工作。

做事要看大原则，每天的工作要先做正确的最重要的事情，其他做不完的事要放下，一个人不可能做完所有的事，永远都有做不完的事。领导者强调要看目标，并不是说不要看问题，问题一定要看，而且要看得仔细，因为问题就是机会。但只有站在目标的高度上看问题，问题才可能变成机会。所以，领导者不要说我遇到了一个问题，要说我面对一个机会，这样意义就不一样。如果专注于琐事，就难以看到真正的问题，也看不到机会。做不到这一点，你的竞争对手就会抢先一步，因为行销学上有一句名言：凡是你想不到的，你的对手会帮你想到。

二、不要故弄玄虚

人越聪明，就越不做作。做作真是一个俗不可耐的缺点，这对他人来说就像沉重的负担一样难以忍受，同样，对自己也是一种折磨，因为不得不装出这样的一副外表，故弄玄虚。

工作中，有许多管理者在布置工作任务时喜欢打官腔，本来非常容易的事情，到了他的手中竟然就复杂化了，这就是一种典型的官僚型领导，喜欢故弄玄虚，以此显示自己的能力。

事实上，能够将问题去复杂化，这才是一位成功的领导。

三、不要罗列黑名单

关注他人的坏名声，自己的名声也会败坏。有些人不是喜欢用他人的污点来掩饰自己的缺点，就是喜欢以己之心揣度别人，这是愚蠢至极的行为。极少有人不犯错，除非不为人知，错误才不被人笑。深谋远虑的人不记别人的过失，也不使自己成为一份卑鄙的黑名单上的人。

在实际工作中，要不断提升自己的素质修养，扩大自己的胸襟来包容你的对手，对于那些没有正能量的流言蜚语不必太在意，成功的领导都懂得“流言止于智者”这一道理。

四、不要四处树敌

总有那么一类人，在工作中谁都不相信，只相信他自己！一天到晚遇事就心思特别重，从不轻易交付真心于他人，甚至时不时地怀疑那些对他示好的同事与朋友。对于比自己强的人，他就怀疑人家走了后门，拍了领导马屁。面对业绩比自己优秀的同事，总拿有色眼镜扫描他人，就是不肯承认自己的不足。此类人往往很难相信别人，常常用怀疑的眼光看待身边的一切。特别是在工作中，与同事和领导相处的过程中难以交心，到处树"敌人"。有时候当着你面一套，背地里又一套，嘴上说的比唱的还好听，可是在实际工作中，做的时候又是另外一种做法，这就是典型的阳奉阴违。这类人对谁都是一种怀疑的态度，甚至做出令人费解的事情。

五、不要言无节制

亚里士多德说："放纵自己的欲望是最大的祸害，谈论别人的隐私是最大的罪恶。"一个真正人品好的人，不仅不会随便谈论别人的隐私，反而会保护别人的隐私。

作为中层领导，与他人交往的一言一行都要有所节制。它不但能使你获得别人的尊敬，还会使你路路通达。它能影响一切事物：交谈、演讲，甚至是走路、观看和表达需要。它是制胜他人心灵的法宝。

Chapter3

第三章

新上任领导如何开展工作

中层领导有许多必须做的事情，要是为了自己想做的事情，而忽略了应该做的、必须做的事情，就会产生不良后果。因此，领导者需要调整自己的工作规划和目标管理，确定经营计划中最重要的、必须要做的事情。

第一节　中层领导上任的艺术

中层领导如何走马上任，历来都是管理者必须面对的一个问题。有的领导在上任初期，为了给组织一个崭新的面貌，急于求成，从而大刀阔斧地进行改革，结果使自己陷入泥潭不能自拔；也有的稳扎稳打，在悄无声息中实现了一系列的改革，从而使组织焕然一新。同样的职位，手段不同，结果也就不同。作为新上任的中层领导，为了快速融入新团队，在工作中应注意以下几个方面：

一、先了解情况，少发言

企业通常的做法是，新领导上任，除了人事部门或上级做一些简单介绍外，其余就要完全靠自己了。因此，我们首先要善于观察，多请教少说话，先了解公司管理规则与运作程序。如果一上任就对部门指出存在的种种问题，肆无忌惮口无遮拦讲述一通，特别是在不了解公司的情况下，不知轻重地发表自己的见解，反而会令上级领导和下属感觉你极不成熟。也许你说的是正确的，确实存在这样那样的问题，殊不知如果按照你的想法执行下去，一定会引起部门下属意见反弹，那时候，恐怕你不但工作没做好，反而搞得一团糟，甚至会出现严重的错误。

二、稳扎稳打，步步为营

也许你会认为“新官上任三把火”，就应该大刀阔斧地开展工作，展现自己的能力和魄力。然而，“新官上任三把火”的做法含义是，对公司做好三件大事、好事，而不是让你将部门指责成一无是处；换句话说，就是先解决公司或大家最关心、反映最大、最为迫切需要解决的问题。

刚到一个陌生的环境，应该继续执行原来的计划方案，你需要做的就是多观察、多了解、少说话，从零开始，以谦虚的态度才能更好地了解部门的管理规则并深入观察部属的工作状态。可能最初你会面临他人的议论和猜测，此时此刻，你只管认真去了解工作，不必太在意他人对你的看法或评价，也不要急于发表对工作的看法或见解，因为你现在对业务及人员各方面情况还不熟悉，如果说错了会对你未来的职业形象产生不好的影响。

三、见面会的发言

新领导上任，通常公司会安排各部门管理人员的见面会，一般先由公司领导把你介绍给参会人员，再让你做一个自我介绍。这时，你应该站起来面带微笑并点头致意，使用一些简单明了、礼仪性的语言介绍一下自己即可。新领导第一次参加公司会议，首次发言不要过于表现自己。

“尊敬的各位领导、同仁，大家好，我叫王刚，很高兴加入XX公司团队，有幸和大家成为同事。工作刚刚开始，在各方面什么还都不是很熟悉，以后就要和大家一起工作了，工作中遇到不懂的地方还要向大家多请教，让我们齐心协力为实现公司的经营目标努力拼搏，谢谢。”

四、先尊重别人，才能获得别人的尊重

在了解工作相关情况的过程中，不管你看到了什么，了解到什么重要情况，即使看到了非常关键性的问题，也不要急于发言或表态，如：“这样做不妥，应有更好的方法，我在以前的公司是不允许这样做的，这样做

事对公司极为不负责任”之类的评价。即使是非常不顺眼的现象，也不要急于指责，还是那句话，先了解，记录情况；少说话，少发言、少表态，少指责或者不说，才不会引起别人的反感。要知道，每家公司都有它的成长经历，你刚到新的环境有些事情和缘故还不清楚，对别人并不了解，你的表态、发言、批评之类的话，会让周围的人很反感并难于接受，对自己未来的职业形象将产生不利影响。

第二节　肯定前任领导的业绩

新上任的中层领导，不要急于表现自己而推翻前任领导的业绩，在此环节上应注意以下几点：

一、正确对待与肯定前任原有的业绩

任何一家公司都有它的管理模式和独特的企业文化。新领导上任，应正视曾经的历史，包括前任领导曾经的优点和业绩。

公司的经营发展过程都会有种种问题发生，一时难以评论对与错。但是，公司发展一定有前任领导的努力，成绩和优点，对此要给予充分的肯定。这不仅是对那个领导的成败得失的评价问题，而且关系到一个部门广大员工的思想情绪。新官上任三把火，想改善问题、解决问题的想法是正确的，但必须注意一个前提——不可将前任过去的努力与业绩全盘否定，更不能为了显示自我而贬低前任领导的人格；否则，反而暴露了你缺失包容心及职业素养的短板。

二、梳理与分析前任决策性的问题

通常，新领导上任都有一个对部门运作与业务管理熟悉的过程。一般

情况下，会有新上任领导与前任领导工作交接的一个过程，但只是一种例行公事而已，完全熟悉并掌握部门管理业务只能靠自己。但也不乏存在新领导上任时，前任领导因某种原因已经提前离职这种情况。接下来只有靠新上任领导自己来熟悉这个部门的运作情况了。

凡是遇到复杂性的事务一时难以解决时，新领导一定要收集相关资料信息或以往处理这类事务的记录文件进行分析，不妨多问几个为什么：他为什么要这样做？这样做他的理由是什么？是否还有更好的处理方法？对整个事情的发生、管理决策、处理方法进行梳理分析，或者与前任进行对话，沟通请教处理此类事务的初衷及目的；还可以找上级领导指导或找参与处理此事务的相关人员进行沟通了解，弄清楚事情处理经过及处理原因，然后再想办法实施改善和改进处理。切记，遇到一时难以处理或者一时弄不明白的事情时，要先暂缓决策处理，避免产生因管理决策失误难于收场的尴尬局面。

三、继续完成前任领导未完成的项目计划

一项重要的工作从部署到完成，需要一定的时间和过程，有的是需要几任领导的连续努力才能完成。这样的工作，不能因领导变动而受到影响，不能因前后任的主张不一致而中断。新上任领导到任后，对前任领导决定的、连续性较强的项目，如没有特殊原因和重大失误，就应当继续抓下去，并努力抓出成效来，绝不能随心所欲，想到哪里做到哪里。凡是这类长期性的项目管理，绝不能因某个部门领导的改变而受到影响。

当然，也并不是说，发现前任的错误也不要修改，继续错下去。正确的做法是对那些连续性不强，前任又确实搞错了，或因形势的变化不再适合的东西，也没有必要在乎前任的面子而不改，要看准了再动手。切记，千万不能为了显示自己“高明”“有魄力”“能力不凡”而胡乱批改，那样会“图虚名而得实祸”。而且换一任领导，翻一次烧饼，如此折腾下来，局面便不可收拾了。

第三节　组织结构与管理规则

一、组织管理与组织结构

组织管理是管理的基本内容之一，它包括组织结构的设计和维护，组织的发展和变革等内容。其目的是有效地实现组织目标。组织管理对组织中的管理人员的要求是：参与组织的设计、完善、维护和发展，处理和协调好组织中的各类隶属关系，确保组织结构的各项职能都能充分地发挥。

组织结构是企业组织中划分、组合和协调人员的业务管理活动和任务的一种标准框架，具体表现为组织各部分顺序排列、确定位置，聚焦状态、工作关系的一种模式。它是执行企业管理决策的运营系统，主要作用是规范、区别、运营等。因此，规范性的组织结构和运行机制，推动了企业的人力、物资、信息流从而实现企业既定的经营目标。

组织结构如同一个人赖以生存的骨架，是下发工作指令，有效传播的渠道。如公司组织结构不完善、不健全，公司运营系统就无法正常发挥，其指挥系统也就无法发挥它的作用与功效，这充分说明了组织结构是企业赖以生存和发展的根本依据。

二、组织结构与人员定编

企业组织结构的设置，并非一成不变的，在一定时期或阶段，由于企业战略、外部环境、产业整合调整、企业规模、内部环境等因素的变化，组织结构也会做出相应的调整。

建立、完善组织团队系统是领导应考虑的起点，如果管理一个庞大的业务部门，没有一个科学高效的运行组织系统，那么运营管理将是一团糟。

一个部门的人员配置与定编应根据企业的实际情况而定，具体有以下三点：

1. 避免组织结构过于纵向化

组织结构如果过于纵向化则易滋生官僚作风。因此，调整组织结构不要一味否定原有的组织形式，以至于矫枉过正。

2. 组织结构调整避免过于频繁

朝令夕改往往会让下属无所适从，容易产生情绪上的恐慌，且容易产生消极怠工的情况。因此，在制订决策调整组织结构时要明确和稳定。

3. 避免环境误判

不少大型组织结构复杂、人员众多，一旦组织结构朝某一方向调整，由于习惯性将很难掉头，其影响往往要延续较长的一段时间。因此，要深入分析管理环境与业务方面的相对性，必要时向上司寻求帮助。

三、组织结构的功能与作用

组织的基本含义是“有序”。组织作为名词，是一个有序的实体；而作为动词，是使一个事务从无序到有序，或从旧序到新序的过程。组织也可以说是企业的管理者为了实现团队的目标，互相结合，明确职务和责任，交流信息，协调行动的人工系统以及运转的过程。

1. 组织形式的基本要素

组织形式有两种，一种是按照职能性质划分的；另一种是按照部门性质划分的。虽然多种组织的性质、规模、特点不同，但必须具备以下三个基本要素：

（1）共同的目标。这是团队得以形成的基础，团队成员的意愿、行动取决于团队的共同目标，而且只有通过团队的共同目标才能统一起来。当然，团队的共同目标，必须直接或间接地体现所有成员的利益。它不仅要得到团队成员的理解，而且必须为更多团队成员所接受。

（2）协作的意愿。是指每个成员为团队的共同目标做出贡献的愿望。在实际工作中，假如团队成员之间没有协作的愿望，不仅会直接影响团队目标的实现，而且会直接危害组织的存在。同一团队的成员，协作愿望的强度是不相同的，它与一个人的思想认识水平、文化素养、个性特点以及物质利益密切相关。而且，即使同一个人，在不同的时间里，协作愿望的强弱也是不同。因此，中层领导必须经常关注其成员的协作愿望，尽可能激发员工协作的热情。

（3）信息的沟通。一个团队的信息沟通就如同人体中的神经网络系统。只有通过灵敏的信息传递渠道，使团队与员工之间、员工与员工之间保持经常不断的沟通，才能保证团队的统一意志、统一领导、统一行动，才能提高工作效率，使团队的目标得以实现。

2. 组织结构的功能及作用

就一个企业来说，建立各部门的组织结构有着非常重要的功能及作用，具体如下：

（1）合理的组织结构，可以把所有员工的智慧、才干、经验、能力聚拢起来，形成一个群策群力的，为实现企业共同目标而战斗的集体。

（2）把企业员工合理地组织起来，可以互相取长补短，发挥多方面的积极作用。这种合理组织起来的力量，会远远大于原来分散力量简单相加之和，会创造出一种新的力量。

（3）合理的组织结构，能明确上下隶属关系和相互间的分工、协作关系，即有了层级之分的组织，明确了谁领导谁，谁配合谁，责任清晰，这样就便于开展工作，就能有效地避免互相摩擦、冲突、推诿现象的发生，工作效率就会提高。同时，也便于进行监督、考核、评比工作。

（4）建立合理的组织架构，无论其工作人员怎样变动，都能保持各项工作稳定而连续地开展下去。

（5）可以根据具体职能的要求，合理设置职务，安排各类人员。同时，可充分考虑到个人的特点，做到人尽其才，事得其人，有利于发挥每一个管理人员的积极性、创造性，使工作任务顺利完成。

3. 建立、健全组织结构的注意事项

（1）要依据目标来建立组织结构。目标是建立组织的根本出发点，离开目标的组织将是不切合实际的组织，企业一般以长期计划、产销预算等重要因素作为目标，并以此来创立组织结构。

（2）要依据客观实际情况来健全组织结构。每个人都有自己独特的性格和特长，每项工作都有它的简繁之分。所以，管理者在健全组织结构的时候，尽量兼顾来自各方面的问题，尤其是人事安排，这才是管理者才能最集中的体现。当你对所有员工的优缺点都有不同深度了解的时候，如何有效地“搭配”是健全组织结构的重要内容。

（3）要保持适当的控制幅度，又要避免增加不必要的管理层级，以发挥组织的高效功能。

（4）要使每个员工只对一个上司负责。对每个员工监督的人越多，员工干劲越小，分层负责的秘诀是要使每个部下只对一个上司负责。

（5）列出一张完善的组织系统表，务必使上下级关系十分明确，使其能显示出每一个人工作的职能，同时凭着这张纵观全局的图表，检查一下工作是否有所失误。

但是，作为中层领导必须明白一点，任何组织中的内部结构都不是一成不变的，它会随着外部环境和内部情况的变化而进行调整、改革，以使其提高功能。

4. 建立、完善组织规章制度

（1）规章制度的必要性。管理大师德鲁克曾说：“一个不重视公司制度建设的管理者，不可能是一个好的管理者。”“没有规矩不成方圆”“国有国法，家有家规”，都说明了规则制度的重要性。

企业要想在竞争激烈的市场获得长远的发展，务必要制定出具有科学化、创新性并适应于企业本身的管理制度，这样不仅能够保证企业内部的管理顺畅，还能够提高企业的核心竞争力，培养员工的整体素质，降低运营成本，实现企业的经营计划目标。

麦当劳是全球最早开展特许经营的跨国公司。不管任何地区的麦当劳开业，都能够规范、紧张而有序地进行。因为麦当劳公司有一套规范成熟、设计合理、流程合理、高效运转、标准化、可以复制的运营管理系统。这个系统可以放到任何一个地方去复制。所有运营管理包括友善礼貌的柜台服务标准、产品加工和烹饪程序乃至厨房布置等都是标准化的。麦当劳公司为特许分店提供完善的制度支持和标准化管理支持，一是有统一的菜单服务项目；二是制度统一的服务规范；三是制定详细标准化作业程序；四是在食品质量、清洁等任何一个环节都有制度保障，不管你是管理者还是操作者，只需按照制度执行即可，这就是一家标准化的制度管理企业。一般企业试用期要3个月，有的甚至6个月，但麦当劳3天就够了。

（2）制定规章制度的重要性。任何一个组织，一旦缺少明确的体系流程和规章制度，那么在运营管理和执行操作时很容易产生混乱。举个例子，有的公司并没有明确规定接待工作是由人力资源行政部还是总经办执行，在工作忙的时候两部门都在观望，希望对方去负责，结果因无人负责此项工作而造成大的严重问题，最后使企业对外形象受到极大的影响。更为严重的是，缺乏管理制度会使整个组织无法形成凝聚力，缺乏团队精神，导致业绩减少。

（3）制定适合有效的管理制度。任何企业的规章制度都截然不同，要根据公司商业模式及文化差异，制定出最适合企业经营的一套规章制度。任何卓有成效的规章制度一定是最为适合该企业的规章管理制度。

建立、健全公司规章管理制度是领导者必须做出的抉择。但是，由于企业经营必然会受到外部不同因素、环境的影响，企业的规章制度也并不是一成不变的，而是随着客观环境因素的变化而变化，这是领导者在制定管理制度时需要考虑到的。判断目前的规章管理制度是得到有效执行，还是如同虚设，制度的执行是否产生良好的业务效益，是否符合现代化企业经营发展的需求，绝不是靠管理者的感觉是否良好来判断，而是由公司经营经济指标来评判。

（4）规章制度执行是关键。许多优秀企业成功的关键，不仅仅是在于有完善的管理制度，更在于它能够按照规章制度执行和办事。

古人云："行之以躬，不言而引。"中层领导坚持带头，发挥表率示范作用，是狠抓落实企业管理制度的关键环节。企业的领导率先垂范体现的是一种态度，树立的是一面旗帜，展现的是一种作风，凝聚的是一种力量，引领的是一种风尚，从而形成一种狼性执行力的企业管理文化。

第四节　如何组建高绩效的团队

一、为什么要组建团队

一位成功的企业领导曾说了这样一句："我的成功，百分之十是我个人旺盛的进取心，而百分之九十，完全依仗着那支强有力的团队。"

一个团队的成功，不光是靠企业领导个人的智慧和才华，绝大部分的成功关键还是在于领导身边的那些员工，在于他们追求完美的表现。组建团队的第一步就是要明确地知道自己为什么要组建团队？要组建一个什么样的团队？因为每个组织的倡导者的价值观不一样，所以这个准确的答案只有领导者自己知道，也只有明白以上两个问题，你未来的团队才会更好、更有效地发展。

1. 组建团队的重要性

单打独斗和个人英雄主义的时代已经成为历史，如今早已迈入团队合作，讲究团队合作默契的时代了。领导已经不再是明星，虽然位高权重，拥有领导统御的大权，但是，如果缺少了一批手足相连、智勇双全的跟随者，还是很难成大事的。任何部门不仅需要一位优秀的中层领导，更需要一支具有战斗力的高效团队。

2. 具有凝聚力的团队

具有凝聚力的团队应做到以下几个方面：

（1）成功的团队意味着在员工之间建立沟通、关怀和协作的团队文化，让领导和下属之间的默契和努力成为一种合作精神。

（2）成功的领导应做好团队成员的素质教育培训工作，并使团队的每一名成员感受到一种组织和谐文化。

（3）团队所有的成员都能够掌握至少两种以上的业务管理或技能，随时调动支援受影响的岗位。

（4）每一名团队成员都能够上下齐心，面对部门业务目标能够分工协作，共同追求胜利和成长。

（5）每当完成团队工作目标时，让每一名成员感觉到分享胜利的喜悦和荣耀。

3. 高绩效团队的特征

成功的领导都能组建一支高绩效的团队，无论是个人激情还是团队气氛、工作默契和生产力与一般的团队相比较，总是有相当大的不同之处。具体有以下几点：

（1）目标明确

成功的领导会随时指出团队的工作方向，经常与团队一起设定共同的目标，并竭尽所能设法使团队成员都清楚了解、认同，进而获得团队成员的承诺，坚持和追求共同设置的工作目标。

工作中，中层领导的首要任务就是先确定目标，这样不但能使不同角色的团队成员有完全一致的目标，更重要的是使团队有前进的动力，这也正是高效团队的不同之处。

（2）分工协作

在现代化大生产布局的环境下，任何一项工作都具有很强的专业性。因此，团队成员必须掌握一定的专业知识和专业技能，这个团队必须是多方面专业人才的合理搭配和组合，才能实现不同工作技能的互补，才能有效地发挥团队作用。这就要求团队成员都要清晰地了解个人所扮演的角色是什么，并且知道个人的业绩会对团队目标的达成产生什么样的贡献，大家才不会刻意地逃避责任和推诿分内之事，才能充分发挥和调动每个员工的积极性。所以，在团队的总体构成上，既要有强有力的中层领导，又必须有各具不同专长的其他成员。管理者的责任是把群体成员的积极性最大限度地调动起来，使全体成员之间长短互补、相互配合，充分发挥群体的整体功能，实现企业利益最大化。

（3）参与管理

高效团队的成员身上总是散发出积极参与管理的激情，每一名员工都相当地积极，相当地主动。因此，让成员参与团队管理使员工明白实现团队目标不仅是领导的事，也是所有成员的责任和使命，这时的团队所汇聚起来的力量绝对是无法想象的。

诸葛亮虽为一世英雄，却大小事一人决策，最终把自己累死。经验证明，任何人都无法做到事无巨细，所有事务皆“亲揽”。一个人的精力是有限的，一个领导者从体力和精力上来说，是不能完成一个团队所有工作的。

事必躬亲的领导者，他们的工作热情与实干精神固然可敬，但从科学的角度来说，这种做法是一种极大的错误。试想一个整日忙碌于烦琐事务的领导者，哪有时间去思考，又如何去制订全新的问题决策？因此，作为企业中层领导，就是要从大量的事务中抽出身来把握方向、抓住重点、纵览全局。

（4）沟通与倾听

沟通是领导者必备的能力之一。拥有良好的沟通能力，领导者在带领团队和管理业务工作之时就可以做到事半功倍。随着现代市场经济的迅速发展，企业管理活动都发生了颠覆性的变化，对于一个中层领导来说，应当重视培养自己的沟通能力，适应企业发展的要求。一般来说，领导者沟通能力包括两个方面，一是接受他人传播信息的能力，二是让对方接受传播信息的能力。对于领导者来说，无论是从事部门的日常业务管理还是从事人事管理，都需要与他人进行大量的信息传播和交流。为了提高自己的领导能力，管理者一方面要使得自身传播出的各类信息能够被他人有效地接收和理解，另一方面则要大量地接收他人反馈和传播过来的信息，并对这些信息进行快速分类、分析和理解，并进行相应的回应，达到沟通管理的目的。

成功的领导，应随时与组织成员不断沟通了解，特别是要倾听团队成员的不同意见和观点，让团队中持有不同意见和观点的人都受到重视。正因如此，领导者应努力塑造与团队成员之间相互尊重，倾听和沟通表达的团队文化，真正地去了解下属的想法和建议，如确实有助于对团队工作目标的达成，何尝不是一种智囊妙计。

（5）相互认同

营造一种人文关爱的团队和谐文化，让团队成员感觉受到别人的尊重和支持，这是成功团队的特征。在高绩效的团队中，成员之间经常会听到这些话：

①你是最棒的，你是最优秀的，我们支持你；

②我要谢谢你，你做得非常棒；

③我们认为你一定可以做得到，加油；

④你是我们团队的灵魂，不能没有你；

⑤这次的目标达成，你的表现真的很棒。

成功的领导者能让团队成员感觉自己是最棒的。要想使你的员工更加团结合作，就要培养团队成员的自信心。要让团队成员为自己的团队感到骄傲，让员工感觉到他们是优秀团队的一分子。例如，若你的团队是企业销售系统的第一名，作为领导者就要让员工意识到自己是在企业最优秀的团队中工作的。

（6）团结协作

俗话说："一个和尚挑水喝，两个和尚抬水喝，三个和尚没水喝。"显然"三个和尚"是一个团队，可是他们没有水喝，那是因为这个团队组织涣散、人心浮动，人人自行其是，对于工作互相推诿，缺乏团结协作，最后威胁到了自己的切身利益。由此可见，团队合作是多么重要。

在实际工作中，单靠一个人的能力已很难完成错综复杂的事务。如果将你的下属形成一个高绩效的团队，并要求团队成员之间相互支持、相互关联、团结协作，那么再通过必要的组织协调，完全可以减少工作中存在的各类问题。

第五节　如何布置工作任务

一个团队的竞争力，同样离不开这个团队的领导者。工作中，有很多领导者个人能力很强，每天事无巨细地掌握团队中的所有事务，自己累得要死，员工也不领情。这样的领导者虽然做了很多事情，但是称不上优秀的领导者。

作为中层领导，不仅要统领好全局，还要给下属布置任务。你让下属做得越多，你的下属反而会感激你，分配的任务越多，得到的锻炼也就越多。那么，优秀的领导者都是如何给下属布置任务的呢?

一、布置工作任务的准备

中层领导的职责就是把重要的工作交给下属，让下属的工作技能得到锻炼，这样不仅提升了下属解决问题的能力，还可以让自己从繁杂的事务中解脱，这样双赢的局面，何乐而不为呢？但是，在布置工作任务之前，必须提前做好以下几个方面：

1. 共建目标，统一方向

中层领导如何带领部属完成工作任务呢？答案就是要有目标，并且这个目标要得到所有员工的认可和支持。所以，中层领导首先要带领员工共建目标。目标就像指路明灯，可以明确前进的方向。团队有了目标就有了统一的方向。当年沃尔玛的创始人沃尔顿带领企业管理者突破瓶颈的重要经验就是共建目标。

沃尔玛在经营初期，遇到了同行业的竞争，一度经营不善，陷入困境。但是，沃尔玛创始人沃尔顿很快找到突破发展瓶颈的方法。沃尔顿向员工始终灌输的经营观念和目标是：要永远以“优于其他商家的服务质量”的理念来对待客户。这种根深蒂固的利他主义使沃尔玛公司的管理严谨有序，成为令同行叹服的超强企业—— 这个企业总是能谈成最优惠的价格，能及时从远方调集货物，并保持了灵活性，能够及时变通应对的优势。

当然，也许有人并不认同山姆·沃尔顿，怀疑利他主义的目的，在他们看来，沃尔玛很可能比其他企业更注重谋求利益。外人的眼光无法改变山姆·沃尔顿和其员工们对顾客的服务之心。让顾客买到质优价廉的商品，这是沃尔玛的追求。正是基于对这个目标的不懈追求，沃尔玛换来了在全世界的成功。

2. 统筹规划与工作计划

“良好的计划是成功的一半”，可见统筹规划与工作计划的重要性。制订工作计划是领导的重要工作职责之一。例如，需要完成什么目标，需要具备哪些条件，需要使用到哪些资源，属于公司内部资源还是外部资源（如人力、资金、资讯、设备），等等。这些都需在分析确认后才能制订出自己的工作规划或工作计划。

反之，如果目前所具备的资源尚无法完成目标时，应立即统筹与协调各方资源，必要时寻求上司的支持，以确保制订的工作计划处于受控状态。

二、布置工作任务的方法与技巧

中层领导在给下属布置工作任务时，必须掌握布置任务的方法与技巧。例如对于需要完成的目标要能结合下属具备的业务技能及时做出客观性的评估。关键点是告诉下属做什么，具体要求和注意事项，什么时候开始、什么时候结束，再征求下属的意见，等等。目的是给下属提供一切有利条件，协助下属顺利完成既定的任务目标。

1. 需要完成的任务指标（告诉下属要做什么）？
2. 完成任务指标的标准是什么？
3. 完成任务指标，所需要使用的资源和需要哪些支持？
4. 计划在什么时间开始？
5. 预计在什么时间结束？
6. 下属有什么不清楚的地方或补充说明。
7. 当下属已经明确需要完成的工作目标后，进一步征求下属意见。

除了将工作目标及要求交代完毕外，还要根据不同年龄、性格、资历背景等对不同类型的下属加以引导，帮助他们建立完成工作目标的信心与责任感。

对于那种好胜而自负、进取心极强的下属，在指派工作任务之后，最好使用简洁的语言来触动他那根“好胜”的神经。例如，可以告诉他说：“这个工作任务对于你来说困难吗？”在得到他带有轻蔑的回答之后，你便完成了对于“好战”类型下属的工作激励。如果你叮嘱太多只会引起他的烦躁，而且还会使他对落实目标不屑一顾。

对于不够大胆、缺乏自信心的下属，则需要你特别关注。在给这类下属布置和交代清楚工作任务后，需要你对他做出一些肢体上和精神上的鼓励与支持。例如，可以拍一下他的肩膀对他说："依你的工作能力，完成这个工作目标，根本不算什么，放心大胆地去干。"然后再一次拍一下他的肩膀。要知道这些语言和肢体上的鼓励是非常有必要的，下属会想：上司这么信任我，只要加倍努力，必定会完成这个工作任务，一定要给上司争气，要用事实来证明我自己。

对于那些年长资历深的下属，在向他们委派工作任务时，有一点就是要特别尊重他们的情感与意见，体谅他们的难处。退一步来说，领导者已具备的职业素质、谦虚和良好的态度，也是你与这类年长下属建立良好的工作关系的关键。首先，要详细、清晰地说明这个工作目标的细节，然后可以使用一些谦虚的语言对他们说："这个工作任务非常重要，特别是需要您的宝贵经验，如果在其他方面有什么困难或意见，希望您及时提出来，我会立即解决。"这样以诚恳谦虚的态度征求他们的意见和建议的同时，你也可以获得他们的宝贵工作经验。

任何团队都不乏唯利是图的下属，那些只关心自己利益的人，不管委派任何工作任务先考虑的总是背后的利益关系。对于这类下属，可根据他的特性安排任务，如将工作任务轻描淡写不必详细介绍，否则他不一定听得进去，但有一点就是让他意识到完成这个任务会有什么利益收获，还可增设一些物质奖励刺激他的心理需求。总之，让他知道出色地完成工作任务意味着什么。一定要根据他的心理需求去刺激他，来调动提高他工作的积极性。

其实，每一个人都希望得到尊重和体现自己的价值，因为人最大的乐趣就在于去做他们想做的事。因此，在委派工作任务时，应针对不同下属类型的不同特点和需求，采取不同的方法、方式来调动下属工作的积极性。

三、给予适当的压力

给予下属适当的工作压力，会让他们工作起来更有激情。员工的能力是有弹性的，如果布置的工作压力太小，下属就会产生无所谓的心态，如果工作任务压力过大，下属就会过分焦虑、担忧，也就难以发挥出最佳的工作状态。因此，应根据下属的能力、条件的差异分配不同的工作任务和完成时间，一般是以时间安排紧凑、难度略高于下属能力的为佳；完成工作任务的压力来自奖罚分明和制度管理。给下属布置分配任务时，要明确奖惩要求和标准，给下属造成一定的紧迫感和时间观念。

四、做好过程预防措施

作为中层领导，设定目标计划是完成任务的第一步，虽然好的开始是成功的一半，但也不是说目标制订完成后就万事大吉了。目标不会自动完成，需要全体员工的执行。因此，要想知道目标计划的执行情况，就需要对目标绩效跟踪，并做好预防措施：

1. 要充分做好关键任务的困难分析和预估；
2. 制订详细的实施计划，或者让执行者参与进来；
3. 找到决定成功的关键要素；
4. 提前做好应急预案或补救措施。

五、避免随意指使下属

工作中，总会遇到一些意外工作任务或突发事件，造成额外的任务，但总得有人去做。例如，一些岗位人员生病需要安排人员顶替，或有下属手头工作突然增多一时忙不过来需要帮忙，面临的紧急任务需要加班处理等，也不乏管理者认为是临时任务，看到谁就顺手安排给谁来完成，这些临时工作最容易引起下属的不满。因此，管理者遇见临时任务时，应做好以下几点：

1．用建议的方式进行工作沟通和协调；

2．善于说服，让下属欣然接受；

3．分给职能、职责接近的下属；

4．避免把任务分配给多个下属。

第六节　做好控制工作

一项工作，良好的开始当然重要，但圆满的结束，更为重要。从管理学角度上说，过程控制就是根据既定的目标和计划，监督、检查任务的执行情况，一旦发现偏差，就要找出原因，并采取有效措施，以更好地实现既定的目标与计划。过程控制是中层领导在整个日常管理工作中极其重要而又最容易忽视的一点，许多管理者在工作中几乎放弃了控制的权利，在对下属授权之后，便不再过问工作的进展情况，这样做对于那些能力强，素质高的下属来说，不失为一种发挥其积极性与创造性的好方法，但对于大多数员工来说，没有相应的控制，将很容易导致员工在执行计划时行动不统一，从而导致结果不理想。因此，执行计划的管控措施不是可有可无而是必然性的，那是因为它直接关系到整个工作计划的成败。

中层领导的工作重点是对决策和目标的控制，没有了控制，组织就变得无秩序，组织中的多个环节、要素就不能发挥正常作用，因而组织的决策目标与计划任务也就无法实现了。

所谓的过程控制，即标准—检查—纠偏。也可以叫过程控制“三段式”或称之为“三要素”。

1．确定标准

控制工作首先要有一个衡量的标准，就像体育比赛当中的运动规则一样，标准的制订至关重要。标准是控制的前提条件，是控制过程中计量、鉴定、对照的基础。员工会像运动员们一样，调节与训练自身的多种状态，以适应标准的变化。标准的制订过程包括以下几方面：

（1）根据计划目标制订标准。控制的标准可能是原计划规定的标准，也可能是对原计划标准或指标的细化。

（2）标准的制订应听取下属的意见。因为你制订的标准是用于评估下属工作的，下属不会心甘情愿地接受一个自己完全不理解、甚至心存异议的工作标准的。

（3）标准要具有一定弹性。标准既不能过高，让员工高不可攀，又不能太低，不利于发挥他们的潜力，最好的标准应是具有一定弹性，能够给他们一个自由发挥的空间，同时又能保证分配的工作顺利完成。

2. 衡量成效

主要是指对工作实际绩效与控制标准进行比较。中层领导不能完全依赖事后进行控制，而只有当他们能够对即将出现的偏差有所预见并及时采取措施，才能进行有效的控制。这也是“过程进度”的控制，可以利用能得到的最新信息进行预测，发现异常征兆可急速采取预防性的措施，及时纠正。中层领导要特别注意抓重点，抓“两端”，对于较大的异常情况，如特别优良和特别不良情况，要高度重视，这会提高控制的效果。

3. 纠正偏差

针对那些偏离标准的误差，进行及时有力的纠正。首先，要分析原因。一般有三种：一是员工的责任；二是外部条件发生了变化；三是原来的计划可能不科学，甚至有失误。其次，有的放矢地采取措施。当外部环境发生变化时，可采取补救性、应急性的措施加以适应。根据发生偏差的具体原因，有时可改进技术，有时可改进组织工作。如果原计划有问题，还可调整、修正原有计划。最后，纠正偏差的效率要高。纠正偏差的活动，要经过发现偏差、分析原因、采取措施、实时修正等几个环节，其中任何一个环节的延迟，都会影响工作的顺利进行，甚至带来不良后果。

Chapter4

第四章

中层领导的决策艺术

每一个优秀的管理者都有一个能说明其行动和决定的关于企业未来的明确想法，这个想法就是企业使命。明确企业的目的和使命，是能够成为优秀管理者以及促使企业不断发展壮大的必要条件之一。

第一节　决策管理的定义及重要性

决策是现代企业管理的一项重要职能，它存在于管理者的一切管理领域，贯穿于管理过程的始终，是领导者管理活动的核心内容。不论管理者在组织中的地位如何，都需要制订决策和实施决策，管理者的地位越高，决策的作用和影响越大。本节主要阐述中层领导的决策艺术，学习决策理论，对于提高管理者的科学决策水平和管理绩效具有重要的意义。

一、决策的定义

决策是指管理者根据企业经营目标，综合内外信息和资源进行评估分析后，所做出的决定或抉择。决策权是一个领导者的权力核心部分，只要制订了决策方案，就要考虑如何得到有效执行，从而实现当初设定的决策效果。

俗话说，“将帅无能累死三军”“失之毫厘谬以千里”。领导者所做出的决策，小则会影响团队成员的工作士气，大则可能会影响公司的效益与利润。领导决策如同行军打仗，决策是否正确，直接关系着经营计划的成败。

1. 决策是为了解决某一问题所做出的决定。

2. 决策是为了实现组织所设定的目标。如果没有目标，团队也就没有工作的方向，那么也就无法决策。

3. 决策是为更快、更好地执行方案；如果只是一味地行动，那么决策也就毫无意义。

4. 决策是执行方案的选择。如没有选择就没有决策。

5. 决策是面向未来，所以需要正确的决策。因此，需要进行科学预测与管控。

决策时，可以听取众人的意见，利用团队的集体智慧，需要注意的是群体只是提出建议，不做决策，真正做决策的是领导者。

二、决策是领导者的重要职责

英国著名的管理学家西蒙说："管理就是决策"，由此可见决策管理是公司各级领导者工作的核心部分。

决策管理是公司领导根据工作总体要求及各方面信息，经分析判断后，从各个抉择方案中选择一个正确的方案决定实施和纠偏，确保决策的有效执行。但在没有做出决策之前，只是对目标、计划及收到的各方面信息进行分析和研究，并没有确定团队的工作方向。也就是说，再好的行动计划如果没有正确决策和执行，也就无法实现既定的经营目标。

决策即是团队执行计划方案的工作指南。对于中层领导来说，不仅仅是做出决策，更是体现出一个领导者的分析、判断、管理的工作水平，而且不同的管理决策也会关系到方案的成败或影响到总体经营目标。因此，在做出决策前应集思广益，多元化分析、判断，审慎做出决策；并不断改进管理决策、提高决策水平，这应是公司各级领导的思考课题。

三、正确决策的特征

正确的决策应该具有以下特征：

1. 有明确而具体的决策目标

决策就是选择方案，如果决策的目标是模糊的，甚至是模棱两可的，那就无法以目标为标准评价方案，更无从选择方案。

2. 以了解和掌握信息为基础

一个合理的决策是以充分了解和掌握各种信息为前提，即通过企业外部环境和企业内部条件的调查分析，根据实际需要与可能选择切实可行的方案。千万不要在问题不明、条件不清、要求模糊的状态下，急急忙忙作出选择。要坚决反对“情况不明决心大，心中无数办法多”的错误做法。

3. 有两个以上的决策方案

必须要有可供选择的方案，否则决策可能就是错误的。根据成功领导者的实际工作经验，总结出这样两条规则，一条规则是，在没有不同意见前，不要做出决策；另一条规则是，如果只有一种行事方法，那么这种方法可能就是错误的。

4. 对控制的方案进行综合分析和评估

每个可行方案，都会对目标的实现发挥某种积极作用和影响，但也有可能产生消极作用和影响，所以，必须对每一个可行方案进行综合的分析和评估，进行可行性研究。可行性研究是决策的重要环节。决策方案不但必须在技术上可行，而且应当考虑社会、政治、道德等各方面的因素，还要使决策结果的副作用缩小到可以允许的范围。通过可行性分析，确定出每一个方案的经济效果和所能带来的潜在问题，以便比较各个可行方案的优劣。

5. 追求的是最可能的优化方案

在工作中，管理者都不可能做到完美无缺。对于决策者来说，同样不能以最理想方案作为目标，而只能以最好地达到企业目标的方案作为准则。即在若干备选方案中选择一个合理的方案。合理方案只能在决策时提出来的若干可行方案中进行比较和优选。决策的可行方案是在管理者现有的认识能力制约下提出来的。由于组织水平以及对决策人员能力训练方式的不同，可行方案的多寡和质量也存在差异。由于管理者对客观事物的认识是一个不断深化的过程，明天的认识比今天的认识往往深刻得多。所以对任何目标，都很难提出全部的可行方案，也就很难设想最优方案肯定在现有方案中。决策者只能得到一个适宜或满意的方案，而不可能得到最优方案。

第二节　决策前的细节管理

广义来说，管理决策是一个过程，包括最终决定时的一些相关活动。例如，信息资料的收集，设定目标、制订方案、评估选择等。狭义来讲，决策就是领导者最终的拍板。而这个拍板则是决策过程的重要环节，对公司经营目标达成有着一定的影响。因此，在制订方案以及决策拍板前，应做好以下几个方面的工作：

一、在你的决策权限内做出决策

中层领导的权限是有限的。在自己的权力范围内做出决策是自己的分内事；如果超出了自己的权限，中层领导最好先向上级领导汇报，然后再做决策，否则就是越权行为。如果来不及向上级领导汇报，那就“先斩后奏”，事后一定要向上级领导汇报并说明原因。

如下属人员的出差费用报销决策权，你是否清楚？相关出差费用报销账单的审核、决策权，职权范围内报销费用金额的标准是多少，超出的费用是否由上级领导决策？技术人员的调出、离职、解聘、招聘决策权是自己负责还是由上司决策？你可以聘用或辞退员工吗？类似这些问题，你都需要了解职责权限的相关规定。

二、了解目标与所需的信息资料

决策是以真实数据为基础的，切忌仅凭个人喜好及情绪方面的影响而盲目决策，从而对公司业务目标造成不良影响或损失。例如，需要收集一些相关报表统计的数据或横向部门提出的数据支持等，这些都是你在做出决策之前参考的数据信息，否则，你做出的决策将毫无意义。

三、勿要求你的上司帮你做决策

有不少管理者存在不成熟的做法，凡是遇到关键性事务的时候，请上司来帮忙做决策，殊不知，这些表现只能让你的上级认为你是一个缺乏责任担当、优柔寡断的管理者，对你非常的不利。

假如你碰到困难时，可以把各种可能的做法列一张表，再选择出一个可行性最高的方案，然后与你的下属商量，你将这种方法向下属做说明，训练他们也能自己做决策。

四、在公司政策的范围内做出决策

中层领导在自己权限范围内做决策时，必须严格遵守公司的相关规定，在公司政策范围内做出选择。否则，你的决策不但不能得到上级领导的支持，而且会给自己带来麻烦。

对中层领导来说，具有一定的决策能力，不仅是工作的需要，而且是自身领导力的体现。所以，中层领导不但要敢于做决策，而且要善于做决策。这就需要中层领导学习和掌握一些做决策的方法，不断提高自己的决策能力，进而提升自己的领导力。

五、与上司决策意见不同时的处理方式

如果你对上司所做的某项决定不满意，建议你要冷静地与上司讨论这个问题，讨论之后，若仍不满意，那么有三种选择：

1．欣然接受上级的决定并全力以赴执行和支持。在关键部分，私下做一些支持性的措施。

2．如果你认为性质较为严重或一旦决定可能会造成一定的损失，或者会有一定的风险存在时，可以将该问题转为上诉处理，并向上级说明情况。

3．如果你认为上司的决定存在一定的法律风险的话，你可以决定辞

职。但切记，既接受上级的决定又私底下抱怨的话，是非常不明智的；或者在你下属面前大声批评上司的决定，这是一种典型的低级错误，而且对你的职业发展非常不利。

六、干着急并不能解决问题

决策是领导者一项非常重要的工作，在遇到较为棘手的事情而又无法把握决策的方向时，可以先冷静下来，将整个事物梳理一遍找到解决问题的切入点，从而制订出适合的决策方案；必要时也可以向同事寻求帮助。

某企业有一个部门领导，做工作总是杂乱无章、一塌糊涂，原因就在于他不知道怎么做决策，也不知道什么事情应该先做，什么事情应该后做。任何工作对他来说都是紧急的，每个星期他都会给下属发去几十份画上红框并写上“加急”字样的备忘录。可结果哪件事情也没有得到及时地处理，原因在于每件事情都写上“加急”的字样，就是每一件事情都变得不急，变成了日常工作。在决策中，有一些需要同事帮忙的工作由于碍于面子，也不愿意去求助于他人，自己又忙得晕头转向，所做决策的结果非常糟糕，上司对他的管理工作非常不满意。

在工作中每个人都害怕失败，但是情况突变时，中层领导要处变不惊才能稳定员工慌乱的心。对中层领导来说，处变不惊体现大将风度只是一种表象，而真正要做的是积极地找到解决问题的方法。

七、特殊情况的处理方式

当下属向你提出申请要求提高薪资待遇时，正确的做法是：先稳定对方的情绪或拖延一下，然后了解公司以往的处理方式，在确认自己是否具有这方面决策权的基础上，结合公司薪酬制度、职责权限、工作业绩评价标准，对下属的工作绩效进行评估后，再决定是自己决策还是提交报告请求上级决策处理。同时，也要考虑到因个人加薪会影响到整体部门连锁反应，在这方面要慎重考虑。

第三节　成功领导的决策艺术

在现代商业竞争中，市场和客户是瞬息万变的，在这种情况下，中层领导的决策能力就显得非常重要，因为中层领导是最接近市场的企业管理者。华为创始人任正非曾说："应该让听得见炮声的人来决策。"所以，中层领导的决策能力会在一定程度上影响企业的发展。

一、确定需要决策的目标

公司的经营总是在不断寻求和改进管理模式，最终以实现利益为目的。因此，成功的领导要善于决策并能给下属一个明确的目标。

领导者应跟上企业的发展变化，不能安于现状，要善于发现、改进存在的各类问题，从而进一步深入研究，发现影响完成业绩目标因素的本质、表现的形式、产生的原因等，并找到解决或改善问题的关键所在。如果目标不明确或决策失误，下属的执行力越大效果也就越差，可见决策前发现问题的重要性。具体而言，应注意以下几点：

1. 设定目标要具体、量化

设定目标是为了统一团队所有人员的行动，明确共同的工作方向，而量化目标有助于衡量绩效，便于团队的执行效果达到最大化。

2. 设定目标要协调一致

实现团队目标必须设定个人绩效目标，以目标分解后，个人绩效指标与团队目标保持协调一致性为原则。

3. 设定目标要适宜

一是设定的目标取决于它采用的数据和资料的准确性、全面性；二是设定的目标要保持一定的弹性，应留有余地，使目标与差异保持一定的相对性，确保目标实施处于最佳状态。在设定目标时，应考虑和把握实现目标的难易程度，其难度标准一般中上为宜。如果目标难度太大，团队会失去激情与信心，而难度较小时又激发不出团队的干劲与激情。因此，建议设定目标时，可根据“跳一跳即可得”的标准来进行参考。如何把握设定目标的度，是领导者必须要考虑的问题。

（1）设定目标要有可接受性。

（2）设定目标要有时间性。

（3）设定目标后应给下属提供支持和帮助。

（4）设定目标应具有挑战性。

某企业是一家大型鞋业制造公司，月度产量是20万双鞋子。为了提高生产部的月度产量，公司领导决定使用相关自动化设备等措施，达到每月产出25万双鞋子的目标。同时，由于设备改进、工序调整和优化流程，进行了多能工培训以及生产物料准备等全面性的统筹及协调。为充分调动各部门工作的积极性和实现预期性目标，企业还制定了产量奖励政策，奖励政策一出立即引起生产部门的积极响应和支持，产品质量和生产效率得到非常明显的提高，经过一个月的实际生产效率测评，最终结果比预期设定的产量目标多出了2万双，月度产量达到了27万双鞋子，经过努力后实现了最初设定的产量目标。

二、设定决策方案的步骤

决策质量关系到整个部门任务目标的成败。所以说，领导者在做决策的时候，应精心设计决策的环节、方法和步骤，才能保持决策得到有效控制和按照既定的目标进行；特别是对于重要业务目标的决策，必须在掌握全面性资料信息的基础上，深入调研、确定实现目标的措施和实施步骤：

1. 明确问题，收集资料

目标一旦确定，中层领导就要责成有关人员或组织通过各种渠道、采用各种手段，广泛地收集有关的信息资料，进行大量的调查研究、分析工作。同时，中层领导应亲自深入实际，多看、多问、多听，获得第一手资料。中层领导还要善于阅读，扩大知识面，广泛吸取相关信息，增强自己的判断和解决问题的能力。

2. 确定决策目标

之所以设定目标，是因为有了目标，做事才更有计划性；有了目标，做事才更有效率；有了目标，做事才会更积极主动。

一个优秀的中层领导，不能满足于现状，要善于发现新问题。通过调查研究，了解问题的内容、性质、表现形式、产生的原因等情况后，再找到问题的关键所在。在此基础上，提出目标，确定目标，并关注决策实施的结果。有人列出下面这样一个公式：

目标方向×工作效率=工作效果

如果目标方向错了，效果就成了负数，效率越高，效果越坏。决策目标要符合以下要求：

（1）确定的目标不能模糊。

（2）不能有多种解释，扰乱视线。

（3）目标的落实必须有时间限制。

（4）目标的成果是可以衡量的。

（5）目标的实现应明确责任。

3. 分析信息资料

确定目标后，领导者应组织员工通过各种渠道、采取不同的手段，全面收集企业内外部相关决策所需要的大数据信息。并根据这些数据信息进行汇总、分析、研究，从中获取有价值的信息；领导者也应善于阅读、查阅资料，更全面性地吸取各方面信息，来增强自己的逻辑分析、事物判断、解决处理问题的能力，为设定决策方案提供重要的信息参考。

传统的管理决策主体往往是业务专家和精英高管。随着社会化媒体和大数据应用的不断深入，对于管理决策真正有影响力的决策主体正在发生转变，如今“大数据”则成为真正的决策主体，并能更加准确地反映数据所隐藏的知识，反映数据的内部规律。此外，决策的数据信息依据，也已从结构化数据转向了非结构化数据、半结构化和结构化混合的数据。在大数据技术的支撑下，科学的决策已经成为可能。大数据使决策思维方式发生了根本的改变：凡事不问原因，只看数据呈现出来的结果。通过大数据的相关分析就可以得出结论，并直接做出判断和决策。

4. 大数据化的分析处理

领导者要经常对大数据进行收集汇总分析，结合存在问题的性质、范围、频率之影响程度，可以探索发现事物的矛盾点。领导者要善于利用团队的聪明智慧，集思广益听取各方意见和建议。善于启发和组织团队人员使用头脑风暴法，突破常规性思考，大胆而创新设想，寻求突破点。

同时，中层领导必须站在一定的高度和事物处理的最高端进行全面性、全局性的大数据管理分析。因为，企业问题的发生与存在，有它的必然性、复杂性。所以不管是分析问题，还是组织动员及设定决策，一定是以市场化的全局性、全面性、多元化的大数据信息的收集和分析为基础进行的全面性综合思考，而绝非是通过一个形式或随便了解一下，就制订决策方案的错误做法。

现代不少企业都是通过互联网大数据进行分析管理。麦肯锡全球研究所在报告《大数据：创新、竞争和生产力的下一个前沿》中定义：大数据（big data）指大小超出了传统数据库软件工具抓取、存储、管理和分析能力的数据群。大数据=海量数据+复杂类型的数据。大数据具有大量化、多样化、快速化和价值化的特征，也称“4V”。其中包括：

◆ 大量化（volume），指数据量庞大，即数据存储量大、计算量大；

◆ 多样化（variety），指大数据不但包括结构化的数据表和半结构化的文本、视频、图像等信息，而且数据之间的交互也非常频繁和广泛；

◆ 快速化（velocity），指数据不断更新，增长速度快，同时数据存储、传输等处理速度也非常快；

◆ 价值化（value），指数据正在成为一种新型资产，一种竞争力的重要基础。基于大量数据的分析和计算，可以产生更大的价值。

有研究表明，大数据的应用十分广泛，不仅能产生巨大的产业空间，也能产生巨大的社会价值。用大数据服务管理决策，将会在决策主体、决策方法和决策过程等方面发生革命性的改变，从而大大提高领导者的决策能力。

5. 设定可选择的方案

通过相关大数据资料、数据收集及分析后，就是如何设定决策方案了。由于决策方案对部门团队工作有着重要指导作用和影响，在设定决策方案时，必须精心组织和设计，按照确定的方向和方针，经过科学论证来设定决策方案。特别是细节之处，必须细密推敲、反复论证计算，应综合分析人力、物料、财务、技术、信息等资源的使用及调动，来设定科学、合理、可行性的决策方案，而且是可供选择的决策方案。

6. 局部试行

决策方案的实施必须是动态而且是受控的。由于决策方案的重要性，在实施决策方案前，可考虑先试探性地对决策方案进行局部性试行。

特别是比较重要的决策方案，先以试点推行，在有效控制的前提下分阶段实施，然后再以点带面扩大实施。局部试行的好处在于先发现决策方案实施过程中存在的问题，而且是在受控的情况下实施的，这样可以及时发现和局部修正，从而使设定的决策方案更加完善。

局部试行必须实事求是，哪怕确实存在着严重缺陷或不完善的地方，如果不去正视它的缺陷和不完善，而是勉强找出一些主观上的根据，来认定决策方案的可行性，将一个有缺陷的决策方案执行下去，一旦全面实施，就会产生全局性的失误，最终导致不可估量的损失。

7. 全面实施与反馈

通过对决策方案阶段性、局部试行，在修正和完善后，可以说已经是一套科学、布点合理、有效控制、可行性的决策方案。这时候时机成熟，应及时组织全面实施，避免因优柔寡断失去时效性。

天下没有十全十美的决策方案，故可就各种客观、主观等因素加以分析，选择出当前最为适宜的理想决策方案加以执行。否则，再完美的决策方案如果不去执行，也没有任何意义，更不会实现设定的经营目标，只有将决策转换成为具体的工作指标和责任，在规定的时间内发挥它的作用，才会彰显决策的价值。可见，中层领导不仅要善于设定决策，更要善于组织行动。

8. 决策效果评估

无论什么样的经营计划或决策方案，都必须对实施前预测和实施后效果进行比较评估。

广东一家电子制造企业应客户需求，计划向公司订购一批清洁机器人。公司领导通过市场调研和时代发展趋势的综合分析，认为研发机器人项目确实符合企业的中长期经营发展计划。因此，公司领导决定以此为契机，立即着手起草《清洁机器人项目投资方案》，及时组织相关人员进行评估分析，其中大半数人员认为可以作为公司发展规划重要项目，也有不少人以投资大、周期长和风险性高为由不赞成该项目。在这种情况下，公司领导又进行一次深入的市场调研，最终确认了这个新品项目的开发计划。于是，通过组织各部门对资料、信息的收集、分析后，主导该项目的相关部门进行项目计划书构思，初步计划投资1000万元，启动公司所有部门相关资源，在半年内完成清洁机器人产品开发、试产、评估及正式投产上市的新品开发项目。

决策后，开始组织收集国内外清洁机器人产品发展趋势及市场需求信息，包括目前已计划开发相关产品的竞争对手的情况；并且对财务融资计划、研发团队评估（包括软件开发、电子、机械等关键生产工艺）、相关生产组织评估、质量组织评估、资材评估、工程技术评估、生产设备、制造工艺、生产环境、市场评估等各个环节的综合资料进行收集、分析及处理，在此基础上进行信息处理、数据分析，最终确定了《清洁机器人项目投产方案》与执行步骤。

三、决策的方法

在决策过程中，不仅需要资料、数据和信息，更需要深思熟虑，正确的决策是能给公司带来效益的决定。

既然正确决策对企业如此重要，那么作为中层领导，该如何掌握正确的决策方法呢？具体有以下几方面：

1. 决策的“硬”技术和“软”技术

决策的方法从技术上分为“硬”技术和“软”技术。决策的“硬技术”是指建立在数学分析管理模型基础上，应用电子计算机辅助决策的方法，其中应用比较广泛、比较成熟的技术是以统筹学和管理科学为主要内容的计算机支持系统，它大大提高了决策的准确性和实用性，把决策人员从大量烦琐的计算中解脱出来，使他们能把精力更多地集中于分析解决关键性的重大问题。

决策的“软”技术是指建立在心理学、社会学、行为科学等基础上的“专家法”，即“专家创造力技术”。它通过采用合理的管理系统，依靠现代科学手段掌握的大数据资讯，迅速严密地分析、归纳和演绎，提出决策的目标、方案、参数，并做出相应的评价和选择。

2. 常用决策方法中的不确定型决策

不确定型决策的方法。不确定型决策的市场经济发展的客观条件是不确定的，未来市场经济模式中可能发生的各种自然状态的概率也是不确定的。不确定型的决策方法主要借助于决策者的经验和状态，其具体方法一般有等可能性法、保守法、冒险法、乐观法和最小最大后悔值法。

等可能性法：也称拉普拉斯决策准则。采用这种方法，是假定自然状态中任何一种发生的可能性是相同的，通过比较每一个方案的损益平均值来进行方案的选择，在利润最大化目标下，选择平均利润最大的方案，在成本最小目标下选择平均成本最小的方法。

保守法：也称瓦尔德决策准则，小中取大的准则。决策者不知道各种自然状态中任何一种发生的概率，决策目标是避免最坏的结果，力求风险最小。运用保守法进行决策时，首先要确定结果，力求风险最小。要确定每一可选方案的最小收益值，然后从这些方案最小收益值中，选出一个最大值，与该最大值相对应的方案就是决策所选择的方案。

冒险法：也称赫威斯决策准则，大中取大的准则。决策者不知道各种自然状态中任一种可能发生的概率，决策的目标是选最好的自然状态下确保获得最大可能的利润。冒险法在决策中的具体运用是：第一，确定每一可选方案的最大利润值；第二，在这些方案的最大利润中，选择一个最大值。与该最大值相对应的那个可选方案便是决策选择的方案。由于根据这种准则决策也能有最大亏损的结果，因而称之为冒险投机的准则。

乐观法：也称折中决策法，决策者确定一个乐观系数，运用乐观系数计算出各种方案的乐观期望值，并选择期望值最大的方案。

最小最大后悔值法：也称萨凡奇决策准则，决策者不知道各种自然状态中另一种发生的概率，决策目标是确保避免较大的机会损失。运用最小最大后悔值法时，首先要将决策矩阵从利润矩阵转变为机会损失矩阵；然后确定每一可选方案的最大机会损失；最后，在这些方案的最大机会损失中，选出一个最小值，与该最小值对应的可选方案便是决策选择的方案。

第四节　如何把握决策时机

所谓正确的决策，就是能够给公司带来效益的决定。决策正确与否，不仅关系到企业经营目标的达成，而且还极大地影响中层领导在团队中威信的高低。所以，要求领导者在做出正确的决策中找到方向，而不能错失良机，避免使团队陷入困境。

一、谨慎决策

决策时，根据决策方案的复杂性，必须考虑到以下几点：

1．这些重大决策是否必须由我来决策，是否属于自己职责权限范围之内？

2．该项目的决策是否具有一定的价值？假如这个问题得不到解决，将会有什么样的影响？

3．应该在什么时候及时做出决策，决策条件是否成熟？是否有公司或上级领导的支持？

4．是否已经全面掌握决策的资料信息和事实情况？

5．是否已对所有决策进行全面分析，是否是最佳的可行性决策方案？

6．决策方案需要注意哪些事项？

总之，在决策前必须对以上这几个问题进行逐一分析，在综合评估后才可以“决策拍板”。

二、体现管理风格，力排众议

决策就是突破常规与守旧思想，决策也是一种管理创新。在公司内部，面对决策必然会出现不同的声音，甚至还会出现干扰决策方案实施的情况，有些思想陈旧的保守派对于决策那是一百个不愿意。关键时，领导者必须体现自我管理风格，在上级领导帮助与核心团队人员支持的情况下，必须坚持力排众议，按照选择的决策方案实施。

领导决策处于积极的主导地位和发挥着重要作用，面对不同的声音应体现出领导管理风格和个人魅力，全力以赴处理好各类突发性问题，要求在最短时间内完成处置，决不能出现拖泥带水、有半点迟疑。在互联网时代和市场激烈竞争的今天，往往都是因为优柔寡断致使许多商机稍纵即逝，因此，领导者必须要果断处置，善于捕捉良机，主动出击、快速行动，努力争取达到预期的决策效果目标，进而取得突出的成绩。

三、把握最佳时机果断决策

有句俗语说："当断不断反受其乱"。意思是说应该做出决断而犹豫不决，就要产生祸乱。这里强调领导者在做出决策后，应当机立断，否则后患无穷。

在工作中，遇见一些障碍甚至是突发意外情况都是有可能的，这是一个团队领导在决策活动中必须经历的一个过程，不必为此感到困扰。有问题才是正常现象，一个公司组织没有问题那才是不正常。作为中层领导，不管发生任何问题，都要设法去解决掉它。

1. 抓住问题突破点，果断决策

成功的领导一定要保持自己的管理风格及执行力，绝不要轻易向外来的舆论或压力妥协让步。不管设定的任何决策方案，只要经过科学评估并符合公司或团队利益的，一旦确定做出的决策，就必须坚持得到有效执行，否则再好的决策方案也终会夭折。关键时不但需要坚持和勇气，不但要相信自己的科学判断，更需要一种领导魄力来推动决策，使团队行动目标在第一时间获得行动的指南。凡是要决定实施的决策，必须先行动起来再说别的，积极主导组织团队所有人员全力以赴向着目标去努力；而绝不是讨论来讨论去，造成失去决策的最佳时效，最后一事无成。

TCL集团股份有限公司是全球化的智能产品制造及互联网应用服务企业集团，是当今的集科技、智能及规模非常有影响力的知名企业。

殊不知在2002年的时候，TCL也曾一度出现经营危机。据TCL集团董事长李东生介绍说：经过20多年的发展，TCL已经从一个小企业发展成为一个初具规模的国际化企业，但一些过往支持我们成功的因素却成为阻碍我们今天发展的问题，特别是文化和管理观念如何适应企业国际化的经营成为我们最大的瓶颈，企业竞争力相对下降。就在企业经营状况出现危机的时候，因看到《鹰的重生》这篇短文让李东生感触颇深，由此更加深刻体会到TCL此次文化变革创新的必要性和紧迫性。

在经过一轮的思考和斟酌之后，李东生做出一个重要决策："集团经营重大变革决策"，因为作为企业董事长他清楚地知道，"在企业危急时刻，必须做出困难的决定，开始一个更新的过程。必须把旧的、不良的习惯和传统彻底抛弃，可能要放弃一些过往支持着成功而今天已成为前进障碍的东西，使企业可以重新飞翔"。企业的蜕变是痛苦的，对企业，对全体员工，对李东生本人都一样。但为了企业的生存，为了实现企业共同发展目标，必须要经历这场历练！像鹰的蜕变一样，重新开启TCL企业新的生命周期，去实现设定的企业组织的愿景——"'成为受人尊敬和最具创新能力的全球领先企业'的过程中，找回我们的信心、尊严和荣誉！"

就任何一个管理决策而言，在决策方案具体落实过程中，一定不是那么一帆风顺，遭遇到任何困难和障碍也是在所难免，或者说危机是挑战也是机遇。面对危机时能够掌握主动权和保持在最佳时机做出决策，以创新的思维和行动迎接挑战，取得先机，先发制人，将会很好地促进决策的有效性和巩固自己的领导地位，提高领导效能。

2. 决策时，必须雷厉风行

成功的领导就要保持雷厉风行、果断行事的管理风格，这是领导者最为重要的内在素质要求。领导者决策、执行过程都必须干净利落，绝不可以优柔寡断，更不能拖泥带水或者朝令夕改，这是一个成功的领导管理魅力的直观表现。

某公司主要是以小家电系列产品生产为主的制造型企业。由于市场和客户的需求发生变化，要求该企业生产智能科技型高端产品。但公司在研发方面却缺乏创新精神，特别是研发部门近几年主要工作就是对一些常规产品进行工艺改良和处理客户提出的质量问题，在新品研发方面并没有任何的突破。陈主管是研发部的主管领导，是从公司成立就跟随老板多年的忠诚老员工，公司老板碍于情面不便说什么，他也认为自己是公司元老级人员无人可代替，就是在这种陈旧思想下一直保持着一种安于现状的经营运作。

如今，合作多年的客户提出开发新品的要求，否则客户将选择其他企业合作。这时候，公司老板才意识到管理问题的严重性，在经过几天的认真思考后，最终决定找研发部陈主管谈一谈。老板说：首先感谢你一直对公司的支持和努力，由于产品缺乏创新，新品研发跟不上企业的发展，特别是市场激烈竞争和客户的需求发生变化，公司决定再引进一位研发职业经理人，这样你也可以从中学到更多的研发知识，不知你有什么想法。陈主管这时也非常明白老板的意思，于是说道：谢谢老板的大力支持，公司必须要发展，我也希望有研发创新的领导来带领这个部门，这样我也可以学到一些知识。接着公司便通过猎头推介聘请了一位在外资企业从事多年高端智能电器研发的总监——王鹏。

王鹏自进入公司的第一天开始，就感到公司里风气不正。原来研发部有几个跟随前任陈经理的工程师，由于在公司工作时间长，已经结成帮派，形成了一个小团体，互相打掩护，故意拖延产品改进的速度，把规定需要三天的工作量控制在五天之内，有一位刚来不久的研发工程师在接到任务当天就完成，还遭到这帮人的调侃。“你小子刚来几天就什么都知道吗？”“是不是为了显示自己啊！”“你难道不知道吗？如果要增加工作量，大家就会付出更多的精力，老板从来不加工资的。”这种情况就连之前的陈主管也奈何不得。如果一定要进行严格管理的话，就会听到“有你好看的”或“你不知道深浅”之类的警告。这种情况在研发部已经成为公开的秘密。

公司每周六有一个研发部例会，王鹏主持了几次例会后发现，几乎每次例会上都是从头吵到尾。有时需要解决客户退货存在的问题，如果涉及另外一个问题，那个工程师就会找出各种理由来证明这件事情不应该由自己来解决，而是应该由另外一个工程师来处理，双方针锋相对，寸步不让。本来非常重要的研发周例会就像论辩会那样吵吵嚷嚷。

同样，在实际工作中，工程师与工程师之间总是处于一种对立状态，都在推诿扯皮、互相争斗，典型内耗的特点在公司展现得淋漓尽致。从来没有看见过像在外资企业研发团队的工程师团结协作的状况，所看到的是这样一种状况——当工程师A出现问题、向B提出求助要求时，B工程师就会找出各种理由来证明此事与自己无关；而有一天当B工程师有困难向A工程师求助时，A工程师也会找出各种理由来证明自己实在无能为力。工程师与工程师之间经常为一些极小的事情找领导来仲裁，所仲裁的每一件事情实际上都是诸如“他们没把那张图纸给我们”或“我们去找他们讨论工作，他们不理我们”这些鸡毛蒜皮的小事。

每个工程师肚子里都憋着一股怨气，工程师之间矛盾重重，整个研发部门像一个巨大的火药桶，点燃导火线马上就能爆炸。

研发部门有股说假话的歪风邪气。王鹏在研发会上安排工程师在下周五之前绘制出某种产品的标准图纸，有工程师在会上拍胸脯保证坚决完成任务。但真正到下周五的时候却发现根本没有完成。这个时候，负责的工程师就会找出一大堆理由来证明他是多么努力，多么不容易，图纸之所以没有画出来，完全是因为其他部门不配合所致。而且每个责任人都会有很多充足的理由来证明之所以完不成，责任不在于自己。

在这种情况下，王鹏找公司老板汇报了情况，老板当场表态说："公司既然请你来，就必须给你授权，研发部门由你全权负责，你可以作出任何决策。"根据老板的授权，王鹏开始执行自己的管理决策：

第一步：建立科学的产品开发目标管理机制。

根据公司发展规划，统一编制公司研发计划，由王鹏对研发进度进行统一监控；成立汇报、稽核、考核制度；同时，邀请其他部门来监督研发部工程师的工作进度。

第二步：进行人力资源大换血。

把目前的不称职的工程师、元老级的技术人员调岗或撤换，从人才市场上招聘一些年富力强的"行业空降兵"取而代之。特别是要对碰到工作难处就找借口、看到好处就争抢，时间观念差，到处抱怨的"害群之马"坚决清理。

第三步：建立系统管理制度。

与公司人事行政部配合执行公司管理制度，使一切工作及业务运作按正规化模式运行，使企业的一切工作都有固定的规则和程序；所有人员不再是排资论辈、不再是关系工作。

第四步：重建研发体系。

把公司现有的研发体系全部调整，优化完善一套全新的研发管理体系，在文件上强调规定的内容能够真正被贯彻落实到位。

通过半年时间的管理变革，经公司销售部门统计，新产品上市速度比变更前平均提高了25%，公司销售额同比提升30%，准确地说，管理变革取得了重大成功。

第五节　决策管理的效益与效率思维

领导者做出的决策如果不能带来效益，提高效率，只能算是一项失败的决策，毫无价值可言。因此，决策不仅仅为了完成既定的任务目标，更重要的是能够产生效率和效益的双重性。因此，要使决策能带来效率，提高组织绩效应注意以下几方面：

一、始终贯穿“效益和效率”思维原则

要想实现企业经营愿景和价值观，企业决策过程必须坚持“双效”的原则，即决策效益和效率，二者相互影响，也相互统一。效益是决策基础，没有效益那么效率也是无从谈起的；离开效益而盲目地追求高效率，只会造成企业经营成本上的资源浪费。在追求效益的同时，也离不开效率。只有两者产生双重性的收益，才是管理者追求效益与效率的思维原则。

二、必须以效益最大化的决策方案为准则

要想实现企业既定的经营目标和效益最大化，应做好以下两点：一是领导者制定管理决策必须是符合公司经营发展愿景、价值观和目标管理机制，遵循谁决策谁负责的原则。即领导者必须对企业经营的目标结果负责。例如制订一个项目计划，不能只考虑项目投资建设，不考虑最终的收益。必须建立一种机制，要求领导者在制定决策时就要考虑经营利益，以增强领导者实现企业经营效益的责任心。二是要不断提高中层领导的决策水平，减少决策过程中不确定因素所造成的损失和浪费。

三、强调决策效益与效率的必然性

管理者在执行决策时，必须依据目标管理机制，要求决策的内容必须讲究效益，要求决策的方案必须是最有效益的方案。如果已经形成较满意的方案，若要再形成最佳方案还将要花更多的甚至数倍的投入，那么从效益原则出发，应维持已形成的较满意的方案，因为以较少的投入达到较满意的效果符合企业目标管理的基本要求。从某种程度上来讲，管理者决策，首先要考虑的目标是实现资源的节约、时间的节约，即收益的增加。如果解决某个问题的方案有多个，管理者在制定决策时所要考虑的应是成本低，见效快，能够快速实现企业目标的方案。

在现代企业管理中，管理决策的成败很大程度上要取决于是否能准确及时地掌握信息，是否能迅速地做出市场反应。效率问题已经成为管理者决策中的关键问题。另外，人类实践活动的节奏性大大加快了，领导的决策环境处于迅速变化的状态。因此，领导者必须把握环境的变化，适应环境变化，才能正确决策及实施，起到良好的决策效果。企业在面对市场竞争时，只有及时抓住市场机遇，不断提高效率，果断做出相应的决策，才能取得好的决策效益，在竞争中抢占优势地位。

四、管理体制是推动管理决策高效化的基础

1. 要理顺和规范管理体制

决策中的先后关系、信息传递和执行反馈要有明确的分工和责任归属，使出现的问题得到及时处理、及时解决。

2. 在决策中导入目标管理机制和市场竞争机制

目标管理又叫成果管理，其目的在于结合员工的个人目标和组织目标改进绩效考核，形成有效的激励，提出的每一项工作都必须为达到总目标而展开。竞争机制是解决问题的最有效办法。通过竞争，充分发挥企业组织成员的积极性，使信息收集更加全面，处理更加及时，行动方案更加多

样，执行更加有效。

3. 优化组织结构，强化职责管理

管理者应对部门组织结构相同和交叉的职能适当精简合并，尽量减少岗位职责和工作环节重叠，以提高效率，节约时间。

第六节 如何进行创造性决策

领导者为什么必须做出创造性决策？因为决策一般都是决定未来的事情，对未来的事情进行“拍板”，很难说有百分之百的把握，可能成功，也可能失败。如果领导者没有敢于负责、敢于冒风险的品格，是不能很好地进行决策的。换句话说，决策本身就是一种创新活动，没有创新精神，也就没有决策。同时，决策所面临的不确定因素较多，在影响决策的因素中，绝大部分都是活的因素。且不说市场竞争、客户需求等客观形势的发展和变化，包括员工的思想、业务流程、管理模式、工作方法，也无时不在变化之中，需要领导者随时把握，灵活应变，这就需要创造性。特别是在世界经济低迷和市场竞争残酷的今天，传统与创新商业模式升级，新旧思想杂陈，客户的需求不断变化和提高，企业经营商机情况千变万化，这种全新的情况，使得领导者有自主权又有“限制”，有推力也有阻力，有机会又有冒险，有明确的目标，但并没有成功的经验，这就需要领导者进行创造性的管理变革，把创新精神贯穿于决策的全过程。

在实际工作中，有些中层领导对管理工作缺乏创造性，其原因主要有以下几点：

1. 按上司领导的指示工作惯了，习惯于“听话照做”的工作方式。如果“指示”不明确，就不知所措，缺乏独立思考能力。

2．缺乏自信心，看到别的领导管理创新很佩服，也愿意向别的部门学习，就是不相信自己也可以创新。

3．不愿意学习，缺乏管理理念、管理方法创新模式所需要的知识和素养。

4．容易满足，习惯在现状中寻求自我安慰。冲破传统管理思维方式和传统管理理念的束缚的意愿不强，创新进取心和荣誉感不强烈。

5．由于主观原因，不善于使自己的工作科学化，整日忙于具体事务而无力自拔。

要使自己的工作和各项决策具有创新性的突破，除了努力克服以上弱点外，特别要注意以下几方面：

一、日常积累和运用有效的管理经验和相关知识

以往的管理经验、理论和有关知识，是创造性决策的基本条件，没有它们，就无法进行任何决策，更不要说创新了。但是，过于传统落后的经验和知识，也会扼杀创造力，妨碍决策的科学性。因此要注意：

1．不断学习和运用实用的、能客观提升管理绩效的经验与知识。

2．善于获取新知识、新资讯、新方法，舍得抛弃那些陈旧的、过时的管理方法。

3．要考虑适用性。有些知识和经验虽然并不过时，但目前在某种新型项目的决策使用上，就要暂时搁置起来，以减轻负荷，减少干扰。

二、要有“挑刺”精神

创造性决策要求领导者对事物始终保持一种挑刺的态度，不相信有任何包医百病的灵丹妙药和绝对完善的管理方法和管理经验。有了这种积极进取的挑刺精神，在决策时就能不拘于成见，不盲从于权威，不把任何一种结论和方法绝对化，因而能从多方面看问题，进行独立思考，并能在管理决策实践中进行不断的补充、完善，取得最佳效果。

三、保持高度敏感

在创造性决策中，领导者的敏感是极端重要的。思想迟钝、反应缓慢，对许多行业新信息、新问题漠不关心，就不能及时把握行业趋势的发展，使管理决策落后于实际。在实际工作中，很多商机是稍纵即逝的，错过了良机，就会造成不可挽回的经济损失。这种高度敏感表现在两个方面，一是对市场和产品需求的变化的敏感，善于透过客户变化发现新需求，抓住行业产品特点，看到产品存在的弊端，及时做出相应的反应；二是对企业管理模式变革的敏感，能够通过变革创新管理理念和方法应对错综复杂的事物，牢牢把握管理变革的发展前沿，实现创造性决策管理模式。

四、培养丰富的想象力

从某种意义上讲，创造本身就是一种想象。爱因斯坦说过："想象力比知识更重要，因为知识是有限的，而想象力概括了世界上的一切，推动着进步，并且是知识进化的源泉。"创造性决策就是借助于对管理工作的了解和合理的想象，做出决策计划，完成预测任务，估计可能出现的情况和后果，实现决策的目标。如果领导者总是把自己的思维局限在某一个点或某一个方面上，思路打不开，决策就难以取得实质性的突破或带有片面性。如果领导者有丰富的想象力，管理思维就会进入一个自由驰骋的广阔天地，将看似风马牛不相及的资讯连接到一起，充分利用一切可能利用的条件，又快又好地实现所决策的目标。

五、学会超常规思考

创造性决策往往是由于一个人提出一个似乎不合逻辑的新想法而取得成功，这样的新想法就是超常规思考的结果。这种创新思维的方式，常常脱离人们习惯的思维轨道，打破一般的逻辑程序，因而不同凡响，出奇制胜。

六、重视直觉和灵感

在创造性决策中，直觉的作用不可忽视。生活中常有这样的事情：有时，一个敏锐的直觉判断，胜过细致的分析论证。成功之后，你问他为什么会得出这样的判断，他也讲不出更多的道理，属于“只可意会，不可言传”之类，但是，这种直觉和灵感绝不是从天而降的。它是以对某一管理问题的长期艰苦的思考为基础的。没有对事物“烂熟于心”的思索，就不会产生任何有价值的直觉和灵感。另外，直觉和灵感由于是在下意识状态中进行的潜思维过程，时常有搞错的时候，所以要注意反省和验证。总之，创新性决策，既要重视直觉和灵感的作用，又不能过分地依赖它。

以上几点，都是从领导管理的角度来分析的。如果从领导者的职业素质和管理思维来讲，一个领导者能不能进行创造性决策，则取决于他的思想高度，即是否有高度的职业生涯发展的事业心、责任感和勇于开拓创新的精神状态。如果有，他就会做、去干，敢于也能够学会别人不敢做和不会做的事，能够以创造性的决策去做出业绩；如果没有，则必然萎靡不振，抱残守缺，自然谈不上什么创新精神和创造性决策了。

第七节　“拍板”时应注意的问题

拍板在整个决策过程中是最关键的一招，这一招不慎，会导致决策计划的失败，前功尽弃。那么，领导者在拍板时应当注意哪些问题呢？

一、单一方案，不得拍板

所谓拍板就是从各种可供选择的方案中权衡利弊，然后选取其一，或综合成一。也就是说，拍板的过程，实际上是方案优化的过程，有比较才能鉴别，而进行比较，这必须有两个以上的方案做前提。如果只有一个方案，就无法比较，也就无法选择，从而难以权衡利弊得失，片面性和失误就难以避免。所以，领导者在决断时，首先一条要看看是否有两个以上方案可供选择。如果有，才能开始决断；如果只有一个方案就不能拍板，这应当成为决策的一个重要条件。

二、避免干扰，科学决策

方案选优时，应该有科学管理的态度：即只有一种标准，就是管理体系的标准。对一切非科学因素的干扰都要尽力排除。这种干扰主要来自两个方面，一种是领导者的心理因素。比如有的领导者对取得多大的效益反应比较迟钝，而对可能造成的损失，则比较敏感。这种不求大利、怕担风险的心态，就容易导致在决断时，把风险较大而效益也较大的方案否决掉；有的领导者对于效益反应敏感，而对损失反应迟钝，他会对效益高、风险大的方案特别注意，对某些慎重的意见不大留心。当然这并不是说领导者必须对效益和损失平等对待，而是说要有自知之明，防止以个人的兴趣和爱好去评价方案。第二种因素来自某些外在的压力。比如，多数人的意见较易被采纳，少数人的意见则较易被否决；对来自公司领导层面的方案容易被接受，对来自基层员工或“无名之辈”的方案则容易被轻视；对上级表态过的方案往往举手通过，没有“后台”的方案常常被冷落，等等。这些情况都是不正确的。方案选优不能以人数多少、是不是权威、有没有“后台”为标准，而应当从实际情况出发，以科学为准则，对各种方案不怀偏见，一视同仁，放在平等的地位上进行分析。有的领导者在拍板时，总是考虑决策方案如何才能使上级和多数人接受，总是担心方案是否会引起他人的反对。为了顺利通过，有时宁可牺牲方案的科学性，进行折中或妥协，这就很难做出合理的正确决定。

三、依据经营目标，确定最优决策方案

凡是重大决策，都会涉及许多部门和管理系统的运作。例如，客户要

求的交期决策，就要考虑到企业的产能负荷、供应链管理、品质管理、生产过程管理等。有时从这个目标或部门的角度来看，可能是最佳方案，从另外一个目标和部门的角度来看，则未必理想。再如，从生产活动的角度看，增加人员、设备会收到立竿见影的效果，而从财务分析的角度看，这种决策就需要增加成本。所以领导者在决断时，要从经营目标的总体要求出发，综合评价方案的优劣，争取实现相关系统和方案优化。具体方法是：如果一个方案不仅是从某一目标开始优化的，而且与其他目标也不抵触，就可以认为该方案是优化的；如果一个方案达不到多标准的任何一个，这个方案就该被否定；如果没有一个符合一切目标的方案，那么就选择那种能满足企业关键目标的方案，不必过分求全。

四、协调矛盾，关注整体利益

在一项重要决策中，往往充满许多矛盾。如何使这些矛盾得到统一、平衡和协调，考验着领导者是否有处理复杂矛盾的领导艺术。如前所述，不同方面的可行性之间就存在着矛盾。如品质标准上可行，不等于研发技术上可行；经济上可行，不等于在决策上可行；决策上可行，不等于成本上可行；等等。领导者在拍板时，对以下几对矛盾尤其要处理好，即：在分析内部外部条件时，既要注意物的因素，更要注意人的因素；在衡量决策所要达到的结果时，既要考虑企业的经济效益，又要关心技术和社会效益；在处理系统内外的利害关系时，既要关心部门的利益，又要照顾到全局和企业的整体利益；在权衡方案的有效性时，既要顾及当前利益，又不能忽视企业的长远发展；等等。

五、坚持原则，科学决策

决策按其所处条件的不同分为若干类型。领导者在确定方案、做最后决断时，应有不同的考虑原则和审核重点，把注意力放在企业的核心目标上。例如，对于确定性决策，既然结果比较有把握，那么决策就应选择最佳方案，并竭尽全力去争取实现最佳的结果。对于风险型决策，领导者应着重注意，依据已知条件与可能性结果的概率，选择最有希望的方案实施，同时准备必要的预防措施，以防不测。也就是说，要留有余地，要有控制手段，不可孤注一掷。对于不确定型决策，则应当"摸着石头过河"，不要过于自信，不可轻率莽撞，最好进行方案先行试点或确认后，再全面实施展开。

六、要集思广益，听取多方面意见

在方案抉择和优化时，在上级领导之间、不同部门之间，对某一方案常常会有不同的看法，有时甚至形成尖锐的意见对立，这种对立对于领导者决断是完全必要的。因为任何一项好的决策，都不是从"众口一词"中得来的，而是以互相冲突和辩论的意见为基础，从不同观点和不同判断的选择中产生的。因此，领导者决断不应当采取封闭的行为，而应敞开大门，集思广益。这样，能够激发领导者的想象力和创造力，开阔视野，深化思路，促使各个方案的利弊得以显现，从而扬长避短，进一步优化方案。

美国通用汽车公司的第八任总裁：艾尔弗雷德·P.斯隆，有一次他主持高层领导人会议讨论某项决策，大家的看法完全一致。但他却出乎意料地说："现在我宣布会议休会，这个问题延期到我们听到不同意见时，再开会决策。这样，我们也许能对这项决策的有真正了解。"艾尔弗雷德·P.斯隆的这种决策艺术，确实是发人深省的高明之举。另外，不同意见的讨论，也是统一决策认识的过程，这样一旦决策形成，可以减少实施方案的阻力，大家能够同心同德地贯彻执行，发挥大家的主动性和积极性。同时，这种讨论，还能提高决策的可靠性，等以后实践证明决策有误时，那么原来的反对意见就可能成为一个现成的补救方案，免得临渴掘井，束手无策。

总之，没有不同的意见，就不能进行决策。一个高明的领导在决策时，都要想方设法组织讨论甚至辩论，使各种意见得到充分的表达，然后把正确的意见集中起来，做出合理的决策。

第八节　处理事务，要保持一个“度”

评价决策的标准是准确得体。一般来说，领导的决断要讲究分寸，留有余地，这也是管理者一种重要的领导艺术。在工作中，任何事情都要保持一个“度”，对事情留有余地，这就是“过犹不及”的道理。因此，领导者在决断时既要留有余地，又要把事情处理好。总体来说，领导者在决策时，要注意以下三条原则。

一、决策必须深思熟虑，切勿草率匆忙做出“拍板”

深思熟虑，深思就是要求对决策问题进行深入思考，抓住事物的本质，把握事物的客观发展规律；熟虑就是经过仔细考虑，把利弊得失全面地考虑清楚，而后再进行“拍板”。这就是古人说的“三思而后行”。这里还有一层意思应该了解，即在处理战略与战术的关系上，应是谋在深虑、断中有缓，并使两者能够较好地结合起来。当然，在决断中要雷厉风行，迅速是必要的，但是果断、迅速也并不等于草率行事，在决断中特别是对人的处理尤应慎重。如能使用“冷处理”方法，也不失为一种高明的领导艺术，这样，既可以避免矛盾激化，又可以等待时机成熟，还可以使主客观双方都有个比较充分的考虑时间，以便把矛盾问题处理得更加妥当。不要草率匆忙，是要求对重大突出问题决断必须冷静，不能急躁，因为“忙中易有错”“宁静以致远”。

二、把握时机，坚毅果断

在实际工作中，领导者善于把握时机是很重要的一条决断艺术。领导者在选择时机时应注意以下三点：

1．持重待机。如需要决断的条件不一定都具备，有时甚至是差得很多，在这种情况下，不要匆忙决断，可以等待时机，至少在解决主要矛盾或主要矛盾方面已经成熟时才做出决断，不可操之过急。

2．当机立断。在主客观条件已经成熟或出现良好时机时，就应毫不犹豫地进行果断的处理。古语说："当断不断，必受其乱。"当然，观察与把握这种有利时机，就要靠领导者的思维判断能力和艺术水平。

3．随机应变。对于决断的事情，在执行中还有可能发生重大变化，这样就要求领导者能随着时机的变化而变化，因时因地去进行处置。否则，失去时机也就失去了成功的条件。

三、决策要留有余地，不要处置过头

领导者在决断时，对人、对事情处理都不能满打满算，一定要留有余地。

1．可能由于情况不明不准或判断不当而造成一定失误。

2．随着条件变化而导致事件的要素乃至性质发生变化，一定要留有余地，这样对原来的论定也可加以修改，否则会造成一定失误。

综合上述情况，再结合实际，领导者如果决断时不留余地，一旦情况发生变化，修改起来就比较困难，不利于发挥各方面的主动性。

Chapter5

第五章

如何规范自己的工作

企业需要的是能够完成非常任务目标的管理者，这是卓越领导者必须努力做到的事情。成功的领导是一个效率、效果和自我管理双重性的管理人才，不仅知道企业的需求，更知道自己应该努力的方向。

第一节　养成良好的工作习惯

著名的成功学大师拿破仑·希尔说："我们每个人都受到习惯的束缚，习惯是由一再重复的思想和行为所形成的。习惯是一种恒常而无意识的行为倾向，反复地在某种行为上产生，是心理或个性中的一种固定的倾向。"成功与失败，都源于养成的习惯。

成功领导的关键要素就是要养成良好的工作习惯，只有先把自己打造"卓越"，把自己的品牌经营好，才能得到别人的认可，才会在企业拥有一席之地，才能彰显自己的价值。

一、整齐、干净的办公桌是你的职业名片

良好的办公环境对于开展工作、办公心情、心态、效率有很大的影响。假如，面对一个嘈杂、凌乱不堪、杂乱无章的办公室，谁会有心情在里面办公，谁又会在如此不堪的办公环境下激情工作呢？办公桌上杂乱无章，你想找文件恐怕都需要一天半天的时间吧，哪还有工作效率可言？也许你的下属会到办公室向你汇报工作，也许你的上级领导会走进你的办公室，或许你的同事会找你商量一件事情，这时候你绝对不希望任何人看到你办公室的环境后皱起眉头或成为别人议论的话题。因此，从现在开始营造一个舒适的办公室环境吧。

1. 办公室环境管理

作为领导的第一视觉感的好坏，一定程度上会从办公桌椅或其他方面体现出来。首先从办公桌的状态可以看到管理者的状态，会整理自己桌面的人，工作起来肯定也干净爽快。

工作中，可以从一个办公室环境、桌面上物品摆放，看出一个企业领

导的工作效率及工作态度。如果你的办公桌上文件杂乱无章随意堆放，不用说工作效率一定不怎么样，日常工作态度一定也是随随便便，甚至非常马虎的。随着办公室环境改变，有的公司已废弃掉了个人专用办公桌，而是用共享的大型智能办公桌，在这种情况下，你的办公桌文化已属于一种公开视觉文化，作为中层领导必须保持自己办公环境时常处于干净、整洁的状态，不要让这些环境成为你工作发展的障碍。

刘刚是某企业集团的销售一部经理，有一次，他的顶头上司也就是销售部总监马凯来到他的办公室，看样子马凯很生气，进门先看了一下办公室环境就说："刘刚，我现在必须要和你谈谈了，而且是马上。"

刘刚当时就懵了："怎么了，马总，客户有什么不满意吗？"刘刚忐忑不安地问道。

"我也是刚得到消息，也查看到集团的扫描图片邮件资料，你们一部交给客户的扫描文件资料是旧版的，是不再使用的，经过调查是你们部门办公文件管理不善造成的。看看你的办公室环境是多么的糟糕，集团内部6S环境检查你们部门是倒数第三名，你们难道不知道别人会怎么看销售部的笑话？你作为销售一部的部门领导，代表的不仅是自己的职业形象，还是集团公司的文化，如果连自己的办公室都搞得这么差，工作就会经常出现这样那样的问题，现在请你立即整改。如果在下周检查工作时，还不符合6S环境要求，你将会被停职检查。"

面对马总监的批评，刘刚哑口无言。

2. 办公室"软件"环境

"硬件"环境的改善仅仅是提高工作效率的一个方面，而更为重要的往往是"软件"条件，即中层领导的综合素质，尤其是心理素质。此观点正在被越来越多的“白领”们所接受。

在工作中，人际关系是否融洽非常重要。相互之间以微笑的表情体现友好与温暖，以健康的思维方式考虑问题，就会和谐相处。领导的言谈举止、衣着打扮，都可以体现出是否拥有健康的心态。

总之，办公室环境对高效的办事效率有着非常重要的影响，办公室内的“软件”建设是需要领导在心理卫生方面下一番功夫的。因为 “精神污染” 会涣散组织团队所有成员或下属工作的积极性，乃至影响工作效率、工作质量，从某种意义上说要比办公设施、地面的“污染”更为严重。

徐庆是一家贸易公司的人力资源部经理，主管公司各部门人力资源所有数据。最近，因为公司高层人事调整，新上任的高层想要了解公司各部门管理人员的情况，并需要和各部门管理者进行工作上的交流。因此，需要徐庆给上级领导提供公司各部门负责人履历表等资料。

徐庆将该任务交给专门负责人事档案的肖萍，并说：“此事一定要办好，否则你不仅将受到处罚还将扣你的绩效”，肖萍也非常配合上司将资料整理完毕并交徐庆审核。那么徐庆在安排工作时出现了一个失误，让下属还没有做工作就要想到什么样的处罚，这样只会给下属一个不好的印象，给下属在工作时留下精神“污染”。正确的做法是，严肃告诉下属，高层领导刚上任，需要了解各部门主管人员的资料信息，此事一定要认真办好，如有什么困难可以来找我，总之，工作要细心，最后再给下属一个鼓励，这样才会给下属一个良好的印象。

3. 工作效率与细节管理

具有时间观念的中层领导是受人欢迎的。那么该如何才能提高自我工作效率呢？

（1）尽快熟悉业务知识，提前掌握业务工作要领

作为中层，要想带领团队完成既定的任务目标，除了要拥有丰富的管理知识外，还必须快速熟悉你所管理部门的主要业务知识，才能在面对复杂烦琐的事务时做到游刃有余。

有句话说："良好的计划是成功的一半"。当接到公司业务指标时，你要做好统筹规划或策划，起草、拟定一个可行性的《XX部工作计划方案》，这是你将要系统实施开展领导工作的第一步，其意义主要有两方面：第一，尽快让上级领导看到你的行动方案，给你点评并得到上司的支持；第二，将所要达成的任务目标和过程，形成系统性的工作方案，便于你有步骤、有方法或系统性地指引下属去完成工作指标。

（2）管理者要分清轻重缓急，要事为先

作为中层领导，做任何事情都要有计划性，要分清轻重缓急，然后全力以赴地行动，这样才能获得成功。很多管理者总是看重紧急事情，而对关系重大的事务反应木然。只有学会对事情进行分类并排序，才能从众多工作中提出重点，以要事优先的原则来处理事务才能实现管理上的高效，促进整个团队的高效运转。

（3）在工作时间内，避免闲聊

聊天确实是人生一大享受，尤其是关系不错的三五好友聚集在一起畅聊，特别是在现代互联网信息时代，话题更是包罗万象。但是，作为中层领导应懂得并非每一个场合，任何时间都适合聊天，尤其在工作时间内更是如此。工作闲聊不但影响工作进度，同时，还会影响其他同事的工作情绪，也是对公司办公室管理制度的触犯，甚至会招来上级领导的批评。

（4）做好你的办公形象设定

现代企业都有推行6S管理活动，特别是办公室物品及环境方面。假如一个中层领导的办公柜或桌面的文件随意摆放、电脑中资料杂乱无章，那

么相信这位领导的工作效率一定不高，工作态度也很随意。相反，办公室文件柜、桌面收拾得井井有条，显出整洁清爽的环境，想必是个态度谨慎，讲究效率的领导。事实也确实如此，能够很好地整理和使用文件资料，确实可以增加你的工作效率，还可以使别人对你产生一个良好的印象，认为你是一个做事有条理、有效率的人。

二、管理工作程序化

中层领导是完成公司业绩目标的担当者，必须对自己的工作结果负责、对自己的上级领导负责。因此，必须认真对自己的管理工作进行梳理，把握工作重点，做到主次分明，避免东一下、西一下，胡子眉毛一把抓的局面。

在这里必须要明白，中层领导不是完成具体的工作任务，更不是替下属来完成某项工作任务，而是应该把精力放在统筹规划与管理决策上，并非样样事情都要亲自去抓。

1. 中层领导做正确的事情

工作任务可以划分成“必须做的”“应该做的”和“可做可不做的”三方面。作为领导应做正确的事情，例如规划工作、计划管理、策划等方面主要工作，把那些辅助性、耗费时间的任务交给下属去完成，自己只是负责监督、协助即可。通常应注意以下几点：

（1）统筹规划与管理决策。作为中层必须明白，哪些才是自己的主要工作范畴；从大的方面讲，管理的内容分为人和事，而事在人为。归根结底就是做好规划工作和管理好下属，比如销售总监，要明白自己的工作重点是规划公司的品牌运营、团队管理、资源配置或决策管理；梳理每一项具体任务目标和资源，才能切实地将任务分解、制订出可行性的决策方案，而那些细节过程或具体性的事物则应交由下属完成，从而避免造成工作方向、思路不清楚，顾此失彼，遗漏重点的情况。

（2）参加和主持会议。中层领导既要出席公司会议或参加上级领导召开的会议，又要主持本部门的管理会议，这正是领导者了解公司经营战略、进行目标分解、开展事务协调，以及与公司各部门同事相互了解、沟通、协作配合的有效途径。

（3）管理决策。决策是领导者管理团队的重要方式，决策的成败不但关系到公司业务目标的达成，还关系到领导的职业形象。任何决策，都不可掉以轻心，或者随便授权给其他人来完成，而应进行科学决策，集中精力做好管理决策。

（4）分派任务。领导者主要职责就是给团队下属分派任务。但是，在分派任务过程中，要根据个人工作技能及实际情况而定，要因人而异、才尽其用，给合适的人分配合适的岗位或任务。同时，让每个下属清楚地知道自己的工作指标，通过下属对任务的执行结果做出科学的绩效评价。

（5）过程控制管理。是指领导者在完成分派任务后，采取有效措施或过程监督管理，及时发现异常或纠正过程中出现的偏差从而避免到最后发现错误无法改善纠偏的情况。许多中层领导在完成任务分配后，几乎不再过问工作进展情况，这是非常危险的做法，容易导致决策失败。

（6）工作汇报。汇报工作也是作为领导者又一个主要岗位职责。你可以不去做具体耗费时间的事情，但必须将部门任务目标实施进展情况，向上级领导汇报。这是上级领导关注全局必须掌握的信息。汇报工作要注意几点：

第一，明确目的。事先一定要思考好：这次汇报应该达到什么目的。这是一个带有根本性、方向性的问题，是汇报的主题思想。可以说，这个问题解决好了，汇报就成功了一大半。有的管理者之所以汇报得不大成功，关键就是目的性不明确，准备的材料杂乱无章，让人听了半天不知道说的是什么。

第二，抓住重点。汇报工作的目的是让上司了解工作的进展情况。因此，汇报工作要选择重点内容，并找准切入点。有不少中层领导也非常重视工作汇报，总想抓住机会把所有工作都一股脑地倒出来，唯恐领导对自己或本部门了解得少，汇报时不分主次，面面俱到，既抓不住要领，又吸引不住上司，甚至适得其反。所谓重点没有固定的格式，一般来说，选择重点要从三个方面考虑：一是上司最想听、最关心的事，或者说上司想强调的事，你已经做到位了，上司想说的话你说出来了。二是自己认为最能表现成绩的事迹，或者说最出色的工作。三是有自己特点的东西。如果说汇报的目的是“主线”，那么汇报的重点就是“主干”。

第三，不说废话。首先要根据汇报的要求和重点，事先进行认真准备，列出提纲或形成文字材料。汇报时非特殊问题无需过多解释。特别是有时间限制时，更要严格把握，充分利用有效时间把该汇报的内容都说出来。其次尽量做到每句话都有分量，繁简适度，表达得体，既不过时，也不浪费机会，让人听后有一种新鲜感和透亮感。

第四，灵活把握。在汇报工作时，上级领导会提出一些要求，比如汇报内容的增减、对一些问题的关注程度、汇报时限的变化等。遇有这类情况时就要调整汇报思路，也是应变能力的考验。其对策有二：一是如没有排列顺序，要注意抢占“最佳点”，即选择最好时机汇报。一般来说，先说比后说强，既能“先入为主”，给人留下深刻印象，又有时间保证，免得“白准备”。二是如被排列到靠后而又面对新要求时，一定不要再去照本宣科，要选准重中之重，用最佳切入点、最精练的语言，把最重要的问题汇报好，在被动中求主动，处理得好也能收到事半功倍之效。

第五，汇报工作要实事求是。向上司汇报工作，无论怎么切入，怎么加工润色，都必须本着认真负责的态度和实事求是的精神，一定要把汇报工作建立在实事求是的基础之上，决不能凭主观想象随意编造，更不能弄虚作假欺骗上司，这既是职业道德问题，也是人品问题。

2. 具体明确，适度授权

有人说：“管理就是通过他人来完成工作事务的过程”。中层领导根据事务的性质或轻重缓急等情况，在可行性受控的情况下，可以通过授权下属来完成事情。这样，不仅使领导能更有效地利用时间，还可以帮助下属成长发展，提高团队效率，有助于下属更好地掌握工作技巧、发挥创造力，增强下属解决问题的能力。

（1）日常文件处理。如公司体系文件、内部传阅文件、会议记录、打印稿件等，尽量交由助理来完成。

（2）外部、内部电话。除了重要的电话由本人亲自处理之外，可将其余大量的电话交给助理来完成记录、转接。

（3）未经过安排的来访者。凡是没有在安排或接待计划中的来访人员可交给副手或助理来完成。

（4）将具体事务分派下属来完成。中层领导只是做正确、主要的事情，其他具体事务应善于分派交付下属员工执行。

第二节　制订好你的工作计划

一、何为工作计划

古人云：“凡事预则立，不预则废。”就是说，做事情先必须制订计划，才能使事情向既定的目标发展，完成预期的任务目标。

所谓的计划，是指为实现预定的工作目标，在行动之前，进行有步骤地、周密地筹划、安排和部署。如提出的项目、目标、完成时间和步骤方法、成功验证等。从上述定义来看，其中包含了四个要素：其核心是实现目标；目的是指导行动；主要内容是统筹、安排；着眼点是未来。缺少任何一个环节，就构不成一个良好计划。计划具有普遍性，计划在各个部门等管理系统以及内部存在多个层次，环节是不可缺少的。计划具有经济性和目的性，一个科学的工作计划，能以较少的投入，取得较大的产出，能为企业带来较大的经济效益和社会效益。

二、制订行动计划的方法

古代军事家孙武曾说："用兵之道，以计为首。"无论是团队还是个人，无论决策任何事物，事先都应有个计划和安排。这充分说明了计划的重要性；那么，如何制订好你的计划呢？下面介绍一些基本的方法：

1. 提前预测

这就需要中层领导有一个较全面的思路，把多种可能的情况尽量考虑周到，对未来环境所做出的估计，是以过去为基础推测未来，以昨天为依据估算明天的情况，以已知预测未知。

计划是对未来行动的部署和工作方向的确定，这可能需要一个较长的时间。提前预测是对未来结果的陈述，是计划执行过程的环节，需要从以下角度进行预判：

（1）公司发展和外部经济形势的变化。

（2）可能会遭遇到的困难。

（3）考虑事态本身的因果关系。

（4）事态连锁反应带来的影响。

2. 制订目标

目标对企业管理是非常重要的，对此管理者应该有深刻的认识。那么中层领导在制订目标时应该注意什么呢？管理学大师，拿破仑·希尔曾说过："目标必须是清晰而具体化的。"为什么要求目标必须是清晰而具体化呢？这是因为只有当目标具体又明确时，才能使目标变得切实可行。

那么，中层领导要如何使目标变得具体明确呢？以下几种方法可以作为参考：

（1）制订目标前与员工充分沟通。

在制订目标前，中层领导可能对目标已经非常清楚了，但是下属可能并不清楚，所以要与员工进行充分沟通，让员工清楚未来要达成的目标。

（2）把目标清晰地表达出来。

中层领导在目标制订之后，可以把目标制成资料文件发给下属，也可以制作成具体的“清单”，目的就是让下属清楚地知道要做的工作。

（3）对执行过程进行记录。

一些领导者没有认识到对目标的完成情况进行记录的重要性。在实际工作中，对目标的执行过程进行记录，可以让管理者清晰地知道目标的完成情况，同时也为之后的工作打下良好基础。

目标只有实现才有效果，所以中层领导在制订目标时，要根据部门的具体情况，制订出切实可行的目标。要使目标切实可行，一个最重要的条件就是目标要具体明确，让下属清楚地知道该做什么、怎么做。

3. 制订进程

制订计划目标必须注意细节，并对过程进度加以管控，在做好预测，确定目标之前，你就可以根据团队总体经营目标的需要，制订一套有秩序、有步骤的具体工作计划。具体有以下三点：

（1）其中涵盖了方法、步骤、措施，等等。

（2）使用资源分析，例如需要使用到的相关资源。

（3）界定不同阶段的时间限制和追踪。

总之，在目标制订之后，按既定计划执行是没错的，但是也要关注客观形势，跟踪目标，管理者要对目标的执行情况了然于胸，这样才能在出现不可预测的情况时及时对目标进行调整。

4. 预算管理

计划的制订还必须进行预算的编制。因为计划实施过程需要花费一定的人力、物力、财力，这就需要在计划实施前编制预算，然后向公司或上级进行计划经费的申请。

编制预算是在制订工作计划前就要考虑的，在组织管理过程中使用最为广泛的一种控制方法。预算管理最清楚地体现了计划与控制的紧密关系。预算的种类一般分为运营预算、投资预算和财务预算三种。通常，在实施预算控制前，首先进行编制预算申请方案并报上级领导审批后，最后到公司财务系统进行预算经费的支取。编制预算时应遵循三个原则：

（1）必须有效运用可用的资源。

（2）预算的执行与监控。

（3）设定可监测或衡量的绩效标准。

三、行动计划的特征及内容

行动计划是中层领导管理工作的第一要素，包括对所规划目标进行目标分解、进度控制、人员配置、资源分配、过程协调和绩效评估等基本要求。

1. 行动计划的特征

实际工作中，行动计划的基本特征可以概括为以下四个方面：

（1）团队的目标性。所有行动计划一定是以目标为准则的，是领导者通过精心的部署安排、协调管理等手段去完成团队目标的。并且是以实现公司经营理念、愿景、使命、价值观为宗旨的。行动计划最后都是显示出以团队目标为基本特征的主要职能活动。

（2）职责管理的主导性。行动计划是以管理者为首的行动力量，进行组织分工、人力配置、领导管理和过程管理控制等手段，目标是促使行动计划的有效执行。在管理活动中，必须是以领导者来统筹、组织和推动计划的实施，否则，如果缺失领导主导性推动，任何计划都会毫无意义。

（3）职能管理的共性。行动计划的核心是目标和决策。在工作中，一定是以组织结构为基础的管理活动。也就是说组织结构设置存在层次管理和职能管理的区别，有总经理、副总经理、经理、主管，但有一点共性是他们的工作都有做出决策的职能与职责。换句话说，即制订行动计划是一个公司管理组织各级领导的最基本的职能，具有职能管理的共性，即上述人员对行动计划负有不同的责任。

（4）运营管理的经济性。行动计划是需要时限的，如必须在规定时间阶段内完成，则会产生它的效益和价值，这是在去除执行计划的资源和成本后来计算的。如制订出一个芯片研发计划，通过前期的研发和经济的投入，如在一定时间期限内完成芯片上市，毋庸置疑会产生非常可观的经济效益，如果研发计划延期、进度不理想，不用说，经济损失也是可想而知。

行动计划的效益不仅在人力、物力、财力这些有形的物质上，还包括公司团队创造价值的名誉、服务社会满意程度这类无形的社会评价上。因此，行动计划产生的经济性和效益性都必须是中层领导高度关注的。

2. 行动计划的主要内容

通常，制订行动计划的主要内容包括管理计划、个人计划、职业规划三种情况：

（1）管理计划。指以公司经营目标为依据，对部门各项工作进行有目标性的组织、协调、控制、改进等运营管理，来实现最终的期望值。因为公司的经营发展，需要不断改善组织的管理模式，这就要求领导者从管理目标上来进行系统性的改善、改进组织运营管理体系，包括软件管理和硬件管理，这也是中层领导必须具备的管理能力之一。

（2）个人计划。从广义上来说也是行动计划的一部分，在管理学上来说，稍微偏向人力资源管理方面所要求的培训学习。所谓个人计划主要是以提高管理者的自身素质、弥补自身不足和缓解工作压力而制定的行动计划。例如，参与各种工作技能培训、各种办公软件、硬件熟练使用，以及个人作息计划、锻炼体能和与家人沟通等来缓解工作方面的压力，等等。

（3）职业规划。以个人与公司职业相结合为准则，在对自我职业生涯的主客观条件进行测定、分析的基础上，对自我兴趣、爱好、能力进行综合分析，最终确定自己的职业倾向。例如，在两年内通过自己的努力和学习，一定要提升为什么级别职务或岗位，那么你就得掌握不同的管理方法并和上级一样地努力和付出，通过自己的业绩让你的上级来授权给你；如果未来三年努力去创业成就自己，那么，你就必须向创业的朋友学习和锤炼自己创业的条件及能力，并构建自己的人际网络关系。

第三节 规划好你的工作时间

一、善于规划你的工作

每个人的时间资源都是一样的，但是不同的人在相同的时间内所产生的效果会有很大程度上的差别。善于利用时间的管理者就会事半功倍，反之，不会利用时间的管理者则是事倍功半。因此，善于规划时间对你的工作有着非常重要的帮助。

1. 规划有限的工作时间

事实上，一位中层领导的时间总是被分割得支离破碎。他和别人之间的交流总是很简捷，而要做的事情却是多种多样，无所不有。换句话说，中层领导不会有可预见的、不被打岔的整段时间。

接受这样的一个事实是很重要的，利用支离破碎的时间是管理者的必修课之一，你必须学会处理它们，即利用零碎时间完成工作。如果你想等到有一整段时间才开始一项工作，你也许就永远等下去了。因为在你工作的时间里，永远会有一些难以预料的事情打扰你，比如，不断的电话，必要的文山会海，等等。

能否充分认识时间的价值并有能力占有与运用时间，是区分一个成功领导是否优秀的重要标志。时间是个常数，对任何人都是公正的，它可划分为可控时间和不可控时间。善于规划时间的领导，有空时间会更多，工作效率高，成就大；而那些不善于规划时间的管理者，情况则恰恰相反。规划的目的是集中时间解决为数不多的重要问题。

作为中层领导，少不了在为下属救火的问题上浪费时间，所谓的救火只能是协助，绝对不可以经常性去做下属的工作。

2. 区分工作重要性和一般性

领导每天面对复杂的事务管理，如何才能保持精力和善用有限时间呢？关键在于对工作要进行轻重缓急、重要与不重要的区别划分。对待工作不能眉毛胡子一把抓，事情不分先后，想到什么就做什么，看到什么就做什么，这是管理者必须谨记的。一般来说，工作分为三种情况：

（1）需要紧急处理的事务，马上办理绝不拖延。

（2）需要优先处理及时办理的，是紧急事务处理之后的需要及时处理的事务。

（3）常规性的事务办理，是在有空的情况下再去处理。

以上三点，是要求管理者要善于抓住工作重点，把时间用在关键性的问题上，只要抓住关键性工作及时办理，就能够很好地利用有限时间，去集中处理一些琐碎事务，从而有效地进行时间管理。

3. 以最佳的状态去做重要的工作

有的管理者总是感觉时间不够用，要做的工作总是太多，工作时间只有八小时，又不得不加班，总是忙得晕头转向、叫苦连天，待到处理关键事情时又感到非常地疲劳，殊不知这都是因为工作分配不合理所造成的。

有生物学家研究指出，人和其他生物的生理活动都存在明显的时间规律。人的智力、体力和智商都有一个非常明显的周期性的变化，也就是人体内“生物钟”的作用。因此，领导者要清晰地明白，你的最佳状态在一天中的什么时间，也就是说你什么时间工作效率是最佳的，能够善于利用自己一天最佳的状态去处理紧急、关键性的工作，其余时间再去处理不重要的、一般性的事情。

4. 日常工作标准化

中层领导工作相对来说是比较复杂的，例如组织管理、目标分解、协调管理、工作汇报、主持部门会议、处理突发事件，等等。在这种情况下，如何把日常工作进行分类、工作程序化、标准化就显得尤为重要。

通常来说，可按照紧急与一般、轻重缓急与例行事务处理方式来优化工作秩序。先是考虑好优先做什么，后做什么，接下来再做哪方面，保障管理工作有条不紊，具体包括：规范工作职能职责、运作程序、制度流程、工作标准、时间管理、数据管理、表单管理、绩效管理、团队管理、会议管理，等等。全面形成标准化、系统化开展各项管理工作。

5. 利用可以节约时间的工具

领导者一定要善于利用可以节约时间的工具来积蓄自己的时间。如便条纸、电话传真、电子邮件、工具书籍、照相机等。如能够很好地利用好这些工具，对于节约、利用时间和提高工作效率有很好的帮助。

如果有条件的话，可以启用人力资源的“工具”，如你的助理、副手，甚至你的下属，都可以通过授权或委托来借用他们的时间，从而节约自己的时间，而且还能够收获到意想不到的效果。有时候甚至可以通过“管理上司”来获取信息和资源，例如，通过上司的一句话或许可以帮助你解决困惑已久的难题。

二、如何去创造时间

“时间就是金钱，效率就是生命”。这句话充分说明了时间的宝贵和重要性。特别是中层领导应比任何人都懂得时间的紧迫性，以有限的时间创造无限的效益。

1. 养成善于记录的良好习惯

世界知名的自我启发大师博恩·崔西认为：人类所有的行动，几乎全部或至少有95%，是由本人的习惯所决定的。心理学家也认为，人类有95%的行动是在无意识中进行的，而大部分的无意识行动都是通过习惯产生的。所谓习惯就是“不依赖意志和毅力，把自己想要持续的事情，引导到如每天刷牙般轻松的状态”，如把你所需要的信息、灵感、数字及有利于工作的信息归纳整理，或通过阅读与交流汇总记录，在工作需要的时候，方便查找及使用。也可以通过参加公司管理会议、研讨会、专题会等随时记录关键点，从中可以理解到不同层次、不同幅度、不同结果、不同观点、不同理念、不同的意见等重要信息，这样不但可以节省时间还有助于自我管理理念的提升。

2. 利用互联网等工具节省时间

如今互联网已经是现代人们生活和工作不可缺少的工具，只要合理地利用，就可以帮你节省大量的时间。在你工作繁忙和无法抽身的时候，使用互联网、电话、微信、短信、钉钉等工具，就可以把你想要做的事情和想要表达的意愿快速传递给对方，或者及时收到你想要的信息，这无形中就帮你节省了不少时间。可以说，现代互联网、微信、短信也可以成为最简捷的办公工具。

3. 提高执行力

所谓执行力“就是保质保量如期完成工作任务”的能力。要提高执行力，就必须树立起强烈的责任意识和进取精神，坚决克服不思进取、得过且过的心态，不管面对任何事务处理决不消极应付或优柔寡断。养成认真负责、追求卓越的良好习惯。要聚焦在“时间与效率”的基础上。要不断创造时间，要着眼于“快”，只争朝夕，提高办事效率。“明日复明日，明日何其多。我生待明日，万事成蹉跎。”因此，要提高时间观念和效率意识，就必须强化执行能力，弘扬“立即行动、马上就办”的工作理念。坚决克服工作懒散、办事拖拉的恶习。

每项工作都要立足一个“早”字，落实一个“快”字，抓紧时机、加快节奏、提高效率。做任何事都要有效地进行时间管理，时刻把握工作进度，做到争分夺秒，赶前不赶后，养成雷厉风行、干净利落的良好习惯。

4. 优先完成关键性的正确工作

有不少中层领导认为，每天的工作很多，而且都是很重要的事情，应该先处理急事而不是重要的事，但这恰恰是时间管理的最大误区。要想合理地利用和节约时间，就要把重要的事放在第一位。首先，需要界定好自己的工作范围，很多人整天忙得团团转，实际上处理的不是自己的工作而是别人的工作，无原则地接受工作，会导致每个人都认为可以将工作交给他做；其次，要尽量将紧急的事情中能够委托他人完成的交给别人完成；再次，当你不得不处理时，也要尽量提高效率，能够同时处理的尽量同时处理。最后，把效率和目标有机地结合起来才会赢得时间资源。

5. 尽量避免没有价值的谈话交流

良好的人际关系有助于你的工作顺利开展，而交流谈话是职场增进人际关系非常重要的形式。有学者研究表明，在日常工作中，除了正常八小时的休息睡眠时间之外，剩余的大约有80%的时间都在进行信息交流互换。通过这种最为直接的方式不仅可以交流工作上的信息，还可以对个人思想情感、观点理念、甚至社会家庭等方面进行信息的交流。交谈过程中会纳入个人情感、细节、气氛及行为肢体语言等。正确的谈话交流是有目的性的，是由时间观念和方法在控制，这样的谈话往往有助于工作的推进；有效的谈话交流也会有助于增加同事与上司之间的情感，还可以增进相互之间的友谊和缓解工作上的紧张和疲劳。高品质的谈话交流是人际关系和工作职场不可缺少的重要环节，但也绝非海阔天空无目的性地闲聊阔论，如果内容脱离目标话题，所谓的工作谈话交流就没有实质上的意义。

三、设计你的时间表

有不少管理者总感到时间不够用，要做的工作总是太多，只好加班加点，忙得晕头转向。这些情况绝大部分是由于时间分配不合理造成。

1. 确定工作程序的原则

（1）优先关注企业经营计划性的工作。

（2）优先关注组织团队目标性的事务。

（3）优先关注正确性、关键性的事务。

（4）优先关注既定目标与效益性的事务。

2. 确定工作顺序的方式

（1）优先处理资料审批、手续齐全、方向性的、计划内的事务，再处理计划外的事务。

（2）优先处理已确定的计划性的事务，再处理其他方面的事务。

（3）优先处理熟悉的事务，再处理不太熟悉的其他事务。

（4）优先处理不占用时间且较为方便处理的事务，再处理其他耗费时间和一时难以处理的事务。

（5）优先处理较为紧急性的事务，再处理常规性的事务。

（6）优先处理当下发生的事务，再处理其他事务。

（7）优先处理受人之托方面的事务，再处理自己范围内的事务。

成功的领导善于集中精力快速处理少数主要领域，不管你再怎么忙碌，也得知道自己应该先做什么、后做什么，把一天中最佳的精神状态和精力放在主要和关键的事务上来。

第四节　突出重点，分清主次

中层领导的工作要有计划性，要统筹全局，若要实现既定的任务目标，应把握工作重点，做到主次分明。中层领导的工作职能是计划和管理，不是完成具体性的工作。因此，领导的精力应集中在管理规划的工作上，而不是样样事情都要亲自去做。

一、抓住工作重点

如果管理者对“有效”和“有效率”的差别分辨不清的话，他们也就同样分不清“做正确的事”和“正确地做事”。“以极高的效率完成根本不需要做的工作，是最大的无用功”。我们真正需要的是三点：

1. 辨认何为效益或最佳成果。

2. 如何做到专注于这些方向。

3. 知道有哪些原则。

企业不是自然现象，而是一种社会现象。在社会环境下，为数很少的业务——10%，至多20%创造了80%的业绩，而其余的大多数业务合起来也只创造出剩下的20%的业绩。

（1）抓大放小

作为中层，能完成那么多看上去很困难的事情，他的“秘诀”所在就是每次只干一件事情，每次都解决一个重要的问题，即领导者必须要做大事，把那些小事情授权给别人去完成。有句话叫作，一个人一生中只能做一件事。排除极个别天才人物，绝大多数成功者都是致力于一件事情，数十年如一日地做，做好了追求更好。因为万事艰难，而人的能力与时间又极为有限，贪多往往一事无成。所以，卓有成效的领导者总是把重要的事情放在前面做，一次做好一桩事情，而不懂管理的一些领导就刚好相反，面前的报告和数据多是拿到什么就做什么。

（2）把握今天

学会集中精力的第一条办法就是善于摆脱已经不再有价值的过去，不要被昨天繁杂的文件和思想困住手脚，重要的是今天。卓有成效的领导者会定期对自己及下属们的计划进行回顾和检查。他会提出诸如此类的问题：“假如我们尚未做这件事情的话，现在我们该不该来做这件事情？”除非答案是绝对“肯定的”，否则，他们就会放弃这件事情，或者会把它搁置起来，至少不会再将资源投入到已不再产生价值的“过去”中去。

二、分清主次

1. 可以把每天的任务制成一张表。把任务分成“必须做的”“应该做的”和“可做可不做的”几种情况。抓住重要、必须要完成的任务，把耗费时间的任务交给别人去做，自己挑起规划和管理的重担。

2. 明确具体的目标和关键性的任务，确定成为工作重点或重要任务。

3. 把要做的事情记下来，可以帮你厘清思路。记录观感和事件的工作日记是新领导所必需的。你将惊讶地发现，你竟然要经常去查阅它。

三、明确必须要做的事

1．参加或召开重要的会议。作为中层，参加会议或召开会议将是你的主要职责。你既要参加公司层级会议，又要召开本部门各种会议，这是你贯彻落实公司经营计划、部门工作的完成情况以及与上司和同事交流意见的重要机会。

2．汇报工作。汇报工作是你身为部门领导的又一个主要职责。你可以不必具体执行工作任务，但需要了解工作任务的进展情况，并及时向上级领导汇报，让上司了解你的工作情况。

3．做出决策。决策是中层领导职责的一个主要方面，决策的正确与否关系到领导的工作成效。因此，在决策方面，你不可掉以轻心，或随意交给其他人完成，而应集中精力做好它。

4．分派任务。成为一名部门领导，最威风的时候莫过于给员工下达命令和分派任务了。在分派任务过程中，应因人而异，确保才尽其用。

5．进度控制。进度控制是中层领导整个日常管理工作的极其重要，而又很容易忽略的一点，许多部门领导在分派任务和授权之后，几乎就不再过问工作的进展情况，这是很危险的。优秀的领导应及时了解或监督工作进展情况，及时纠正工作过程中出现的偏差，并做好协调，确保决策方案在执行过程中处于受控状态。

四、可以放弃或授权他人做的事

1．外部电话。大量的电话可以由助理代理，除非是很重要的，要由本人亲自处理。

2．简要文件处理。比如一些会议记录，文件派发、演讲稿等尽可交给秘书去完成。

3．未经预约的来访者。招待和接见未经预约的来访者则由助理去做。

4．具体的可由下属完成的工作。领导者应善于分派工作，把管理之外的一些具体工作交由部属去完成。

第五节　培养危机意识与竞争精神

一个矢志在事业上有所成就的管理者应培养什么样的竞争精神呢？

一、敢于竞争，迎接挑战

但凡在事业上多有成效者无不具有超常的勇气。“世界属于勇敢的人。”勇敢是产生胆量、无畏、不怕艰险、敢于冒险和对未知的探究精神等心理动机的驱动力。要想成为一个优秀和强势的中层领导，首先，是无私无畏。一个人一心为企业，心胸必然坦荡。其次，艺高胆大。要有丰富的产品专业知识、丰富的工作经验，能掌握科学的观察、分析和解决问题的方法，正确认识客观事物的本领，了解和掌握事物的发展规律，就能做出正确的判断和决策。最后，明理则敢为。一个人如果觉得自己的“理真”，他会表现出“气壮”来。勇敢地迎接竞争，就不能畏惧。

二、要有危机意识

大千世界不进则退，芸芸众生，优胜劣汰，无功就是过，无为便是错。如果同行中出现比自己强的对手，产生的不应是妒忌心理和行为，而应采取“你强，我比你更强”的态度。如果本身处于暂时的优势，也不要自鸣得意，而应当是头脑冷静，居安思危，以自己为竞争对象，向新的目标奋斗。

作为中层管理者要时刻有危机意识，这样才不会让自己的成长空间有任何的间断。要有一种创新的敏感度，一种不知足的状态来吸取新的资讯。

众所周知，华为的任正非高调地强调让中层有“危机感”，就是要让中层有责任心。任正非说：“什么是责任心？就是以实现公司目标为中心为导向，对工作高度投入，追求不懈改进，去向周边提供更多更好的服务。”在华为公司，作为中层管理者，凝聚不了队伍，完不成任务，斗志衰退或自私自利，对不起，你将很快被挪窝、被降职；但经过一段时间你改变了，工作激情提升了，经过各方面考察合格了，你也可能重新得到提拔。华为对中层领导实行严格的强制比例淘汰机制，每年至少有10%的管理者要下课，转为普通员工。掉队的管理者将进入公司干部后备队学习营，脱产进行再学习和改造。三个月后，如果考试不合格，或者没有部门录用，工资将降低20%，并继续脱产学习，如果仍然不合格，工资将再次降低。华为管理干部的平均年龄每年必须下降，大批优秀的年轻人得到提拔，本以为可以躺在功劳簿上睡大觉的管理干部丝毫不敢懈怠，否则，就会被后浪打到沙滩上，淘汰出局。华为公司还通过述职、业绩排名、岗位轮换、荣誉奖励、关键事件就地免职等机制传递压力给中层管理者。始终让小富即安的中间层觉得危机四伏、诚惶诚恐，唯有如此，才能克服人的惰性，驱动中间层持续奋斗。

三、有强烈的进取精神和成就的愿望

意识是人区别于动物的一种本能特征，在企业领导者的诸多意识中，有一种决定着人性突破自我的重要信念，即价值观和使命感。古人有训：“天将降大任于斯人也，必先苦其心志，劳其筋骨，饿其体肤，空乏其志，行拂乱其所为，所以动心忍性，增益其所不能。”一个优秀中层领导的信念与责任心一旦与他所从事的事业、工作结合起来，就会产生强烈的使命感和价值观。企业愿景由使命感、价值观所驱动。

企业的中层领导是企业发展的核心力量。管理者的使命感、拼搏精神和干事创业的激情，是一个企业成功与否的关键。管理者的使命感也是一个企业战略发展的必然要求。没有责任感，就无法带领团队完成工作任务。例如，对企业战略目标的深度理解，对企业运营目标的坚决完成，对产品工匠精神般的追求，对品质服务真诚善意的宽广胸怀，对团队精神严格的打造。

鸿鹄之志，天降大任于斯人的使命感会使领导拥有比天空还要高远的志向、比海洋还宽广的胸怀、比大山还要坚强的毅力。作为中层，需要积极、主动地去研究所处的环境，面临的困难，不断拓展思路，创新工作方式，为完成目标打造强有力的保证。

在现代企业中，不仅要求高层、中层管理者要有使命感，基层员工也要有责任感。不管身处何岗位，只有对岗位充满责任感，敬畏自己的岗位，敬畏目标，才能有良好的个人发展空间，才能对得起企业、对得起自己！

作为企业中层领导，工作中的责任感体现在有计划、有方法、有措施、有检查、有监督、有整改、有落实、有考核，这里的每一个环节都不可或缺，每一个环节都存在着递进关系，每一个环节都相辅相成，只有这样工作才能使工作做得完美无缺，并实现持续改进、持续提高。纵观中国知名企业的那些对事业忠诚、执着、富有责任感和使命感的人，都有着强烈的自主创新精神。工作意味着责任，责任意味着人存在的价值。

四、把挫折、失败当成锤炼

优秀中层领导应比一般管理者经受挫折的能力更强，如果自己所从事的事业暂时受到挫折，只要认真吸取经验教训，励精图治，总有机会取得成功。反之，如果一蹶不振、灰心丧气，那就只有死路一条。

有这么一句话，成功者总在怪自己，失败者总在怪别人。很多人都缺少自我反省的能力，失败了总是怪别人，行业不行、模式不行、平台不行，却从不说自己不行，从不说别人在努力的时候，自己在干吗？承认自己的不足，需要勇气，需要担当和责任。凡是拥有自我反省能力的人都会成功，因为他会从失败中总结经验最后取得成功。当然，也要承认有那么一部分人确实最后拼尽全力，依然失败了，但这种人不会去怪别人，只会总结自己失败的原因。相比那种失败了就抱怨的人、诋毁别人的人，这种失败者更值得尊重，因为他是把每次的挫折、失败当成锤炼。

第六节　提高自己的管理艺术

古人云：“运用之妙，存乎一心”“能因敌变化而取胜者，谓之神”。企业领导者的管理艺术正是这种“妙”“神”魅力的体现；如何追求管理艺术，管理艺术古已有之。但是，随着现代化科技和经济时代的飞速发展，企业的管理问题也日益复杂。因此，在客观上要求管理者通过不同方式来提升自己的管理水平。

一、大处着眼，小处着手

每一个领导都应该围绕着公司的经营计划目标，为本部门制订不同阶段的业绩目标，以便对员工进行引导、激励和鼓舞；同时，要带领员工通过努力工作，去实现不同阶段的任务指标。春秋时代的思想家老子说过：“千里之行，始于足下”。如果没有脚踏实地的努力，所设定的管理目标就可能成为废纸。特别是对员工关心的收入、职业发展等问题，更要花大力气去给予关注、帮助，使他们得到满足。关注工作细节、多干实事，才能赢得员工的信任和爱戴，才能激发员工为公司服务的积极性使其为自己的职业发展更加努力。

二、扬长避短、创造优势

俗话说：“尺有所短，寸有所长。”意思是说，尺比寸长，但和更长的东西比就显得短；寸虽比尺短，但与更短的东西比又显得长。各个行业、企业各部门乃至每一个人，既有其长处，又有其短处。中层领导从事管理活动，要认清本部门的特点，寻找并发挥部门的优势，使人尽其才、人尽其力、物尽其用、财尽其效。

领导者还应辨证地看待优势和劣势，具体进行分析，而不能把它们绝对化。即便是条件优越、优势多，也不能忽视劣势；即便是条件差，也不能片面地强调不足，而看不到长处。同时，优势和劣势是在发展中不断变化的。在一定条件下，优势可以变成劣势，劣势也可以转化为优势。领导者应该通过努力或采取积极有效的方式，创造有利条件，改变原来的不利因素，使劣势变为优势。

由于企业各个部门的优势和有利条件不同，每个人的长处短处也不同，因此在布置工作任务或提出要求时，不能“一刀切”，而应正确处理共性和个性的关系，尽量发挥他们各自的优势长处。

三、量力而行、尽力而为

中层领导在贯彻落实企业的经营发展战略时，应结合企业和本部门的实际情况，正视客观条件，按客观规律办事。从工作的细节处入手，脚踏实地来部署工作，善于把主观与客观、需要与可能、动机与效果紧密地结合起来，把工作规划放在稳妥可靠的基础上。

量力而行，要真正清楚两方面的情况：一是核实自己所具备的实力；二是认清当下的相关客观条件。自己的实力可以分为显在实力和潜在实力。量力，是指权衡，包括潜在实力在内的力量。由于客观条件影响实力的发挥，所以不能忽视对客观条件的分析。

量力而行并不意味着消极等待，而是把尊重客观规律与发挥人的自觉能动性结合起来，即尽力而为。领导者不仅要充分利用现有条件，而且要积极创造条件、发挥潜力。创造条件越充分，便能在现有力量的基础上取得更大的效果。有的企业经营者提出：“在没有市场的情况下，就要想办法开辟市场，在没有顾客时，就要想办法去创造顾客。”

四、层次分明，秩序井然

在一个管理系统中，每一个层次都不是孤立的，纵向有上下级管理环节的关系，横向有不同部门之间的关系。管理系统的层次分明可以使各级管理者分工完成本职任务。上级领导的责任是给直接下级人员下达任务，主要是发挥下级人员的智慧、才干，不必事事请示。只有在不协调产生矛盾时，才必须由上级协调并做出裁决。如果超越层次，就会造成管理功能的紊乱。

中层领导对面临的许多工作，应进行分类排列，应分清：轻、重、缓、急，明确先后次序，一定要先做主要的，再做次要的，同类工作一定要先办费时少的，再办费时多的，次序不能颠倒。还应严格按照时限的要求，每项任务一定要按规定的时间完成。有些人的经验是：最难办的先办、大事自己办、小事委托办、新事积极办、一般事照常办，等等。

五、注意分寸，把握时机

中层领导在决策过程中要注意质的界限，善于根据质和量的关系，把握最佳尺度。避免常说的“乐极生悲”“物极必反”“欲速则不达”，这是因为事情超过了一定的限度，就会改变原来的状态，就会走向自己的反面。

做到注意分寸、把握时机不是一件容易的事，应注意心中有“数”。对情况和问题一定要注意到它们的数量方面，要有基本的数据分析。领导者在取得工作成绩时，不要头脑一时发热，急躁冒进；当碰到困难，受到挫折时，也不要畏首畏尾，停滞不前。

六、持之于严，渴之于精

曾经有人将领导者的工作作风比喻为像“楷书”那样严格认真、一丝不苟。据说，曾荣获日本最出色的“经营者奖”的士光敏夫就像写楷书那样以“精”“严”治业而闻名。他有句名言，说他的全部经营管理学说就是“一部楷书”。

成功的领导者对看准的事情，就要像一个人写正楷字一样，认认真真，一点一撇，绝不马虎，坚持高标准严要求，只要不符合客户要求，绝不放过，要有一种“推倒重来”或“从头做起”的精神。失去这种精神，企业管理机能就会失去渴望进取的活力，在竞争激烈的当今世界，就会被淘汰。

Chapter6

第六章

如何提高自己的口才

要想成为卓越的管理者，所说出的话必须言之有物，对团队下属具有启发性，能够激励和鼓舞团队，不管是内部讲话还是在众人面前的演讲，都能够侃侃而谈，充分表达出自己的情感，让下属感受到领导的魅力。

第一节　讲话时的基本原则

一、语言表达能力的重要性

美国前总统尼克松曾经说过：“凡是我所认识的重要领袖人物，几乎全都掌握一种正在失传的艺术，就是特别擅长与人做面对面的交谈，我认为这个共同点并非偶然。”

语言表达能力是领导者的一项重要能力。领导者一项最重要的任务就是传达和贯彻上级部门的指示和精神，部署本部门内的系统工作，把领导集体的科学决策准确、完整、有效地传达下去。

从某种意义上来说，卓越的领导必须具备良好的口才和说服能力，懂得春风化雨，用温暖得体的语言去感召你的下属，通过“润物细无声”的方式达到管理的目的。而这种借助口才的高超的管理艺术，会在管理活动过程中进一步融洽管理者与被管理者之间的人际关系，为彼此共同的生活、工作创造良好的人际环境。而人际环境的和谐、舒畅，又能动地反作用于人的工作积极性，促进工作热情。由此看出，领导者的语言表达能力对实现既定的工作目标有非常重要的作用。

二、讲话必须具备的基本原则

如果领导者必须在很短的时间里表达出对别人的要求，就不要在枝节处多加任何的描述，只需要言简意赅地说出自己的主张就可以了。

以下是领导者讲话必须具备的四个原则：

1．讲话德识与礼节的原则

卓越的领导应懂得，讲话的基础是品德、操守，其次是胆识、智慧，再次是才干、能力，最后是学问、知识，概括起来就是智慧、仁爱、勇敢三个方面。学习、实践是修炼德、识、才、学的必由之路，只有学习、学习、再学习，实践、实践、再实践，持之以恒，才能不断提高自己、完善自己，不断地提升自己的人格魅力。

孔子说“人不知而不愠，不亦君子乎？”别人不了解我们，我们不要太在意；别人对我们态度不好，我们也不要太在意。只要自己有真才实学，别人的态度迟早会改变的。反过来我们自己也要尊重别人，尤其在跟长辈或自己敬佩的人说话时一定要注意礼节，礼节是交际的敲门砖，不注重礼节很难得到别人的尊重和重视。

总之，中层领导在语言谈吐方面水平的高低，不仅会对管理者的领导形象产生影响，甚至对于领导者建立自己的管理威信也有着非常重要的关系。

2. 具体而简单地叙述要点

告诉下属你希望他们做一些什么事情时，必须是简单扼要的叙述，因为对方只会做他们明白理解的事情。当下属有心依照你的话采取行动时，那么你就简单扼要地把你的意思表达出来，而且必须是言简意赅地叙述你要的结果，目的是让下属能够清晰地理解你所表达的意思。语言表达的要点是具体、简短和清晰，不要过于复杂。要点如下：

（1）要保持思维的条理性、精密性。

（2）要抓住要点，突出中心。

（3）要抓住最关键信息的焦点，也就是抓住问题的要害，舍弃那些非本质的细枝末节，以短小精悍、要言不烦取胜，真正体现出“精要”的要求。

（4）要言之有序，必须明白应先说什么，后说什么。语言表达顺序应主次分明，前后内容如何衔接、呼应，在说话前要有通盘的考虑，做到条理分明，秩序井然，形成严谨细密、首尾圆合的结构。

（5）要反复推敲，删繁就简，精益求精，“言”半而功倍。坚决杜绝使用“说不定”“差不多”“大概”“或者”“可能”等模棱两可的词语，也不要在说话时乱加修饰语和说些不合逻辑、令人费解的话。

（6）要简短精要，多用短句，避免唠叨啰唆和不必要的重复，尤其是要下决心克服“嗯”“啊”“这个”“那个”“对不对”“是不是”“你懂吗”“你得了吧”等。

说多了别人会生厌，说少了自己的意思表达不清，话不多也不少，能讲明白就很好。把握说话的分寸其实是个“智慧”的问题，需要知己知彼、察言观色、见机行事。

3. 使对方容易展开行动

不管是哪一种问题，领导者的目的无外乎是把问题的要点以及落实的具体环节，简单扼要地表达出来，以便让对方容易理解，也容易展开工作。为了达到这个目的，最妥善的方法就是把要求具体地说出来。

（1）要切实，不要花言巧语。讲话和办事一样，都讲究实在，不要一味追求使用华丽的辞藻来装饰，更不要哗众取宠。

（2）要通俗，不要故作姿态。说话要避免深奥，尽量使用大众化的语言，像俗语、歇后语、幽默笑话等，这样办起事来可能会事半功倍。

（3）要简明，不要模糊不清 。说话要简明扼要、条理清楚，不要长篇大论、言之无物。

（4）要谦虚，不要“摆架子” 。假如领导者在言语中有“摆架子”的表现，倾听的人会十分反感。这样，不但达不到说话的目的，还会影响听者的情绪。

要想成为一个出色的中层领导者，说出的话必须是言之有物，具有启发性，能够鼓舞下属。

4. 信心十足地说出要点

所谓的“要点”是领导者讲话的最终目的，所以非得信心十足地说出来不可。这如同报纸的标题使用醒目的字体表现一般，对于听众的行动要求，也必须以活泼的语调，率直地强调出来。

第二节 如何培养自己的演讲口才

戴尔·卡耐基有句名言："做领导的必要素质是能够站出来说出自己的想法。"一个人用什么身份说话，很容易反映出他的思想境界，包括他的处事原则、处事方式和待人接物的态度。如何掌握语言表达的技巧，以更好地传递情感，达到有效沟通的目的是一个成功领导的基本能力。

一、尊重他人的发言

领导者讲话是一门语言艺术，它的主要形式是"讲"，即运用有声语言并追求言辞的表现力和声音的感染力；同时还要辅之以"演"，即运用面部表情、手势动作、身体姿态乃至一切可以理解的体态语言，使讲话"艺术化"，从而产生一种特殊的艺术魅力。

想要成为一名出色的中层领导，必须强化自己的演讲能力。俗话说，"冰冻三尺，非一日之寒"。一方面要注重平日里的锻炼和学习，另一方面也要掌握一定的演讲技巧。下面介绍一些常规性的演讲方法与技巧：

1. 观点对错不评价

在他人的发言过程中，最容易犯的错误就是在倾听对方说话时，是以自我的主观思维来评价对方的观点的。其实，每个人都有自己观点，这只是对事物的不同的看法而已，之所以要评价，是因为在我们自己的思维判断模式里，是以自己的观念和处事方式甄别是非的价值观或方法论，它不能代表别人，更不能代表真理。有一句广告词说："因角度不同，所以观点不同"，所以，倾听者不要急于评价，只有耐心地倾听完对方表述，才能了解事情与观点的原委，才能做出正确的分析、判断，如能够以正确的观念去看待，以良好的心态去倾听，不但是对别人的一种尊重，更是对自己的一种新发现和自我素养的提高。

2. 讲话时要相互尊重

孔子曰："三人行，必有我师。"每个人都有自己的长处与优点，不要以有色眼镜去看待一个人，殊不知在某种情况下，你不熟悉的事物，恰是对方有深刻了解的。就如同世界上没有两片完全相同的树叶一样，人对事物的看法也是不同的，抱着一种学习的态度去与他人交流，这是产生尊重的基础。尊重能保持你在交流中的良好姿态；尊重能让对方感觉到你的真诚可敬；尊重能让人感受到你的职业素养。换一句话说，让别人尊重自己的前提，是首先先去尊重别人，这是一个领导者必须具备的职业素养和心态。

成功的领导不仅需要良好的沟通能力，更要懂得尊重他人。尊重不但是搞好人际关系的关键，也是你增加人缘的关键，尊重别人是一种素养，因为认真倾听别人讲话，表现了对说话者的尊重，人们往往会把忠实的听众视作可以信赖的知己。

3. 讲话时避免使用否定性的词语

与他人交流要避免使用否定性的词语，因为使用否定性的词语会让人产生一种命令或批评的感觉，虽然能明确地说明你的观点但不易于接受。例如，"我不同意你对这件事情的处理方法"假如换成另外一种说法："这个处理方法不错，让我们想一想是否还有更好的方法，责任我们可以共同来担当"。与对方相互尊重寻求一种共识要比急于否定对方的效果好得多。

4. 讲话时以不同角度表达更易接受

人们常说，"好话一句做牛做马都愿意"。也就是说，人人都希望得到对方的肯定，人人都喜欢听好话。不然，怎么会有"赞美与鼓励让白痴变天才，批评与抱怨让天才变白痴"这一句话呢？在职场上，又有谁愿意受人批评呢？作为部门领导每天都要与人打交道，赞美性话语应多说，但也要注意适量，并且要站在不同角度去思考如何巧妙地使用语言；否则，让人有种虚伪造作、缺乏真诚之感。所以，你在要表达自己的观点时，不妨深思三秒钟，也许会产生更精彩、让人喜欢的语言。

5. 讲话时要运用好你的肢体语言

领导者讲话不仅要生动感人、谈吐不俗，还要有得体的表情和肢体动作，只有如此，才能趋于完美。语言更多地显示内在的思想和智慧，而举止则彰显了一个领导外在的风度和形象。恰当的表情和肢体语言会使你的表达更具有魅力。有声语言的不足正好可以借助肢体语言来弥补，肢体语言通过有形可视的、具有丰富表现力的各种动作和表情，协助有声语言将所要表达的内容形象地展示出来，使听众在视觉、听觉两种感官的双重作用下，对你的陈述有一个完整、确切的印象，也会为你非凡的谈吐和优雅的仪表所折服。

在工作中，领导者的举手投足、一颦一笑，都会传递出大量的信息，显露出主体的思想情感以及文化修养。身体语言的设计和运用使得谈话声情并茂、形神皆备，使谈话者更具风度，更能扩大和提升你讲话的效果。

6. 避免情绪化的讲话沟通

有不少领导，在情绪不佳的状态下直接斥责下属的错误，不但没有得到其想要的效果，反而将事情搞得越来越糟。要知道中国人特别爱面子，很少有人愿意承认是自己错了；关键是如何帮助下属指出问题和解决问题，而非一味地斥责下属。在某种情况下，领导说的再有道理也没有用，因为领导的情绪化斥责会让下属感到失去所谓的面子。要知道你的目的不是为了发泄自己的情绪，而是要以善意指导的姿态做出评价并和下属达成共识。

作为中层领导，要避免和下属发生争吵，一旦发生争吵，人是很难控制自己的情绪的，有时候难免要说一些不好听的话，只会增加中伤对方的程度。如果一个领导很轻易就生气与愤怒，或一旦生气就失去理智，在情绪上就先失了一分。说明作为领导修养还不够，要知道，一个卓越的领导绝对不会对下属经常生气和发火。

只要在职场，就会有复杂的人际关系。成功的领导永远是站在不同的立场思考和想自己的问题，绝非是站在自己的角度去想别人的问题。

7. 讲话幽默应有一个度

领导讲话时带上一点幽默，可以给讲话效果添加不少欢乐，可以缓解工作上的压力和讲话的气氛；但使用幽默语言也要保持一个度，要注意场合和时间。

程海是某公司的行政部主管，程海刚进入公司不久，行政部文员张萍见程主管斯斯文文、和蔼可亲，就开起了程主管的玩笑。这天，程主管穿着一身新衣服来上班——灰西装、灰裤子，刚进办公室就被张萍碰上了。张萍夸张地大声说道："程主管，您穿新衣服了！"程主管咧嘴一笑，还没来得及高兴，张萍又加了一句："整个人活像一只灰老鼠！"程主管听后哭笑不得。此后，由于幽默过度的玩笑，程主管对张萍很有意见，导致张萍经常无法与领导沟通，工作开展得也很不顺利。

二、培养和锻炼语言表达能力

作为中层领导，培养和锻炼表达能力是提高业务素质的一个非常重要的方面。

1. 口头表达能力和文字表达能力

（1）口头表达能力

口头表达能力，也就是口才，就是将自己的思想、观点、意见和建议，运用最生动、最有效的表达方式传递给听者，对听者产生最理想的影响效果的一种能力。领导的口头表达能力，主要包括：在各种会议上的演讲能力，对不同对象的说服能力，以及面对复杂情况应付各种"对手"的答辩能力。

在实际工作中，作为中层领导都有可能随时遇到新闻采访，在必要的会议和场合发表演说，在各种社会活动中，随时有可能主动或被动地答辩一些问题，由此可见领导者具备较强的口头表达能力的重要性。

（2）文字表达能力

文字表达能力是指将自己的观点、意愿运用文字表达的形式，使其系统化、规范化、条理化的一种表达能力。文字表达能力是领导必须具备的一种能力素质，纵观古今中外，杰出的领导者都具有优秀的文字表达能力。

作为中层领导更需要优秀的书面表达能力，然而现实生活中的一些领导缺乏书面表达能力，导致自己的领导潜力得不到更进一步的发挥。而那些具备良好的书面表达能力，善于总结经验，使自己的决策思想条理化、系统化、规范化的管理者将脱颖而出。

表达能力是我们沟通的基础能力，同时，语言表达的最高境界可以称之为是一门艺术，它能体现一个人的思想，表达一个人的情感，影响事件沟通的结果，让我们更容易达成目标，从而提升自信。

2. 说服能力

说服能力是指中层领导为了实现公司既定的工作目标，对下属或其他部门领导采取劝说的形式按照既定的计划执行的能力。说服，是以求得对方的理解和行动为目的的谈话活动。因此，说服的最大特征，就在于引起对方的关注，如果将单方面的想法强加于人，说服就不可能获得成功。换句话说，说服的关键在于帮助对方产生自发的意识。

人们常说："人生，就是不间断地说服。"尤其是在商务领域、企业的各个部门都汇集着各种性格的人，为了达到共同的任务目标，大家必须同心协力，因此说服的场面更是俯拾皆是。如果说，领导的工作就是不间断地说服，也并不为过。

在工作中，如果不对上司或同事下属进行劝说和说服，工作就会一事无成。例如，在与其他部门之间进行协调时，说服能力是不可缺少的能力之一。很多事情，如果仅靠一个人的力量，最终将会一事无成。

说服的基本力量是由说服者的人格即“说服者是什么人”、劝告内容蕴含着的力量即“说什么”以及说服者的应变能力即“怎么说”等三要素构成。我们将这三种要素统称为“说服能力”。说服能力是从三种要素的综合效果中产生的，不可能被某种单一的技巧所代替。

3. 演讲能力

有句话说：“一人之辩重于九鼎之宝，三寸之舌强于百万雄兵”，这句话充分彰显了一个人拥有卓越表达力的重要性。中层领导是团队行动的筹划者、指挥者和代言人。要想把团队带领好、把事处理好，就必须导之于言而施之于行。领导立权立威的过程就是立言立行的过程，换句话说，领导讲话贯穿于组织管理活动和管理过程之始终。离开了演讲，组织的业务目标是无法实现的，同样，不善于演讲与表达的领导者也是不可能实现其有效管理的。

成功的领导善于演讲的意义并不局限于语言表达的本身，它还能增强管理者的自信和提升反应的能力，这些素质会使领导者在对外沟通和团队管理时游刃有余。

成功的领导都有很好的演讲能力，甚至是一个万众瞩目的演讲高手。演讲的目的是通过演讲让团队或下属深刻了解、认知领导的立场，并激发、鼓动演讲的对象来认同领导的观念。从这点出发，任何企业的领导者，都应该学会利用演讲表达自己。但是，领导者的公众演讲对象并非一成不变，演讲的对象可能是自己的团队或下属人员，演讲的场所不一定是在会场上。但演讲的目的是相同的，那就是通过语言表达能力来影响演讲对象找到共识，从而产生服从效应。

4. 演讲的幽默能力

作家威廉·戴维斯说过一句话：“我喜欢的幽默，是能使我发笑五秒钟而沉思十分钟的那种。”语言的幽默感可以缓解紧张气氛，如果能够使用幽默的方式把严肃的问题表达出来，会使人更易于接受你的主张、观点。因此，幽默的语言不但能说服别人，还有助于改善公司领导的职业形象。在企业职场，具有幽默感的领导很受人欢迎，在工作上，具有幽默感的领导最容易收服人心，使其工作得以顺利展开。

语言幽默能够无形中给下属更多的力量，最突出的特点就是给人留下深刻印象，能够让他人关注到你、喜欢你。语言具有幽默感能够迅速拉近领导与下属之间的距离，营造一种轻松、愉快的沟通氛围，促进与沟通对象之间的思想和情感交流，同时也有助于改善提升管理者的领导形象。

语言幽默不同于讽刺，讽刺会让下属感到厌恶，甚至产生对抗的状态。讽刺试的幽默会让下属感觉你在利用他人的短处和缺陷，会产生反感和不好的影响。

5. 宣传能力

宣传能力是中层领导组织指挥能力的又一个重要方面。领导者应具有较强的宣传鼓动能力，教育员工、发动员工，才能干好领导工作。一般而言，越是接近企业中层的领导，宣传能力越显得必要。有些事情从全局和长远来看十分必要，但是，需要局部或暂时做出必要的“牺牲”。在这种情况下，如果不统一大家的认识，就无法激发大家的工作热情和干劲，甚至各行其是，我行我素。因此，中层领导的宣传能力是十分重要的。

三、锻炼好自己的演讲口才

演讲是一种工具，领导者可以用它来抒发情感、交流思想、表达见解、发表自己的主张。演讲是一门学问，也是一门艺术。因此，领导者必须对自己的公众演讲口才具有很高的自信；不管团队内部的讲话，或是在众人面前的演讲，都要求领导能充分地表情达意，侃侃而谈，将公司的方针政策生动、活泼、具体、形象地传授给广大员工，使其知、令其信、动其情、促其行，从而激发员工为组织积极努力地工作。演讲作为一门激发人们心灵火花的艺术，对提高领导素质，做好管理工作，具有重要的作用。

1. 演讲前的准备工作

演讲方式有很多种。例如，在自己的办公室或会议室里，围在会议桌边对自己的几个下属讲话是一回事，在讲台后面面对着公众演讲是一回事，公开的演讲是一种令很多人心情紧张的活动。演讲者能否记得自己要说的话？听众如何获得这些信息？演讲是否令人信服？演讲者能够处理遇到的问题的干扰吗？所有事情都进展顺利吗？

演讲的成功取决于深入的准备工作。确实有一些能迅速吸引听众的注意，引起轰动效应的演讲技巧。下面是领导者如何进行准备的一些技巧。

（1）确认需要演讲的重要内容。这对任何水平的演讲人来说都是第一原则，如果你的信息并不重要，也就没有必要告诉大家。

（2）了解听众的需求。根据听众的需求，再开始你的演讲，才能将听众的注意力吸引到演讲中来。

（3）演讲前的准备。对任何一个演讲者来说，令他们感到窘迫的一件事是听众对其中某个观点持异议。因此在演讲时要避免讲述那些无法证实的东西，就讲自己知道的正确的东西。

（4）在3厘米×5厘米的卡片上写下演讲的重点。这些卡片很容易隐藏而不会被别人发现，它可以使你得到安慰，即使出现问题也会让你记起你的演讲内容。

（5）多在众人面前练习演讲，并征求他们的建议。例如在家庭中进行演讲，经常性的练习必然会提高你的演讲水平。

（6）熟悉演讲现场，回顾演讲内容。你可以提前到达演讲现场先熟悉一下环境，再花几分钟时间放松自己，回顾一下卡片上的内容。

2. 如何进行演讲

已登上发言台，台下的听众都在用怀疑的眼光审视着你。那么现在该做什么？下面是如何进行演讲的一些方法。

（1）把你的卡片放在讲台上。它能够提示你的思路和演讲内容不会偏离航线。

（2）停顿、深呼吸，使你放松心情，不要讲得太快。一开始讲得慢一些并不会失去听众。好，现在可以开始了。给自己心理暗示，稳定自己的演讲节奏。

（3）用自信的眼光扫描台下的听众。让每一个视野范围的听众感受到你的自信，如果你有认识的人在场，试图与他们建立目光接触，或稍做点头微笑。

（4）不要读讲稿。通过演讲来传递你的情感信息。

（5）使用一种对你来说最自然的演讲风格，有助于达到演讲的效果。

（6）使用听众可以听懂的语言，让大家明确你的演讲风格和内容。

（7）只要你想，在任何时候都可以停顿一下，听众会等待你。

（8）当使用图、表和其他直观展示物时，要保证听众可以看清它们。还要运用这些展示物强调你要表述的重点内容。

（9）留出听众提问的时间。预先考虑到他们可能提出的问题，遇到一时难以回答的提问时，可以利用幽默来缓解尴尬的提问。

（10）复述问题。这可以让听众都能听到自己的问题，并为你留出短短的几秒钟准备来回答问题。

（11）当演讲结束，回答完问题，本次演讲就大功告成！

3. 把握演讲的表达方式

只有创造之花才有永开不败的美丽，掌握创新思维的方法，提出新颖而富有吸引力的观点，是演讲者水平和实力的真正体现。观点是演讲的灵魂，“喜新厌旧”是听众的普遍心理，因而追求观点表述的创新是演讲者的重要任务。创新虽然不是一件容易的事情，但只要我们熟练地掌握一些创新思维的方法和技巧，就能在演讲实践中提出新颖而富有吸引力的观点，从而使我们的演讲更加精彩。

演讲是一门语言艺术，它的主要形式是“讲”，即运用有声语言并追求言辞的表现力和声音的感染力，同时还要辅之以“演”，即用面部表情、手势动作、身体姿态乃至一切可以理解的体态语言，使讲话“艺术化”，从而产生一种特殊的艺术魅力。

演讲表达的主要特点是“讲”，对演讲者来说，写好了演讲词，不一定就讲得好，正如作曲家不一定是演唱家一样。有文采，能写出好的演讲稿的人，不一定有口才，不一定能讲得娓娓动听。真正的演讲家，既要善写，还要会讲，既要有文采，又要有口才。

演讲也是一门科学。演讲的关键点就是要明确告诉大家演讲的重点是什么，演讲的目的是什么，对你的听众来说，有什么好处。不要光讲和别人没有关系的事情，应该首先思考，你要说的对听众有什么收益。

组织好演讲的案例也是演讲表达方式的重要内容。开头、正文、结尾，用这个结构去组织你的故事或案例。这个故事可以很平凡，但是却能吸引和影响别人，所以你要把这个故事讲到极致，让大家都得到启发。

好的演讲不但要组织好你的故事，同时，还要借助于语言表达的条理性、逻辑性；表述要重点明确、观点分明、理由充分，起因与结果要交代清楚。演讲故事案例，应按照听众认识事物的客观规律，使他们能够很好地理解所讲述的内容及意义。演讲时要善于把握语速和音量，使演讲现场的每一个人都听得清清楚楚。

4. 如何端正演讲姿势

演说时的姿势也会带给听众一种良好印象，例如演讲者端正地站着或坐在演讲的位置上，让台下每一个人都可以看到你激情高昂的表情。因为，演讲时的脸部表情无论好坏都会带给听众极其深刻的印象；姿势端正让听众感受到你坦诚的神情，不故作姿态。演讲就要充满自信，风度翩翩的演讲者更能抓住听众的心与掌控现场。演讲时，要做到神情自若，举止、谈吐端庄大方，不时与听众互动，避免小动作过多，泄露你内心的不良情绪。

总之，演讲姿势雅观自然，运用体态语言、动作要端正、高雅，符合生活美学的要求。听众听演讲，除了获得信息，受到启迪之外，还能获得美的享受。

第三节　领导讲话的原则与技巧

一、端正自己态度的讲话原则

杰克·韦尔奇就曾说过：“要想成为一名优秀的管理者，就要把口才放在第一位。”中层领导是一个企业的中坚力量，特殊的身份和职务决定了其必须要具备较高的综合素质。而在这些综合素质中，口才艺术是重中之重。领导口才的优劣，直接决定着管理工作的绩效。因此，领导者讲话的方式应符合你的领导形象。

领导者不论在什么场合或面向哪些听众演讲，必须要有端正的态度，让所有听众从心里接纳你。如作为下属向上级领导汇报工作，首先要端正自己的工作态度，摆正自己的位置才可以向上级汇报，且要注意工作汇报方式、用语和语气，更要保持一种尊重或严肃性。

如果作为同事之间的横向人际关系沟通或语言表达，则应以一种自然状态、亲切微笑的姿态为宜，此时不宜过于一本正经或严肃，从而避免因语言方式造成同事关系僵化或疏远。

如果是以上级领导的身份向下属分派工作任务，此时语言表达就要简单明了，能够让下属轻松地理解你的意图，切忌不注重身份含糊表达，不注意下属的感受。

领导者对任何人的讲话，都要保持符合自我的职业形象和身份，包括在讲话时的态度、语气、用语和称谓。恰当的公众讲话不但能够锻炼自我演讲水平，还体现出你身为领导的职业形象和身份。

二、避免使用不良用语

领导者讲话，要使用符合自我身份的语言来表达自己的思想情感和传达信息。我们稍加留意，就会发现许多人在讲话时经常使用一些不良语言。虽然这些表达上的习惯不会影响管理决策，但如果不加注意，就会大大影响到你的讲话效果。

一般人讲话时，常常出现以下几方面的问题：

1. 不经意的口头语

有不少管理者非常缺乏在公众讲话时的语言训练，在一些公众场所讲话时，经常出现一些非常不好的口头语现象。一些管理者在表达完一句话时，再次附加一句“对不对”“是不是”和出现一个字的“啊”等这类不经意的口头语；也有管理者经常说“当然了”“坦白地说”等口头语，还有管理者经常说“大家明不明白”之类的口头语。

要克服这些毛病，建议注意以下几点：

（1）放缓语速，不要急于快速表达。

（2）语言表达注意用词、语句的完整性和规范性。

（3）不断自我训练语言表达能力。

（4）请朋友时刻提醒表达时的自我调节。

2. 过多地使用俗语、谚语

领导在讲话时，合理地使用一些俗语、谚语有助于提高说服能力和影响力。但过多使用俗语、谚语往往会给人油腔滑调、哗众取宠的感觉，不仅无助于增强说服力，反而会降低语言的渗透力，引起反感。谚语只有在恰当的地方才能使谈话生动有力，在使用谚语、俗语时，我们应尽可能使之恰当。

3. 滥用雷人词语

现在社会上流行的一些雷人的词汇，也常常会被管理者不加选择就乱用一番。例如：“我嚓”“牛X”等之类词语，殊不知这样的词语只会让听众感觉油腔滑调。中层领导在公众讲话用词准确是演讲语言的第一要求。一定要充分理解词语的含义，把握每个词的语体色彩、感情色彩，力求用最准确的词语来表情达意。领导者公众讲话中，建议使用一些“关键性”恰当词语，用准确、贴切的词语来增强演讲效果。

4. 夸张性的表达手法

有些领导为了引起听众的重视和提醒某件事情的重要性，喜欢使用一些夸张的手法。夸张的手法，有一种引人注意的效果。不过，演讲者不能把夸张的手法用得太过分，否则，会让听众质疑你讲话的内容。

因此，公众演讲使用夸张手法要把握一个“度”和“量”，一定要确切、恰当地表现出所要讲述的事实和思想，揭示出它们的本质和联系，达到宣传、教育、影响的目的。否则，会给听众一个爱说大话的印象。

5. 语言啰唆

啰唆的讲话让听众感觉厌烦。很多管理者在与下属谈话时，没有因果关系、分不清主次，只是一味按照自己的想法啰啰唆唆，言语繁复，说了半天还是没把问题讲清楚，让听众摸不清重点。

作为中层，不管是给下属分派工作任务还是公众讲话，首先要阐明事情的主题是什么和事情发生的因果关系。关键明确事情的重点是什么，让听众很清晰地知道你在讲什么，目的是什么，把听众的注意力集中到事情的重点上来。

三、要准确表达出中心思想

领导工作离不开沟通和表达。沟通是领导与上级之间、与同事之间、与下属之间，以及与公众之间的思想与情感传递、反馈的过程。也有一种说法：管理中50%的时间用在沟通上，而管理中50%的问题是由于沟通障碍引起的。因此，正确有效沟通的基本原则就是信息准确无误，具体有以下几点：

1. 表达主题、目的要清晰、简要

准确地告诉沟通的对象你要做什么，明确沟通的主题和目的，即要向别人说明到底要表达什么，沟通语言要简练，便于理解。

2. 该怎么做

接下来就是找到问题核心是什么，而且需要对方怎么做，能让对方熟悉完成工作的方法。将沟通核心用最合适和简单易懂的方式来将组织好的东西展现出来，例如语速、节奏等。

3. 表达语句要完整

在企业中常有这样的现象，领导因沟通语言不完整造成下属工作上的失误，而下属却认为是按照工作指令执行的。可见管理者与下属之间如果缺乏精准沟通，往往会导致下级牢骚满腹、士气低落，互相之间产生误解和摩擦，甚至产生与领导对着干的想法和念头，这是管理者在语言表达时，由于掐头去尾或省略语句成分而造成工作结果上的缺陷。

4. 使用文字要标准化

无论是公开演讲还是单独与下属进行工作沟通，所使用文字或语言尽量使用普通话，避免使用区域性方言或文言文造成误解。

5. 表达语速、音调的标准化

如果语速过快，下属可能还没有听明白你在说什么，你说的话却已经结束了，这会让下属很尴尬。另外，语言发音不要怪腔怪调，要自然，一定要做到抑扬顿挫，音调要有高、中、低之分，富于变化，善于把握声音的节奏，在讲话过程中一定要善于运用停顿，不要太机械化。

领导者清晰的发音可以很好地充分表现自己的专业性。清晰跟语速有一定的关系，如果语速较慢相对就会清晰一些。这里需要强调的是，宁可语速慢一些，讲话时多费一些时间，也要保持声音的清晰，让员工对你的表述有一个充分的理解和认知。

善于沟通和表达的领导者，会用声调表达情感，会熟练地使用各种声调。例如，如果他把一句话中的每一个字，用加强的语气说出来，就是想强调这句话的重要性，提醒对方注意；如果员工跟不上他的速度，他会放慢语速，使两者保持同步；当员工注意力分散，他会提高嗓门，唤回走神的听众，把注意力集中到讲话上……高情商者通过这种方法，讲话不但生动形象，还会受到听众的欢迎。

6. 拒绝使用“玄机”沟通模式

沟通就是要快速准确地将观点信息传递给对方，而不是故弄玄虚或者让对方感觉似懂非懂而耽误执行工作的最佳时间。

第四节　领导者讲话应具备的特点

领导者为了能够很好地表达思想，应该掌握讲话的艺术，通过灵活运用语言或说话的艺术，把自己的观点、职业道德和待人处事的修养表达出来，化作真正的“心声”，去触发下属的心灵，激起感情的共鸣。一般来说领导与下属的谈话主要有四种功能。

第一，监督功能。借此获取下属执行工作进展的详情，便于及时掌握有效信息。

第二，参与功能。借此研究执行决定过程中发生的问题，探讨和寻找解决方法，使领导由“观察”地位进入参与地位。

第三，指示功能。传递上级指示或本人的决定。

第四，悉人功能。通过谈话来深入了解对方，由此来接触下属，去了解下属的各种心理品质，做到谙人之心。

那么，作为中层领导应该如何同下属讲话呢？

一、要善于激发下属讲话的愿望

谈话是领导和下属员工的双边活动，如果只是领导在讲话而下属无讲话的愿望，谈话难免要陷入僵局。因此，领导讲话首先应细腻、有分寸感，注意说话的态度、方式以及语音、语调，旨在激发员工讲话的愿望，使谈话在感情交流的过程中完成信息交流的任务。

二、要善于启发下属讲实话

谈话所要交流的是反映真实情况的信息。但是，有的下属出于某种动机，谈话时弄虚作假、见风使舵；有的则有所顾忌、言不由衷，这都使谈话失去意义。为此，领导者一定要克服专制、蛮横的作风，代之以坦率、诚恳、求实的态度，并且尽可能通过对方的谈话了解到自己感兴趣的真实情况，并消除对方的顾虑或各种迎合心理。

三、要善于抓住核心问题

谈话必须突出重点，扼要紧凑。一方面，作为领导本人要以身作则，在一般的礼节性问候之后，应迅速转入正题，阐明问题实质；另一方面，也要培养下属员工这种谈话习惯。要知道，谈话多言是对信息实质不理解的表现，是谈话效率的大忌。

四、要善于表达对谈话的兴趣和热情

正因谈话是一种双边活动，领导对下属一方的讲述予以积极、适当的反馈，才能使谈话者更津津乐道，使谈话愈加融洽、深入。因此，中层领导在听取下属讲述时，应注意自己的态度，充分利用一切手段——表情、姿态、插话和感叹词等——来表达出自己对谈话内容的兴趣和对这次谈话的热情。

在这种高昂的状态下，领导者的微笑或点头赞同，充满热情的一个肢体动作都是对下属谈话的鼓励。

五、要善于掌握点评的分寸

领导在听取下属讲述时，不应发表评论性意见。若要做点评，应放在下属谈话结束后进行，并且作为谈话结论性的意见，措辞要有分寸，表达要谨慎，要采取劝告和建议的形式，以易于下属采纳接受。

六、要善于利用谈话时的停顿

下属在反映情况时，会出现停顿，原因有两种情况：一是害怕被领导批评，这是下属为试探一下领导对他讲话的反应、印象而故意停顿。此时，领导者就有必要给予引导性的插话，以鼓励下属进一步讲述。

第二种停顿是谈话思路突然中断引起的，这时，领导最好采用“反响提问法”来接通原来的思路。其方法就是用提问的形式重复下属刚才讲的谈话主题。

七、要善于克服最初效应

所谓最初效应就是日常所说的“先入为主”，有的人很注意这种效应，并且也具有“造成某种初次印象”的能力。因此，领导者在谈话中要持客观、批判性的态度，时刻警觉，善于把做给人看的东西，从真实情形中区分出来。

八、要善于利用一切谈话机会

一般来说，谈话分正式和非正式两种，前者在工作时间进行，后者在业余时间进行。作为领导，也要充分利用好非正式谈话机会。在无戒备的心理状态下，哪怕是只言片语，有时也能获取意外的信息。

九、要善于克制自己，避免冲动

下属在反映情况时，常会忽然批评、抱怨某些事情，而这在客观上也正是在指责领导自己。这时领导要头脑冷静、清醒，不要一时激动，自己也滔滔不绝地讲起来，甚至为自己辩解。

第五节 如何说服你的下属

领导所具备的说服力，实际上就是运用了语言及领导艺术的结果。能够善于说服他人，是一个成功管理者的一项非常重要的素质。通过说服他人，就能够争取到对方的支持，形成合力，完成工作任务。既然说服具有举足轻重的作用，中层领导该如何去说服别人呢？具体有以下几方面：

一、先给予肯定，再授予目标

任何人都希望上司对自己的努力给予客观的评价，并希望能够被更深地理解和得到上司的肯定。领导应根据下属的努力，适当、适时地给予表扬及肯定，通过对下属工作业绩的认可，引导下属更加努力地去挑战未来的目标。例如，在下达新的任务目标之前，为充分调动下属的工作热情和积极性，可以告诉下属："在这项任务方面你具有一定优势和特长，我也知道你最近很忙，但这项任务非得你才能够解决，想来想去，认为你是最佳人选。"此时必须让下属感受到上级领导对他的重视和期望，说服下属的技巧关键在于对对方固有的优点给予表扬、肯定和鼓励，这样一来下属也得到心理上的自我满足，面对新的目标无法说出"不"的意愿。并且可以消减遭受挫败时的心理困扰，使其在愉快的心情状态下欣然接受新的目标，因此，应善于利用他人优点给予鼓励肯定，有助于下属接受你的工作指派，而绝非是强势下达工作目标；那样只会适得其反。

二、站在对方的立场更容易说服

要想说服下属，先站在对方的立场思考，就会更容易说服对方。有一句话说："将心比心，人同此心、心同此理"。意思是说，如果能站在对方的立场去看待一个问题，就会感受到对方的态度。有不少管理者在说服下属时遇到困难，并非没将问题讲清楚，而是一味地站在自我的角度试图去说服他人，忽视了对方的角度和立场。试想如果你们互换立场再去看待同样的问题，再去说服下属，下属也就不再"难为"你了。没错，只要替对方着想，很多工作目标的理解及沟通障碍也就不是什么问题。因此，不但要站在对方的位置考虑，也要让对方站在你的立场看待和陈述问题，只要与对方相互理解，达成共识，并言明下属有优点，让下属有一种备受尊重的感觉，下属就会心甘情愿把天平砝码倾斜到你这边。

三、让下属感受到你的幽默

没有人愿意看着严肃表情去接受任何一件事情。领导想要说服下属，强烈建议，收起那副严肃的表情，否则板着脸、皱眉的表情很容易引起下属的反感与抵触情绪，使说服工作陷入僵局和被动局面。

如果领导者能够以愉快的表情与人沟通，那么就会成为一种优势，同时讲话时还可以适当使用一些笑话、歇后语、幽默语言等，从而取得良好的沟通与说服效果。具体而言，在说服他人之前，让对方感受到你的幽默，把适当的语言幽默感当作一种“调味品”或许更能够让下属去接受和理解，这时候再把工作道理、问题讲清楚，也不失为领导说服技巧的方法之一。

四、缩短与下属之间的“距离”，实现求同存异

管理者与被管理者总是存在立场上的“距离”。作为中层，为了实现目标必须与下属进行有效沟通。领导想要说服下属，前提是先了解下属，要设法缩短与下属之间心理上存在的“距离”。其次是缩短情感上的“距离”。再次是实现两者的共同意识，让不同思想凝聚到一起，转变为共同目标，也就是所谓的求同存异。最后是真诚表达、情感交流，淡化心理上的分歧和情绪对抗。管理者与被管理者建立了共同意识，也就不再会有意见分歧，而且下属也会心平气和静下心来配合领导的工作，或许还会对实现工作目标提出一些宝贵意见。

五、“动之以情，晓之以理”说服下属

领导说服下属，运用个人情感技巧，动之以情、晓之以理，以情感来影响打动下属。工作是枯燥无味的，领导的说服工作，很大程度上是要与

下属建立情感沟通。要想说服下属，就要跨越这座沟通的情感桥梁，如能与下属推心置腹，抓住要点，说明关系，让下属清晰地感到领导的说服并非有个人目的，那么下属定会有所感触并产生信任感。

其实，领导的协调管理就是沟通与说服，特别是团队正在经历困难挫折时，身为领导，必须要建立和跨越这座情感沟通的桥梁，并要放下身段去说服下属。

六、善于倾听，化解抱怨并说服下属

领导者要能够倾听下属的心声、意见和建议，才能够掌握下属的思想动态。不少领导在与下属沟通时，并未真实了解到下属的意见，只是以权力去强压工作命令，从表面上来看，下属似乎配合了你的工作，其实这只是高压之下的暂时性隐患，就如同弹簧一般集聚收缩随时会扩张、爆发。此时，正确有效的方法是，当下属与自己的意见和观点相左时，首先是倾听下属内心的意见和想法，换句话说，让下属将心里的抱怨倾吐出来。这样一来，既了解到下属思想动态和不同意见，更让下属说出工作上的困惑，这是领导善于调整自我思路与化解矛盾的高明之处。面对下属抱怨时以柔克刚、礼让三分，以领导的格局和心态来包容，让事实替你说话，会使下属在无形之中接纳领导的说服。切忌没有倾听下属意见，也没有了解到下属真实思想动态时就使用权力去打压下属，那样只会适得其反。

七、给予台阶、照顾面子时说服下属

领导在某种情形下说服下属，要做到两点：一是要给下属一个台阶，让他有缓冲余地，避免出现下属没有思想准备无法适应的局面。二是照顾他的面子，中国人都非常重视场合和面子，如果你给人留面子，那么别人也会给你留面子，否则很难达到沟通和说服他人的效果，甚至会陷入僵局。特别是在公共场合宣布重要任务，首先要做的就是尽量照顾下属的面子，不至于使对方背上面子包袱，下不了台。

第六节　领导讲话开场白的方式

领导的工作离不开沟通和讲话，而讲话的开场白的方式很重要。因此，在讲话时，应采取不同方式使自己与听者建立融洽的关系，这种关系是如何被听者“认同”，使听者被“吸引”，使他们接受你，而不是使他们抱着一种挑剔，批评的态度听你讲话。为了做到这一点，讲话的方式选择有以下几种：

一、使用提问的方式开始讲话

问题式可以造成悬念，引发听众思考。所提到的问题应是听众最想了解又尚未找到答案的问题，或者是听众未曾想到而又与之息息相关的问题；提出的问题应当涉及听者的工作或生活，而且提出的问题不要过于简单，要能“发人深思”而又有回味，或能给听者以启发、教诲。

二、借用权威或名人的话开始演讲

心理学研究认为，公众具有崇拜权威的共同心理。名人名言对听众来说总是具有一种特殊的魅力。借用名言哲理性要强，但不要太深奥，甚至晦涩难懂，应当注意语言的通俗性，将听众的注意力集中起来。

三、从表扬典范开始你的演讲

《人性的弱点》一书讲到，每个人都喜欢听到赞美之词。领导在演讲前抓住典范说几句赞扬性的话，可以尽快缩短与听众的感情距离，因为恰当的赞美会调动起听众的注意力且容易被大众接受。但有一点需要注意，就是典范案例使用要恰当且具体。同时，要注意分寸，不然会给人哗众取宠、油嘴滑舌的印象。

四、用引人入胜的故事或幽默的语言开始演讲

感人的故事常能使听众发出会心的微笑；幽默往往能够一下抓住听众的心；奇闻怪事容易赢得听众的关注，并能造成悬念，激起听众的兴趣。如：最近有学者调研发现："现代手机虽说是一种时尚，但也出现因手机导致的重大交通事故，不得不引起我们的重视……"领导讲话采用故事触发兴趣的开场白，要求做到：叙事简明扼要，短小精悍，不可啰唆拖沓；事情本身要有针对性，耐人寻味，能触发听众兴趣；讲述事情要与中心论题密切相关。

五、用涉及听众切身利益的话题开始演讲

听众往往最关心的是自己的切身利益，如果能够将演讲与听众的切身利益联系起来，往往能很快吸引到听众的注意力。有经验的领导者，往往善于将自己的讲话与听众的切身利益联系起来，即使牵强一些，但是为了营造一种氛围，为了开始讲话时能吸引听众，有时不得不采取策略绕个弯子，待听众兴趣已起，再转入讲话正题。

打造全方位的沟通技巧

著名管理大师德鲁克说："沟通如果符合对方的期望、价值及目标，它就会很有力量。"

能够贯彻执行企业决策就是中层领导的头等大事，管理者的有效沟通是对不同意见者进行思想交流和说服工作，以获得他们支持，不影响管理决策的有效性。

第一节　中层领导的有效沟通能力

一、管理沟通的重要性

有一个秀才去买柴，他对卖柴的人说："荷薪者过来！"卖柴的人听不懂"荷薪者"（担柴的人）三个字，但是听得懂"过来"两个字，于是把柴担到秀才前面。

秀才问他："其价如何？"卖柴的人听不太懂这句话，但是听得懂"价"这个字，于是就告诉秀才价钱。秀才接着说："外实而内虚，烟多而焰少，请损之。"（你的木材外表是干的，里头却是湿的，燃烧起来，会浓烟多而火焰小，请减些价钱吧）卖柴的人因为听不懂秀才的话，于是担着柴就走了。

沟通是企业管理活动中和我们每个人在社会生活中经常遇到的基本问题，人与人之间要达成真正的沟通并不是一件容易的事情。

上面的案例中，买柴的秀才与卖柴人之间的就没有达到有效的沟通。中层领导在平时最好用简单、易懂的语言来传达信息。而且对于沟通的对象、时机要有所掌握，有时过分地修饰反而达不到想要的目的。

有效的沟通可以使企业团队更加团结紧密，卓有成效的中层领导应该注重沟通，把团队取得的成绩，看得比个人的荣誉和地位更重要。在部门内部要以团结为己任，乐于倾听不同意见，重视情感沟通，在坚持原则的前提下，把部门团队紧紧地凝聚在一起，同时对外要协调沟通好与各部门的关系，保持良好的沟通。

管理沟通是一种能力，也是一种技巧，更是领导者取得成功的秘诀。没有沟通的领导是死气沉沉的领导，而不重视沟通的管理者，则很难取得团队成员的支持、理解和爱戴。

管理沟通是一门艺术，是管理者与被管理者之间的润滑剂，领导者的高品质沟通可以使人际关系更和谐，工作关系更融洽。沟通就是交流双方信息传递，相互理解与达成共识的过程，无论是公司与外部或是团队内部的协调管理，管理者每天都会与不同的对象进行沟通，而管理者的沟通能力和技巧会成为双方达成共识的关键因素，因此，管理者的高品质沟通可以说是任何行业的领导成功制胜的重要法宝，更是体现出一个领导的沟通水平。

成功的领导具有的一个显著特点，就是展现出高品质沟通实力。不但需要自身的优秀素质，更重要的是具有一套能够与不同层次人员的"沟通"管理哲学。他们非常懂得管理者沟通的重要性，无论是对企业外部还是企业内部，甚至是社会交流或者家庭亲情沟通，都能够尽情地发挥与所有人的"沟通"艺术。

调查表明，有两个数字可以很直观体现出沟通的重要性，即两个70%。第一个70%，是指企业的管理者实际上70%的时间用在了沟通协调事务上，对不同对象进行重要性工作沟通。例如开会、谈判、谈话、信息交流，市场调研报告等是最常见的管理沟通形式，对外各种谈判、约见也是沟通的表现形式。第二个70%，是指团队中70%的问题是由于沟通不畅或障碍引起的。例如，领导在管理目标、激励沟通、产品沟通等方面，这些均需要借助于沟通才得以顺利进行的领导工作。也就是说，中层必须具有良好的沟通能力才能打通人们才智与心灵之门，使之心情顺畅，精神愉悦，且挖掘人的潜能，营造高效团队的氛围，真正让你的团队力量像泉水一样向上激情喷涌，以便更好地为团队创造价值，实现共赢。

二、管理沟通的几种方式

1. 正式沟通与非正式沟通

正式沟通是指在组织明文规定的原则上进行的信息传递与交流。例如，在组织与组织之间的公函来往、组织内部的文件传达、召开会议、上下级之间的定期情报交换等。

正式沟通是管理者事先计划和安排好的，如定期的书面报告、面谈、有管理者参加的定期的会议等，具有主导性、目的性、方向性、组织性的一种管理方式。

所谓的非正式沟通指的是通过正式沟通渠道以外的信息交流和传达方式，它不受组织监督或约束，属于一种自由选择性沟通渠道。非正式沟通是非正式组织的副产品，它一方面满足了沟通对象的需求，另一方面也补充了正式沟通方面的不足之处，是正式沟通的有机补充。非正式沟通的好处是形式多样、灵活，不需要刻意准备；沟通及时，问题发生后，马上就可以进行简短的交谈，从而使问题很快得到解决；容易拉近管理者与下属之间的距离。同正式沟通相比，非正式沟通的优点是：沟通形式相对灵活，直接明了，速度快，节省许多烦琐的程序，容易及时了解到正式沟通难以收集到的信息，能真实地反映下属的想法、思想和动机。成功的领导善于利用非正式的沟通方式，与不同的沟通对象进行工作方面的沟通。例如，成功的领导善于利用活动或聚会等形式，广泛地接触下属，去深入了解下属的思想动态和收集团队成员的宝贵意见及建议，便于改进管理工作。但是，这种非正式沟通途径，也存在消极的一面，因为这种信息遭受歪曲或发生错误的可能性相当大，而且无从查证，很有可能被有不同动机和目的人所利用，例如，有人利用下属之间待遇、晋升等问题来散布小道消息、制造流言蜚语，这种不实消息的散布，对于团队管理往往造成较大的困扰。

2. 单向沟通和双向沟通

单向沟通是一方发送信息，另一方在接收信息时不再向发送者进行信息反馈。其特点是传递信息快，适用于上级下发工作指令、指示，等等。其缺点是发出者得不到反馈信息，听不到接收者的意见，易犯主观、片面的错误；同时接收者没有反馈意见的机会，易产生抗拒心理，不能产生平等和参与感，不利于增加接收者的自信心和责任心，对于接收信息是否完整、准确，双方都会产生疑虑。

双向沟通是沟通的双方相互间信息的传递与反馈。发送者和接收者两者之间的立场、思想等不断交换，且发送者是以协商和讨论的姿态面对接收者，信息发出以后还能及时听取反馈意见，必要时双方可进行多次重复商谈，直到双方明确和满意为止，如交谈、协商等。由于发出信息者能够听取接收者的信息反馈意见，且受到尊重，深切感受到参与感，从而增强了自信心。双向沟通对于有经验的管理者来说，能够在沟通的过程中掌握问题的关键，应用聆听、区分、提问、回应等方式进行谈话的把控，最终达成有效的双向沟通。

3. 横向沟通与纵向沟通

横向沟通是指在企业组织平行或同一层次的机构之间的信息沟通，横向沟通也称为平行沟通，是企业为实现既定目标的一种沟通方式。这种沟通可以增强横向部门之间、同一工种之间的工作联系，相互了解，工作上相互协作，从而减少部门或工作之间的矛盾及冲突，并且还可以简化工作程序，节约时间，提高工作效率。

纵向沟通又分为下行沟通、上行沟通。从上至下进行的下行沟通是纵向沟通的主体，而自下而上的上行沟通是纵向沟通的关键。下行沟通及其表现形式：下行沟通就是指上级作为信息发布者对下属进行的一种沟通形式。中层领导常常扮演了上下沟通的枢纽与中介。因此，引导员工理解公司的政策、战略发展、经营变化是每位管理者的责任。

下行沟通是为让下属贯彻执行组织的工作目标，是组织上级对下级的沟通渠道。例如，企业领导下达目标任务、工作计划、工作指令、公司政策、规章制度、运作程序和会议等。通过下行沟通的方式，有助于统一团队思想目标，行动一致。但是，这种沟通的缺点是由上至下逐级传递，容易出现误解、歪曲、行动缓慢等问题。

上行沟通是指下级向上级汇报工作，提出意见及建议、要求，等等。由管理者通过组织协调会议、研讨会议、工作访谈等形式，去鼓励激发团队成员提出一些解决方案或者建议。只有上行沟通渠道畅通，才能够产生相互尊重和理解，才能提供下属参与管理的机会，同时还能减少下属因不能理解下达的信息造成大的失误等问题，它是管理者掌握真实情况的有效方法。

4. 书面沟通与口头沟通

书面沟通是指管理者通过书面的形式所进行的信息传递和交流。书面沟通是在职场比较常见的一种沟通形式，包括备忘录、协议书、信函、布告、通知、文件等以书面文字或符号进行信息传递的形式。其特点是在信息传递之前，可以反复琢磨修改、整理和内容优化，减少含糊不清与多余部分。因此，书面沟通一般比较周密、逻辑性强，从管理的角度来说具有权威性，能较好地表达作者所要发表的信息。但书面沟通也会受到文化水平和其他条件的限制，信息传递的内容及资料整理可能会由于传递者的视角和看法的差异性影响信息的客观性和真实性。

所谓口头沟通就是运用口头表达的方式来进行信息的传递和交流。这种沟通常见于汇报、会议、会谈、对话、演说、报告等。口头沟通最大的优点是快速、简便和即时反馈。沟通的双方可以很直观地当场快速传递信息并得到对方的反馈，若有疑问或曲解也会及时得到消除。此外，口头沟通还有一个优点就是可以附以表情、手势等体态语言或声调、语气等副语言，进而加强沟通的效果。

第二节 做一个善于倾听的领导

有人说，在人类所有的行为过程中，文明的倾听态度，最能够使人觉得受到重视或肯定自己的价值。领导的倾听是必不可少的，善于倾听不是消极的行为，反而是一种积极主导的行为。倾听有助于去了解下属的深层次思想动态，特别是在跨部门之间，倾听有助于赢得不同方面的信任和重视。人与人之间无时无刻不在进行着各种各样的交流沟通，当你用心去倾听下属说话时，往往会让你获益匪浅。想要了解你的下属，你得学会倾听他的看法；如果你想获得下属的支持，你得学会倾听他的工作上的烦恼与快乐；你要与别人合作，你得学会倾听他人的想法。人之性格与智慧，是要用心倾听才会发现的。

“我认为不能够倾听员工的意见是管理人员最大的疏忽。”玫琳凯·艾施在《玫琳凯谈人的管理》一书中指出，这句话充分反映了沟通与倾听的重要性。

玫琳凯所经营的企业之所以能够迅速发展成为拥有20多万名美容顾问的化妆品公司，其成功的秘诀之一，就是玫琳凯公司非常重视每个下属的价值，而且很清楚地了解下属真正需要的并非是金钱、地位，他们需要的是一位能够真正“倾听”他们意见的管理者。为此，玫琳凯公司严格要求所有管理者铭记这条金科玉律：倾听，是最为优先的事情，绝不可以轻视倾听的能力。由此可见，倾听技巧的重要性，足以影响到一家公司的成长和发展。

一位资深的销售总监在给下属培训沟通技巧时讲道：当客户愿意接纳你的时候，并不是需要你滔滔不绝地介绍你的产品，而是让客户说话时间比你多出几倍，你的任务是先倾听客户的需求，关键过程中绝对不可以打断客户的发言，否则你就是在拒绝客户，我成功的销售秘诀就是：不管与任何客户面对面沟通，我首先扮演的角色是听众，这就是我成功销售的原因。

事实正是如此，那些杰出的成功的人士十之八九都会扮演一个“倾听者”角色，但他们的工作业绩都在不断打破以往的记录。

请铭记，成功的领导不但善于倾听，更是能够听懂下属意见和理解他人的最佳倾听者。这些意见很有可能就是你所需要的管理素材。

以下是一些有关倾听的要点：

1. 积极主导的倾听姿态，能够让下属感受到你的真诚。

2. 体现出你的耐心，鼓励对方淋漓尽致地表达。

3. 发现下属表达的重要信息时，要记录在笔记上，让下属感受到信息的重要性。

4. 体现出尊重的姿态，避免一些不良习惯或行为影响下属的表述。

5. 对方表述正确时，给予点头或肯定，正确引导下属的表述。

6. 遇到不太懂的表述语言时，可以重复对方的言语，寻问你的理解是否正确。

7. 不随意打断下属的发言，鼓励引导下属的发言方向；适当的时候可以提问。

8. 在下属没有表述完毕时，不要急于乱下定论。

9. 当下属表述完毕后，总结出下属所表述的意思。

善于倾听在所有的沟通形式中都非常重要，不论是自下而上还是自上而下，或横向及纵向的，积极主动的倾听总是十分重要的。总之，良好的沟通是实现管理目标的关键，这不但需要获取价值信息的能力，更需要娴熟地发送信息的能力。成功的领导一定是以认真的姿态积极主动地听取有价值的信息并加以总结，从中深入了解到沟通对象想要表达的重点，让沟通对方感受到尊重。

乔·吉拉德被誉为当今世界最伟大的推销员，其中有一件事让他终生难忘。在一次推销中，乔·吉拉德与客户洽谈顺利，就要签约成交时，对方却突然变了卦——快进笼子的鸟飞走了。

当天晚上，按照顾客留下的地址，乔·吉拉德找上门去求教。客户见他满脸真诚，就实话实说:“你的失败是由于你自始至终没有听我讲的话。就在我准备签约前，我提到我的独生子即将上大学，而且还提到他的运动成绩和他将来的抱负。我是以他为荣的，但是你当时却没有任何反应，而且还转过头去用手机和别人讲电话，我一恼就改变主意了”。此番话重重提醒了乔·吉拉德，使他领悟到“听”的重要性，让他认识到如果不能自始至终倾听对方讲话的内容，认同顾客的心理感受，难免会失去自己的顾客。过来再面对顾客时，他就非常注意倾听他们的话，无论是否和他的交易有关，都能倾听顾客的意见，并且收到意想不到的效果，终于成为一名国际销售大师。

第三节　做一个善于表达的领导

沟通不但需要倾听，也需要面对不同人员说话表述。说话也是需要技巧的，作为中层领导，如何表达，向谁表达，什么时间表达，都需要深入分析。

管理者给下属交代工作任务，需要将工作重点说清楚，让下属能够在第一时间听明白而且要懂得你想要什么结果。

有一位中层领导经常抱怨某位下属做事效率和效果总是不理想，

工作过程中总要跑到办公室问几次才会把事情做完，这位中层领导找到我说："王老师，像这种情况该怎么办呢？"通过对这位领导反映的情况深入调研后找到了答案，我告诉这位领导，"你先不要急于改变别人，还是先改变一下你自己吧！"

我先与这位经理分析——"当你交给下属去做10件事情时，首先需要告诉下属想要的结果，再将完成该项工作任务的价值信息、方法提供给下属，最后，再确认一下下属是否听明白所交代的工作任务，当下属回答确认后，要鼓励他开开心心去执行工作指令。"真正造成下属不明白的原因是：在没有交代清楚，没有了解到领导的需求及想要的结果的时候，他不得不多次向领导问寻各种问题。所以我提醒这位经理：领导给下属交代工作任务，说话的方法技巧很重要！

作为中层，由于每天都在与不同人员打交道，所以需要你掌握各种说话技巧。特别是面对面说话在沟通中尤其重要，你必须让听者能够理解你、接受你或执行你的工作指令，那么如何掌握说话技巧就显得至关重要，以下几点建议值得管理者思考：

1. 你与对方沟通时，先明确想达到什么目的。

2. 对于你将沟通的话题，你打算说些什么。

3. 将的你方法、信息、技巧告诉你的倾听者。

4. 注视你的说话对象，使他能够集中注意力，专注倾听你的讲话。

5. 每次直说一件事情，避免转移说话主题。

6. 当你说到重点时，必要时需要重复说明重点。

7. 说话时，勿使用模棱两可、模糊不清的用语、用词。

8. 勿使用教训人的语气、口吻，不要低看每个人的智商。

9. 当对方有提问或不理解内容时，可以将语速放慢，再复述一遍，并让对方回应是否了解明白。

10. 不要与任何人争辩，争辩的结果只有一种，就是沟通失败。

领导给下属分配任务时，需要明确几个问题，如你说话的对象是谁？对方的思想动态及感受如何？听者对沟通主题是否抱着先入为主的态度？说话的对象对你有什么反应？同时，还要调整好自己的情绪和心态，给人一种精明干练的印象，这样才能够充满自信，同时博得说话对象的信任，使自己说出的话更有分量。

第四节 如何使谈话愉快结束

双方谈话是为了使双方之间进行沟通了解或者达成某种共识。有句俗语说："酒逢知己千杯少，话不投机半句多"，这句话体现出愉快沟通和无法交流的两种形态，但是，无论是哪一种交谈，结束得好，就会犹如一场戏到高潮落幕结束一样，会给人们留下美好的遐想和回味。

要使谈话愉快关键要注意以下几点：

一、适时地结束谈话

在谈话过程中，你要随时留意对方的暗示。如果对方对谈话的内容失去兴趣时，可能会利用"身体语言"做出要求改变话题或者希望结束谈话的暗示。例如，有意地看看手表、频繁地改变坐姿、游目四顾或心神不安的表情，等等。当你留意到这些情况时，那么你们的谈话也该适时地结束了。如果不注意这些肢体的细微变化，你的谈话对象可能会变成无心之人，从而会使对方从此对与你谈话产生厌烦心理。

二、适度地结束谈话

成功的谈话，要把时间掌握得恰到好处。当双方谈话主题结束时，就要掌握谈话的主动权，及时结束谈话，这样一来往往会产生很好的效果。

例如，说一些名人格言、富有哲理的语言或是美好祝愿的技巧，这样可以给对方留下爽快简约、意犹未尽的遐想回味。否则当双方明明无话可谈，还要拖延时，就等于破坏了之前双方愉快谈话的初衷，使得整个谈话内容都变得索然无味。

三、事先约定谈话时间

在谈话之前，事先告诉对方谈话的主题及时间，当谈话主题即将结束，谈话双方的兴趣及时间关系已趋平衡时，就不要再寻求其他话题。假如受某种条件的限制而需要提前结束谈话，你应该在谈话之前向对方说明情况，以使对方也有所准备。

四、圆满结束谈话

谈话时一定要掌握谈话的目的性。如果谈话未获得一致意见或存在争议时，就突然结束是不可取的，即便是存在诸多因素，也应双方协商出下一个谈话时间，让谈话双方都有一个缓冲的过程，让对方感受到谦逊大度、仔细周到和稳重老成的印象。

在谈话出现僵局、或者一方谈话兴趣正浓时突然结束谈话也是不可取的，这会使对方的情绪处于压抑状态而结束，会给对方一种极为不尊重的感觉。因此，谈话应使对方有一个“淋漓尽致”的感觉时为最佳选择。

第五节　谈话的场合及要点

一、谈话的立场

领导者在公众讲话时，都是以自我身份表达思想和传递信息的。领导要想取得理想的交流效果，首先，就要清晰地认识到角色定位，这对于沟通表达的效果尤其重要。其次，领导应意识到公众讲话如何才能符合自我身份角色。关键是要做到称谓、口气适合。如果说话不得体，不注意自身身份，就会使听到的人产生反感，那么这样的交流一定是不成功的，或者说是事与愿违的。

某民营企业的厂长在与一家外资企业的负责人洽谈合作事宜时，因路上塞车原因晚到半小时。一见面就严肃地对外资企业的负责人说："公司的事情很忙，路上又耽误半个小时，现在只能用半小时来谈我们的合作事项了，我们马上开始吧！"

此话一出，在场的所有人员都非常地惊讶地看向这位厂长。身为公司领导，怎么会如此讲话，也太没有水准、没有修养了。也就是这位民营企业厂长的说话态度，白白丢掉了一个重要的合作开发项目。说白了，也就是谈话不符合自我身份所造成的交流失败。项目合作双方的地位是均等的，这位民营企业厂长不但没有因自己的迟到向对方表示歉意，而且讲话的态度又缺乏礼仪和端正的自我态度，这样的讲话，毋庸置疑是不符合他的领导者身份的。

作为中层领导，上面有高层领导，中间有平级同事，下面有下属，说话更应注意自己的身份和立场。如果以下级身份向上级汇报工作，应当保持一种严肃持重的态度，保持应有的礼节和注意言辞语句的严肃性。如与同级领导之间的工作交流，则应以亲切、自然为宜，不宜过于一本正经地对待，否则让人有一种疏远之感。如以上级的领导身份向下属下达工作指令，则应以简洁明了的语言，让下属能够明白接受为宜，切忌只顾自己表达，而不顾下属的感受。

不管是在领导还是下属面前，语言运用都要符合自我身份。一个中层领导用什么样的身份说话，很容易反映出他的思想格局、处事方式和待人接物的态度。如何把握好双方特点的关系而做讲话语言修饰，以更好地向对方传递出你的情感，往往能体现一个领导的说话水平。

二、讲话应当看场合

人类语言交流的实践证明：在同一个社会环境中表达同一思想内容，不同场合要求采取与之各自相应的语言形式，否则就达不到谈话的目的。一个成功的领导者，在日常交际中，说话应当看场合，即所谓的“到什么山上唱什么歌。”

在一般情况下，常见的说话场合，有以下几种：

1. 自己人场合与外边人的场合

我国文化传统一向是重视内外有别的。对自己人“关起门来谈话”，可以无话不谈，甚至可以说些放肆的话，什么事情都好办。而对外边的人，总怀有戒心，即所谓的“逢人只说三分话，不可全抛一片心”，办事一般是公事公办。因此，遵循内外有别的界限谈话，社会上认为是得体的，假如领导者说话违反了这一界限，便会被人认为是“乱放炮”，说话不得体了。

2. 正式场合与非正式场合

中层领导在正式场合说话应严肃认真，事先有所准备。非正式场合下，便可随便一些，就像聊家常一样，便于感情交流，谈深谈透。有些人说话文绉绉，有些人说话俗不可耐，就是没有把握好正式场合与非正式场合的界限。即在正式场合随意谈论，该说不该说的都说，给企业带来不利的影响；在非正式场合反而显得严肃不可深讲的情况，属于典型的说话不分场合的现象。

3. 庄重场合与随便场合

领导者在庄重场合的讲话形式，例如，说“我特地来看你”会显得很庄重；说“我顺便来看你”会显得有点随便看你来了的意思，可以减轻对方心理负担。

可是，在庄重的场合说“我顺便来看你”就会显得不够认真、严肃，会令听话者心里蒙上一层阴影，而在日常生活中明明是“顺便来看你”，却偏偏说成是“特地看你来了”，则有些小题大做，会让对方感到紧张。

4. 喜庆场合与悲痛场合

作为中层领导，说话应与场合中的气氛相协调。例如，在别人办喜事时，千万不要说悲伤的话；在人家悲痛时，说出那些逗乐嬉戏的话，甚至唱起流行时尚的歌曲，别人就会说，你这个领导太不懂事了。

工作中，领导者在讲话时，一定要善于留意讲话对象的情绪和场合，否则，别人就会说，你这个领导太不识相了。

5. 适宜多说的场合与适宜少说的场合

工作中，双方都很忙，时间很紧张，跟人说话就要简明扼要。如果谈话的对象正在忙碌，你却谈笑风生海阔天空，就会让对方感到不胜其烦。

如果谈话的双方正在讨论一件重要的事情，需要进一步沟通细节情况，而你却一句话就把对方打发了，这样的谈话方式则会让人费解。

作为中层领导，讲话时务必要注意不同场合的氛围，否则，哪怕主观愿望是好的，但不符合客观条件的讲话效果也不会是好的。

三、领导语言应避免花哨

口头布置工作任务一定要做到目的清楚、层次清晰、要求鲜明、完整而又重点突出。只有这样，才能使你的下属更好地去贯彻、完成，不出现偏差。

在工作中，不管是布置工作任务，还是进行其他工作，领导者在语言运用上，都要力求平易通俗，大家都能听得懂。不要生词僻语一起上，甚至一些生造词语也当作时髦不加分析地使用。

语言上过于追求别出心裁，就会给人以华而不实的感觉。领导讲话，最重要的标准是让你的下属明白易懂，不发生曲解现象。

第六节 巧妙地向上级领导说“不”

一个简单的“不”字，会让很多人难以启齿，甚至让很多人苦不堪言。面对难以完成的工作重担或者上司错误的工作指令，有不少中层领导往往有口难言。但是那些成功的管理者都显得自信、成熟，在遇到该拒绝的事务时，都会很明确地说出“不”字。只不过在上级领导面前说“不”并不代表反叛，并不一定是在面对“强项令”般梗着脖子，说“不”字的前提是理解尊重，是运用了“不”的说话艺术。

一、上级领导有错不要盲目顺从

古人云：“人非圣贤，孰能无过”。上级领导也不是万能的，也会有做出错误决策的情况。如果一家企业的决策者是一言堂，事事都由一人决策，那么每天都会面临决策危机。不管是为了企业大局着想，还是为了自己的未来考虑，如发现你的上级有错误的决策时，作为下属都要尽量帮助上级领导发现错误、及时调整策略，避免因错误决策产生重大损失。

在工作中，任何上级领导都希望下属能够尊重和绝对执行决策。但是，当你发现上级领导决策错误的时候呢？作为下属你当然不能盲目听从，否则就是对上级领导的不负责。上司的决策必须要执行，但是服从上级的决策不等于盲目顺从，凡事要用心思考和分析。假如上级领导的决策与实际情况有较大的出入，还是盲目地顺从执行下去，那就更不可取了。

总之，上司的错误是可避免的，这就要靠下属来帮助了。上级领导是对的时候绝对听从，上级领导有错的时候就要协助通过变通的方式来处理。

二、说NO，也要有艺术

当上级领导把大量工作交给你，又要求你都要尽快完成时，面对这么多的工作，你简直是不胜负荷，这个时候你该怎么办？你要学会说No。但这个No要含蓄，你要委婉地暗示你的上级领导，比如说："先生，我现在手里有五个大客户，要是十个经常来往的客户要拜访，您觉得应该优先拜访哪些客户呢？"请上级领导帮你定出先后顺序。这样一来，上级领导就会根据公司的利益和这些客户的重要性，来决定哪些才是你该关注的问题。

在工作中，每个人都有应付不了工作的时候，因为事情总在变化，经常性地会有一些意外的工作要你处理，工作的、家庭的都可能会有。如果是因为你个人工作量已经超负荷时，这时候要跟你的上级领导说No。告诉上级领导目前的实际情况，然后保证会尽力把正常的工作做好，但超额的工作则实在不能应付了。工作中要全力以赴，表现出你极高的工作效率，表现出你的敬业来，那时完成工作，上级领导会觉得你还是很有能力的，仍会继续重用你。

作为中层，当上司要求你做出违法或违背良心的事时，这个时候与上司的不合理要求本质上是不同的，也是你必须说No的时候，但你不要着急地与上司理论或反驳，而应该平静地解释，你对他的要求感到不安，无法做到。也可以坚定地对上司说："张总，你可以解雇我，这些事是我不能去做的。当然，你也可以放弃这个要求，不管如何，我都不会泄露这些资料。"假若你不能坚持自身的价值观，不能坚持自己的原则，那只会迷失自己，最终还是要影响工作的成效，甚至断送自己的前途。

聪明的中层领导都知道要背一个梯子——永远给上司一个台阶下。在工作中，都会遇到上司对下属说过这样的一句话，"我是一个愿意接受别人意见的人。"但你必须明白，这只是上司的一句客套话而已，如果你真的相信的话，只能说明你太天真了。上司与下属之间永远有一道河，谁也不会越过，切记你的身份，即使面对上司提出的不合理要求时，在与上司交谈的时候都要给上司留一个台阶。

三、选择适当时机

当你发现上级领导决策的错误时，如能真正说出一个“不”字，既需要勇气，还需要拒绝的艺术。如何对你的上级领导提出否定意见，选择适当时机尤其重要。例如，当领导决策已经造成损失时，你提出原本早该提出的意见，此时不仅于事无补，还会引起上级领导的不满，认为你是一个“马后炮”的角色。因此，当决定提出否定意见时，应注意观察选择适当的时机。即便你的意见多么正确，作为下属在提出你的否定意见时也要抓住合适的时机：

首先，要在上级领导的决策思路正在形成时，勇敢地说出你的“拒绝”。

其次，在上级领导的决策尚未做出决定时说出你的“拒绝”。

再次，当组织成员意见出现一边倒的时机时，说出你的“拒绝”。

最后，当上级领导正在评估决策可行性的情况下，说出你的“拒绝”。

总之，当上司提出不能满足的要求后，该拒绝的时候必须说出“No”，只是在拒绝方式和时间上要有所变通。

第七节　与不同对象谈话的原则与技巧

一、与上司汇报

身为中层领导，向上司汇报、沟通工作是常规工作之一，但是，与上司进行工作汇报或提出建议时，切忌一味地说“满”、说“死”，即便你说的话是对的，也要有方法、讲技巧，而且要分场合、把握好尺寸和时机，否则宁可不说，也不要随着自己的性子直言不讳。

“成事不说，遂事不谏，既往不咎。”是孔圣人的“三不原则”。

（《论语·八佾篇》有这么一段：哀公问社于宰我，宰我对曰："夏后氏以松，殷人以柏，周人以栗，曰：使民战栗。"子闻之，曰："成事不说，遂事不谏，既往不咎。"）释：凡事已成定局，就不必说了。已近完结的事情，就没必要再去匡正，挽回。过去的事情，就没必要再去追究它的得失与责任了。

1. 已经决策的事不说原则

凡是已经决策的事情，特别是上司已经决策的事情，作为中层不要做评价。不管你的建议或意见对公司有多大的好处都要保持不说为准则。如果在公司需要争取各部门的意见时，你可以将你的建议或想法表达出来，这样既符合公司规则，也是中层领导的职责。因此，你需要清楚自己的职务和价值作用，公司的高层领导是决策者，中层领导是决策管理和执行者，最好不要越权汇报或者提出意见，否则受到伤害的是你自己。例如：公司领导任命了一位中层领导，作为曾经的同级或同事比较了解这位新提拔的同事，其为人或工作能力无法胜任岗位，如果这时候向领导说，会有两方面的不利：一是上级领导会认为你心里不平衡站出来指责他人，二是你的提议会让上级领导无法下台，反而让公司领导对你有不同的看法。因此，作为中层，话要在事前说，只要是拍板决定后的事，你就要保持沉默，否则，最后受害的是你自己。

2. 遂事不谏的原则

"遂事不谏"所说的"遂事"是指已经确定的事情，还未执行的事情。"遂事"与成事两者有明显的不同。这里所强调"遂事"是指领导已经拍板决定的事情，只是还没有执行而已。因此，只要是公司已经决策的任何事情，不要说出任何不利决策执行的话。作为中层，你的职责和价值是执行决策而不是否掉决策；再者，从公司治理结构上来说：下属必须服从上级指挥，个人要融入团队。只要是公司或上级已经决定的事情，下属只有执行而不是提意见。否则，你的直言不讳只能导致工作被动，力没少出、汗没少流，到头来得到的却是上司领导的批评，同事的指责，自己还觉得十分无奈和委屈，因此中层领导务必遵循遂事不谏的原则。

3. 既往不咎的原则

既往不咎是指已近完结的事情就没必要再去追究了。意思是说，作为中层领导，在处理事务时要保持一个度，适可而止，并不是什么事情都要追究到底才能罢休。特别是一些小事情，完全可以通过思想教育纠正改正的事情，就不要过度地去追究，否则可能伤害到他人面子和工作的积极性，也会对你今后的工作产生不利。因此，凡是那些已经过去的事情，也不会对现在再产生影响，再去追究责任也没有多大的意义。既往不咎管理原则，能够让管理者很好地协调和掌控；其实，即使你不追究，对方也已经知道什么地方不对，双方都会心知肚明。如果是对那些明知故犯，缺乏自知之明的人，一定要很明确地让对方知道，提醒对方到此为止，违反规则一定会追究责任。

二、与同级沟通

1. 相互支持的原则

所有的管理者都知道，平级同事之间的工作交流是一种常态。作为部门领导，你的工作在很大程度上都离不开同事之间的支持和配合，平级之间的沟通顺畅了，那么工作目标和事务协调也就非常顺畅，这也是中层领导者之间在工作上相互支持的结果。

工作上的相互支持是平级之间协调关系的基础。同级中层领导之间的工作时常会遇到一些交叉重叠，也会有需要通过协商共同来完成的事务。对这些交叉重叠工作，在平级之间应相互支持和理解。有时候有些工作不是一个部门可以单独完成的，只有相互支持协调，才能相互配合协作、互相补台，逐步形成一种默契，实现共同的目标。

当同级领导遇到工作上的困难时，如果你能够主动伸出友谊援助之手，帮助他克服困难圆满完成任务，他会从心底对你产生感激之情，即使平常会有这样那样的不愉快也会化解。例如，在得知同级生病住院时，如果你第一时间带上一些水果去看望，他一定会非常感动，不管之前有过什么矛盾分歧都会烟消云散。这样，相互之间的关系就会越来越融洽。

2. 相互信任的原则

相互信任、互不猜疑是处理好平级领导关系的重要原则。信任，首先是要求自我言必行、行必果，给对方信任。同时还要相信对方，遇事不乱猜疑，更不要依据自己的猜测臆想来推测对方怎么样。平级领导之间的矛盾，很大程度上是由于来自不同方面的小道消息的影响。特别是一些下属想获取上级领导的赏识，总是经常向你反映情况，既有思想方面的，又有工作方面的，只要你喜欢哪方面的信息，下一次就会向你反映哪方面的情况，那么其他方面的信息也就没有了。特别是关系到平级领导的信息，不可轻信，作为中层领导不要乱猜疑。同级领导之间，经过一段时间的交往了解，不断增强信任，是企业中层领导的处世之本。同事之间切记不中伤别人，做到心术要正，眼睛要明，耳根要硬，不受错误东西的干扰，不让别有用心的人利用，只有这样，才能换来他人对自己的信任。

3. 以大局为重，重视团结协作的原则

中层领导要识大体、顾大局，应以大局为重的原则来处理平级同事之间的关系。工作中存在这样那样的问题应该说是一种正常情况，在关键事务处理时，要通过协商、沟通来明确共识，团结要以尊重为前提。平级领导之间要相互尊重对方的职责权限，站在对方的立场考虑问题，工作上互不干涉各种职责权限范围内的事务，要尊重公司的管理系统，更不要插手对方部门的事务，否则只会造成平级领导之间关系紧张。在工作合作过程中，即便是有不同的观点也是在所难免的，处理问题只能相对建议、反映，而绝对不可以干涉、直接指挥处理。如对方置之不理，你可以通过正当渠道向上级领导反映，由上级领导协调处理，在涉及双方人和事的问题上，沟通、协商处理要坚持对事不对人，实事求是、一视同仁的原则。身为中层领导切忌意气用事、感情处事，那样事务不但得不到妥善处理，反而会令双方关系极度紧张。因此，领导必须要懂得管理者的职业道德和职业素养，遇事不急不躁，态度真诚，双方要团结协作，以大局为重，才能够处理好各种工作关系。

一般来说，平级领导之间的交流沟通有三种情况：

（1）积极主动式的沟通

第一要相互尊重，让对方感受到双方的平等沟通；第二是坚持协商沟通的原则，设定基本底线和双方责任；第三是共同正确对待管理规则；第四是支持对方的合理性建议，尊重对方想法；第五要在沟通过程中确定结果与互惠；第六，必要时沟通双方一起做出让步，为共同目标利益立场互换。

（2）强势沟通

这类沟通刚好和以上相反，总是感觉到自己部门比任何部门都强势，事事都要占到上风。这类沟通是不可取的，过于强势的沟通会失去各部门的支持。

（3）胆怯式沟通

这类领导总感到其他部门比自己部门强，害怕沟通失败或者不敢沟通，一般体现出被动或回避举动。胆怯式被动沟通一定是不成功的。

中层领导与平级领导沟通会存在不同的看法，这是因为涉及部门隶属关系的不同管理体系，还会关系到部门之间的利益情况，这就在无形中给交流沟通增设了难度，作为中层领导为了达成工作目标，还需要深入了解领导之间的沟通障碍，理顺平级之间的关系。

（1）日常情感沟通

无事也要多沟通，平常别忘了经常和平级领导多走动多沟通，取得个人情感上的积蓄。别到寻求别人的支持时，才会想起登门造访。不少中层领导都是在有事时才去和平级部门领导沟通；平常都犯一些老死不相往来的低级错误。

（2）明确角色

中层领导要清楚自己所处的角色，放低姿态。让别人认同你低调的做人姿态，避免让平级妒忌你的技术或专长。

（3）在尊重别人的情况下，再主动坦诚沟通

永远记住，你们是平级中层领导，你们之间互不相欠。因此，沟通第一要素是先尊重别人。

生产部经理找到人力资源部经理说：“由于公司客户订单赶货，下个月需要增加三十名临时工，如果延迟订单交期会造成严重的后果，所以事先给你汇报一下，还望获得你的支持，明天我会按照人员增补制度执行，按时完成客户订单离不开你们的支持，其中也有你们的功劳，非常感谢您！”相信这样的沟通必然是成功的。沟通的目的是希望人力资源部紧急招聘人员补充生产人员紧缺的情况，在先给予对方尊重的情况下，再感谢同级领导以及将功劳与同事分享，这样的沟通方式谁不喜欢呢？

三、与下属谈话

中层领导与下属之间进行交流谈话是领导最为平常的一种工作方式。实践证明，通过与下属的谈话，可以增进双方的相互了解，而且还可以消除误会、解开疙瘩，改变那种见面不见心的状况。通过谈话交流，还能够增进上级与下级之间的情感，为今后的工作创造有利条件。此外，谈话还有助于建立组织团队的和谐文化，营造出团结协作，开心工作的局面，从而进一步发挥中层领导与下属两个方面的积极性。

那么，怎样才能取得谈话的最佳效果呢？关键是要掌握下属在谈话时的心理状态。由于受到各种因素的影响，下属总是表现出不同的心理状态。因此，只有掌握了这些心理状态，才能做到有的放矢，把谈话说到心坎上，收到事半功倍的效果。一般来说，下级在与上级领导谈话时的心理状态有几方面：

1. 戒备与防护心理

这类心理状态多是在下属犯了错误或没有完成上级领导交办的目标任务时的一种表现。此时，当公司领导找他谈话时，也就产生了自我戒备的防护心理状态。面对上级领导谈话，总是避实就虚不愿正面回答，总是担心领导的惩戒处罚或者不再相信自己，所以，在谈话时表现得十分谨慎，害怕说错话。

2. 恐惧与担心心理

这类心理状态是在下属违反工作制度，造成公司重大损失时的一种心理表现。他也知道造成后果的严重性，因而感到担心和恐惧，表现出坐卧不宁的神情，特别是担心领导因自己犯的错误而不再对他信任，也不知道该受到什么样的处罚，因而谈话时表现出七上八下的恐惧心理。

3. 试探与揣摩心理

这类心理状态表现在领导找下属谈话时，因不知道谈话的内容是了解情况、是批评、还是工作指示，是工作调岗还是问责，等等。所以，在谈话开始时，下属就开始揣摩上级领导的心思，并以试探的口吻去了解上司的意图，这是对领导察言观色、揣摩心思的一种心理状态。

4. 轻视与懒散心理

有些公司元老级人物，仗着自己工龄长或手握重要岗位技术，在不了解上级领导的情况时，表现出一种轻视上级领导或懒散的心理状态，认为谈话对自己的工作不会有什么帮助或好处，谈话也是白白浪费时间而已。

5. 佩服与崇拜心理

这类资历深、技术精湛或德高望重的元老级的管理者会令下属折服钦佩，在与此类领导谈话时，下属会表现出崇拜心理，对上级领导谈话就会洗耳恭听、仔细琢磨。这是因为领导的谈话包含着丰富的工作经验，高超的领导艺术和学问，使下属有一种“听君一席话胜，胜读十年书”的感觉。

6. 懊丧与悲观心理

这类心理出现在平常工作好强的一类下属身上，这类员工总是希望比任何人都强，希望得到公司领导的奖励或重用，当偶尔出现工作失误，受到批评，就出现了沮丧或悲观的心理。

7. 激动与感激心理

这类心理出现在下属背着沉重的思想包袱，通过公司领导的谈话鼓励，解除了他的思想包袱，就会感到感激和激动。

每个人的心理都是非常复杂而又多变的，企业领导与下属谈话时，要善于掌握下属心理状态，对症下药，以便取得预期的谈话效果。

第八节　赞扬是有效的激励方式

如何通过语言快速与人建立一种友好的工作关系并相处融洽？有人认为赞美是一种有效的方法，“赠人玫瑰，手有余香”。

赞美需要技巧，过分的赞美会让下属觉得是对自己的一种讽刺，而赞美的力度不够，又会使下属听来像是敷衍自己。所以，在赞美下属的时候也应该采取恰当的方式，只有恰到好处、恰到火候的赞美才会给下属来莫大的鼓舞，也能够给自己的人际交往带来好处。

一、表扬的态度要真诚

让下属感觉到上级领导的表扬是发自内心的，从而来激发下属的成就感。要想表扬下属的语言起到作用，你就需要用真诚的语言来表扬下属，切莫使用一些机械性的客套话来夸奖，特别是在公共场合，缺失了情感和真诚语言的表扬，不但起不到作用，反而让下属感到反感，甚至弄巧成拙。

作为中层领导，你也许非常明白赞美的巨大作用和重要意义，而且，你也确实尝试着对下属进行了很多的赞美，但你是否掌握了其中的要领？也许你总是这样说：“我很欣赏你的桌子是如此整洁。”这句话是赞赏整洁，但是通常这些“赞赏”是明褒暗贬。这样的赞美会让你的下属产生恐惧心理，你应该选择这样的用语：“你的设计非常高雅，我从来没有见过比这更好的，你做得太棒了。”这样的赞美自然让人心情舒畅。

在工作中，大多数员工都非常努力地工作，每位员工都希望和荣誉连在一起，并参与公司的各种管理事务。管理者必须提醒自己，你的下属都是非常认真的，而且做得很好，应该多花一些时间来赞扬他们。但是，想要通过赞扬来激励他们为团队目标努力工作，就一定要保证被赞扬的人能够真正从赞扬中获得充分的自豪感和满足感。

二、表扬的内容要具体

表扬只有言之有物，有血有肉，道出被表扬者的心血和精力所在，才能使人感到表扬者观察地细致入微，从而激发被表扬者的知音效应，产生出“士为知己者死”的精神动力。

在工作中，有些管理者的表扬常常空泛不着边际，比如，“小李的工作表现不错，值得大家学习。”至于好在什么地方，下属无法具体把握，只感到调子很高，却无实际内容，十分空洞。管理者的这种表扬只能给下属一种言不由衷，故作姿态，敷衍客套之感，因而起不到积极的作用。

领导的表扬如果能够具体化，其效果肯定好得多。比如，表扬一个下属很能干，不如说他把某件具体事办得漂亮更实际有效；对于有才干的下属，领导者不要空洞地说他知识丰富，专业能力强，可以说在某件事中，他的工作方法和主张对解决问题起了什么作用。因为，管理者对下属表扬得越具体，说明对下属越了解，对他的长处和业绩越敬重。这样，对方才感到你的表扬是诚实的，不是在吹捧，从而才有积极的效果。

三、表扬的话要及时

一个人的工作表现好，取得好的成绩，或者给你提出好的建议等，管理者都应及时给予肯定。任何一个员工在完成工作后，都希望上级领导尽快了解他的价值和努力，如果得到及时肯定，会给他带来愉快，促使他的行为得以保持和再现，这样的表扬如同“趁热打铁”，及时的表扬容易被对方接受，并起到一定的鼓励作用。例如：销售一部的何经理，在十月份提前完成上级领导下达的销售任务，那么你就要立即表扬下属，这种在公司大会上的公开表扬，不仅会让何经理感受到一种尊重，更是一种比物质更加有效的激励作用。许多有经验的企业领导都重视及时表扬，提倡“一分钟表扬”，方法产生的效果是良好的。

如果一个领导者对于好人好事漫不经心，漠不关心或视而不见，甚至认为是理所当然的，不做任何表示，那么他们的好行为就难以持续下去，他们会因为遗憾自己好的行为没得到认可，产生一种“好坏一个样”的想法，导致他们产生一种消极的不良心理。

四、表扬时给予肯定

例如，研发部工程师陈刚，主导新项目环保高科技产品研发获得省级科技进步奖，作为部门领导立即给予陈刚较高的评价：“陈刚，此次项目表现得非常棒，你这次研发的新产品确实对社会来说，填补了环保治理一项空白，公司对你的环保创新技术很重视，我代表公司感谢你的努力和付出”。领导的这种表扬使下属感受到对自我价值的认可，从而对自己充满信心，同时还使下属领会到社会和公司对自己付出的心血的一种很高的肯定，这会让下属感到无比的欣慰和被尊重。

五、以不同方法表扬下属

人的需求是多种多样的，人的个性也是多种多样的。同一种表扬方法，对不同的人所起的作用是不同的，有的员工可能会受到很大的鼓舞，有的员工也可能会无动于衷。表扬所起作用的程度，取决于它是否满足了他们的心理需要，是否符合了人的个性特征。这就决定了表扬要因人、因时、因地而异，方法要灵活多样，不能千篇一律。比如对于优秀员工奖励一次旅游机会，这对于那些活泼好动的年轻一代员工来说，会喜出望外，而对于采购员来说就起不了什么作用。这就告诉我们，表扬方法要灵活多样，最好选取对表扬者价值最大的方法进行表扬。同时，对不同的人，表扬方法还应注意到不同的思想性格特点。比如，领导者对年轻人的表扬，在语气上稍带夸奖的意味，可以提出勉励希望；对于德高望重的长者的表扬，在语气上应带有尊重的意味；对思维灵敏的人，表扬要抓住要点，三言两语，有时稍加暗示也能领会；对疑心重的人表扬应当明显，把话说清楚，否则也会产生误解。

六、通过第三者赞美员工

当上司直接赞美员工时，对方极可能认为那是应酬的话、恭维的话。赞美若是通过第三者来传达，效果便截然不同了。被赞美的员工肯定认为那是发自内心的赞美，毫无虚伪成分，于是真诚接受，感激不已。只有在这种情况下，赞美才能产生良好的激励效果。

人都是有竞争性的，当部门领导在第三者面前称赞某位员工时，或许会激励第三者鼓足干劲向某位员工学习，努力将工作做得更好。由此看出，“赞美”乃是提高员工的工作效率、强化效果的一种手段。

通过第三者来赞美员工，要比直接赞美的效果好得多，这样可以让员工相信赞美毫无夸张之嫌，是一种真正的赞美。例如，你可以对员工说：“昨天见到了客户梁经理，他对本批次产品交期、质量都十分满意，他非常认可你的工作能力。”那么，相信员工听到这样的赞扬一定备受鼓舞。

当然，在第三者面前赞美员工，一定要考虑员工的感受以及该第三者的感受，要把握好分寸才能收到好的效果，否则只会使员工关系紧张，不利于提高工作效率。

Chapter8

第八章

如何选择适合你的人才

企业所需要的是能够完成非常任务的非寻常人才，为组织找到这样的人才是卓有成效的管理者必须努力做到的事情。世界管理大师德鲁克认为，管理者应该是一位知根知底的管家，不仅知道企业需要何种人才，更知道如何找到他们。“从人事决策中，就可以看出一个管理者的能力”。

第一节　培养下属的好处

成功的中层领导欲求上进，除了力求充实自己的能力、学识之外，更重要的是结合公司人才战略，随时去发现人才和培养人才，努力将他们培养成团队核心人才，日后可以为其提供一个施展才华的舞台。

卓越的领导往往是最懂得如何借助别人来实现组织目标的人。当遇到困难，非自己能够解决时，就会想到获得核心骨干人才。通过授权培养的下属人才完成目标，而自己去做领导者应该做的事，领导者绝不能去做那些烦琐的事务性工作。

松下公司的培训管理是非常有名的。松下第一要务就是制定人才培训战略，加强不同层次的人才培养是公司每一名管理者的重要工作，每年都会制定长期、中期性的人才培养计划，从而开设各种综合性的系统研修、教育等训练。也正是因为松下公司将人才战略和人才培养放在首位，建立一套完整的招聘、培养、激励的人才培养管理体系，中层领导不但能够培养人才，还能够为培养的人才提供各种技能发挥发展的空间和机会，最终这些人才也成了领导的得力助手。

成功的领导不但能够借用他人的力量去实现目标，还必须具有容忍他人缺点的胸襟，帮助下属学习掌握不同的工作技能，既是帮助了他人，又强化了团队凝聚力和战斗力。因此，日常工作中注重培养下属，有朝一日将会给你带来意想不到的巨大收益，甚至对自己的发展产生不可思议的效果。只有那些愚昧的管理者才会想尽一切办法去阻止他人的提升与发展，只因害怕下属的成长对自己带来威胁而去奴役他人，这样的管理者最终一定是失败的，因为无法容忍别人或者自私地选择性地关照，这样的团队也不会做出什么好的业绩。

第二节 选用人才的方式

选用人才的方式不能单一，而应灵活多样，并且可以将几种方式结合起来运用。

一、民主选举制

民主选举制是一种能反映企业员工意愿，体现员工参与企业经营管理的选拔人才的方式。被选举上来的人才有员工基础，得到大家的拥护、支持。选举过程也是企业员工对被选举人的评价、激励的过程，有助于激发选举人的积极性。员工选举制的缺点是在某些企业，获票最多的人有时并非是很有才干的，而一些平庸的“老好人”往往获票较多。因此，可以将选举制与其他方式结合起来进行人才的选用。

二、笔试考试制

笔试的方法比较客观，它用同一类问题测试不同应试者，从中比较出优劣高低。通过考试，一般总是可以发现和选拔人才。可以扭转“走后门”的不正之风，有利于激励人才竞争，营造钻研业务，奋发向上的企业良好工作氛围。其不足是：考试内容与实际能力难以完全一致，虽然能测出一个人知识的多少，但难以测出这些知识有多少可转化为解决实际问题的能力。

三、推荐制

即采用组织推荐、专家推荐、员工推荐、自我推荐与上司审批相结合的方式。推荐法是广泛挖掘人才的好形式。古人云：“千里马常有，而伯乐不常有”，人人都要争当伯乐，甘做人梯。为此，有的部门、单位专门设置了“伯乐奖”，旨在鼓励发现人才。但仍有一些能人贤士，“怀才不遇”，因此，企业领导要鼓励员工自荐。自荐者较之他荐者更为难能可贵，他们有干一番事业的信心与动力。但很多企业还未形成自荐的良好风气，中层领导应首先破除世俗偏见，为自荐者提供良好条件，激励他们的热情，鼓励他们勇于自荐。

四、聘任制

聘任制或外聘制有利于人才竞争，促进人才交流，有利于企业需求，使人才队伍更专业，有利于发挥人才特长，挖掘人才潜力。聘任工作一定要严格按照规定的招聘管理程序进行，并与笔试、面试紧密结合，认真进行鉴定。在企业管理活动中，聘任制已成为一种常见方式。

五、委任制

委任制主要依靠企业组织、人力资源部门对员工的日常考核，由上级领导批准来决定人选。实行这种方式，领导者的思想要端正，出于公心，坚持“任人唯贤”的原则，而不能“任人唯亲”。委任制应坚持民主集中制原则，并要与员工评议、民意测验、书面考试相结合。

六、竞赛择优制

竞赛择优制是通过业务技能比赛的方法选拔人才。是不是“千里马”得拉出来“溜一溜”，对比思维、快慢或反应能力进行择优录取。竞赛择优制有益于激发人们的积极性和奋发进取的精神，可以防止“任人唯亲”“走关系”的不正之风。

七、试用制

一个人才在未被任用之前，对他能担任什么职务，仅仅是一种理论判断，还不是事实。为防止失误，可先试用一段时间或采取助理制，通过实践锻炼，并在考察合格后再正式任用。在企业管理活动中，无论是内部选拔还是外部聘任，都会采取人才试用的方式来鉴别所需要的人才。

作为中层领导，你应该学会用以上一种或几种方式相结合的方法来进行人才的选拔，在选拔人才的过程中，特别要注意“客观、公正、公平”的原则，这样才有利于人才的选拔，做到才尽其用，同时有益于激发员工的积极性。

第三节 识人所长、容人之短

识人要全，知人要细，为的是识人所长。识人的目的是用人，着眼点应放在一个人的长处上，注意力应集中在一个人的优点上。正如管理专家克拉克所说：“一个聪明的管理者审查候选人，绝不会首先看他的缺点，至关紧要的是，要看他完成特殊任务的能力。”

清代思想家魏源指出：“不知人之短，不知人之长，不知人长中之短，不知人短中之长，则不可以用人，不可以教人。”

事实上，人各有所长，亦各有所短，只要能扬长避短，天下便无不可用之人。从这个意义上讲，领导的识人、用人之道，关键在于先看其所长，再看其之短。唐代柳宗元曾讲过这样一件事：一个木匠出身的人，连自身的床坏了都不能修，足见他锛凿斧锯的技能是很差的。可他却自称能造房，柳宗元对此将信将疑。后来，柳宗元在一个大的造屋工地上又看到了这位木匠。只见他发号施令，操持若定，众多工匠在他的指挥下各自奋力做事，有条不紊，秩序井然。柳宗元大为惊叹。对这人应当怎么看？如果先看他不是一位好的工匠就弃之不用，那无疑是埋没了一位出色的工程组织者。这一先一后，看似无所谓，其实十分重要。从这个故事可以悟出一个道理：若先看一个人的长处，就能使其充分施展才能，实现他的价值；若先看一个人的短处，长处和优势就容易被掩盖和忽视。因此，看人应首先看他能胜任什么工作，而不应千方百计挑其毛病。

在用人所长的同时，要能容其所短。短处包括两个方面：一是人本身素质中的不擅长之处；二是人所犯的某些过失。

实际上，任何人才，有其长必有其短，识别人才重要的一点就是不可以短掩长。倘若识人只注意某一个侧面，而这一侧面又正好是人才的缺点或短板，于是就武断地下结论，那么这种识人、用人的方式是非常危险的，大批人才将被抛弃和扼杀。

《北史》中说道："大厦之构，非一木之枝；帝王之功，非一士之略。长短殊用，大小异宜。"可见，在我国古代早就有人懂得如何用人，如何做到"用人所长，容人之短"的道理。对于今天的领导者来说，正确的用人之道就是"用人之长，容人之过"。

第四节　用人之长的基本法则

美国著名管理学家德鲁克提出：有效的管理者，能使人发挥其长处，作为共创绩效的基础，而不是以人的弱点为基础。

若先看一个人的短处，长处和优势就容易被掩盖和忽视。因此，看人应该首先看他能胜任什么工作，而不是千方百计挑其毛病。

1. 用人之长四个要诀

（1）不要将职位设计成一个简直不是"常人"所能胜任的职位。一个企业或一个部门业绩的好坏，不是靠天才，而是靠广大员工共同努力来完成的。

（2）每个职位的工作要有一定的难度和广度。难度是指对每项工作要有一定的挑战性，这样才能促使人尽其才；广度是指各个职位的工作有较广泛的内涵，这样才能使任何与这项工作有关的能力都有施展的可能，并产生较好的成功。

（3）用人应先搞清楚这个人能做什么，而不是一个工作职位要求什么，即有效的领导在决定一个人的职位之前，应首先考虑这个人能干什么，而这种考虑应与职位分开。

（4）优秀的领导知道在用人之长的同时，切不可揭人之短。

总之，作为企业中层领导，既要用人之长，也要容人之短，要想依照个人的喜好改变员工是不可能做到的，不如发现员工身上的特点，把员工放对位置，并让其变得更加有用。

2. 用人之长之四戒

（1）切忌选用“样样精通”的人。

世界上没有真正什么都能干的人，而是在哪一方面“能干”而已。

（2）切记不要以为“听话就是能干”。

成功的领导知道他们是用来干事的，不是用来投领导者之所好的。成功的领导者从来不问：“他能跟我合得来吗？”而问的是：“他贡献了什么？”他们从来不问：“他不能做什么？”而问的是：“他能做什么？”

（3）切记不要因人设岗，而要因事用人。

领导者用人应保持以完成“任务目标”为目的，而非以“人”为重心。用人不能只注意“谁好谁坏”而忽略了“什么好什么坏”，用人不能只问“我喜欢此人否”或“此人能用否”，而不问“此人是否能有所成就？”

（4）切忌嫉贤妒能，不能言人之所常。

不要认为他人的才干可能会构成对自身的威胁，世界上从来没有发生过下属有才干反而害了领导的事。世界著名管理大师德鲁克说：“最好的机会一定要搭配最有能力、绩效最佳的人才”。因此，领导者将最好的机会、最关键的岗位、最重要的职责留给最有能力的人，这就是优秀企业的一贯表现。

总之，中层领导的任务在于发挥每个员工的才华，使之以一当十，以十当百，发生相乘的效应、组合的效应、放大的效应，为实现企业组织既定的经营目标发挥他们的才干。

第五节　适时适度地提拔下属

你所领导的部门就像一列高速动车，俗话说：火车跑得快，全靠车头带。因此，选好火车头是非常重要的，这就要求领导者必须善于选拔人才。

适时适度的选拔人才，提升一些有能力的下属，不仅有利于本部门、本企业的发展，还可以通过这些被提拔的下属，了解其他下属的思想状况，并且据此有的放矢地做好下属的工作。

被提升的下属往往比你更容易接近其他下属，而且他们之间的关系通常也比较密切。当你的某项正确决定，不能为人理解而难以贯彻实施，被提升的下属一带头，大家也许就跟着一起干了，被提升的下属如果向大家解释你所做出的决定的道理，大家可能会马上明白。这时候，被提升的下属无疑已经成为你的得力助手。

领导者在团队之中选择人才，加以提升，并不是胡乱地选拔，一定要建立在一定的基础上。

其中，首要的一条就是，被选择、提升的下属必须是德才兼备，能令其他下属信服的人。一些下属在业务能力、技术水平等方面的确高人一等，出类拔萃。但是，他们可能缺乏起码的职业道德，经常违反组织规则，不能给其他下属以好感，这样的人便是有才无德。你不加分析地选拔、提升上来，很难说服其他下属，弄不好大家还会产生不良情绪，给你的领导工作带来麻烦。

一些下属善于拉拢人心，待人接物可圈可点，工作上没有违反过工作纪律，对同事，领导和其他人都一团和气、八面玲珑。但是，这类人在实际工作中却是水平低、能力差、工作任务勉勉强强能够完成，且质量极差。这样无才之人，尽管其他下属都给予一些好评，但绝不能提升。如果他真的被提升上来，新的更重要的工作会使他招架不住而败下阵来，既影响了本部门工作，也会让你这位选拔者感到难堪。

更重要的是，这种下属如果真的被选拔提升了，那么，其他下属就会有意见。他们会认为：这种人只是人缘好，才能并不比别人高，为什么提升他，而不提升我们呢？这种意见的存在无疑也是不利于工作的。

作为中层领导，在选拔、提升人才方面，必须沉下去，深入了解其真正的为人、技能及职业道德并进行客观性的评价，确保所选用的人才能为本部门发挥重要作用。

第六节 如何选拔副手

一、选拔副手的要求

善于利用时间的管理者都知道，一个人能完成的工作毕竟是有限的。所以成功的中层领导都会挑选出一个得力的副手帮助自己减轻工作压力，有效执行决策和提高你的管理决策 。因此，领导选择副手必须认真对待，除了必须具备相应的基本素质外，还需要遵循以下要求：

1. 具有全局观念

作为领导的副手，首先要善于站在领导的角度思考问题，假如缺乏组织全局观念，那么其工作实质便与一般下属无异。所以，领导者也可以对副手进行潜移默化地教育训练，帮助其提升视野和高度，使其能充分发挥副手的作用。

2. 敢于责任担当

中层领导就是团队的带头人，有事做出决策和执行，必然是一个得罪人的过程。所以，作为领导副手应善于服从领导思想，有效执行和决策，敢于担责并不怕开罪于人。如果所有事务性难题都请示领导，领导必然焦头烂额，显然不是一个好副手。副手的主要作用就是站在领导思路上，敢于担当，让领导腾出精力专心思考正确的战略性事务。如不敢替领导承担责任的人，不能选择其做领导的副手。

3. 领导的决策参谋

领导毕竟也是普通人，不可能事事都能做出正确的决策。所以，副手应善于替领导思考问题，提出自己的看法向领导提出建议，并能够纠正领导的错误，如果对领导的所有决策一百个赞同，那么也就失去了副手的意义。实际工作中，很多人对领导点头称是，如果副手也是如此，错误的决策就无人敢于纠正，对于领导和团队来说，就可能埋下了不可估计的错误隐患。

（1）与领导高度互补

作为副手应尽量与领导产生互补关系，对于领导不足的地方，副手要考虑如何补充和完善，来弥补领导的不足之处，通过互补形成良好的协作关系，从而降低领导管理决策的风险性。如果副手只是关注领导的长处而忽略领导的短处，就会成为一种比较关系。因为两者都具有相同的思维，对于管理决策的实施就会增加一定的风险性。所以，作为领导的副手，关键就是协助领导完成不足之处；一旦脱离了互补关系，也就失去领导副手职责上的意义。

（2）协助领导树立威信

副手的意义就是协助领导处理一些领导不便亲自处理的事情，特别是能够从中分析出事务的关联性，能够站在领导的立场客观地完成事务处理，义不容辞地担起责任。让领导的决策得到有效执行，让领导的管理理念成为组织的精神支柱和信心源泉。

二、选择副手的法则

通过上述情况综合来看，选择合适的副手尤其重要，除以上三点外还必须遵循以下法则：

1. 参与决策有效执行法则

领导选择副手时，首先必须明确所选拔的副手不仅仅是自己的助手，更是决策组织中的一员，任何人必须明确每一决策的背景及前景，积极参与决策管理。实践证明，领导副手参与决策程度越高，其责任心越强；执行力也就越强大，那么效率也就越高。如副手只把自己定位成领导者的“传话筒”，或副手只能顺从领导者意志缺少主动性，最终领导者决策管理会有失败的风险。

2. 善于发挥优势法则

团队成员都有各自的优势和劣势、长处和短处，因此，领导要善于发现员工的特长，然后根据自己确定的目标择优选取副手。

3. 才、职相称法则

被选人才的综合素质、个人特点、才能一定要与所任副手职务的职权、职责、任务相对应，原则是合适的人做合适的事，必须是与副手岗位需求匹配，否则宁缺毋滥。

4. 决策权可转移法则

团队领导所选定的副手，必须要具备这样的素质，即：如领导因故离职、离开单位时，这时的副手，必须能担负起对随时可能到来的或发生的重大问题的决策能力和相应的组织能力。如面对决策性事务，不能够及时组织和做出决策，那么这个人也就无法胜任领导者副手。

5. 主动结构法则

领导在选配副手时，一定要考虑所选副手与自己能否形成合理的主动结构。副手尽力朝领导短处的方向发展，以弥补领导的短板，从中产生相互默契，这样才会形成水乳相融的和谐关系。

6. 团队成员接受法则

领导所选的副手，一定要通过团队组织大多数员工对该副手人选的接受程度，否则会产生不良后果。

根据实践证明，具体来说，以下几种人才可供选拔为副手：

（1）综合型人才。该类人才知识面广，基础深厚，善于集思广益，出奇制胜，有很强的综合与创新能力，善于站在战略高度深谋远虑，而且具有很强的执行能力。

（2）领导补充型人才。领导补充型人才应适于做领导所不能的短处，在团队自然地以其之长补领导之短，强化团队优势；二是能自觉意识到自己的工作定位、作用，善于领会领导意图，明白领导的长处和短处，积极地以己之长去补领导之短。

（3）潜在特定型人才。潜在特定型人才以年轻人居多，其才华初露，但未成熟，处于潜藏阶段，需要经过一定阶段的岗位培养、实践锻炼、考核，方能脱颖而出。

（4）务实型人才。务实型人才是每个企业组织中必不可少的人才。这类人才善于真抓实干，任劳任怨，工作效率高、高节奏，高质量、是领导身边不可缺少的副手人选之一。

7. 领导如何培训副手

（1）将你的管理方法告诉你的副手。领导副手就是协助领导开展各项工作事务，前提是领导必须将自己的管理理念、管理方法告诉副手，让他熟悉领导的事务处理方法，从而全面有效协助领导做好管理决策方案的起草和实施。

（2）尽可能让副手明白你的工作范畴。作为中层领导，也有自己的上司和下属，包括自己所负责的工作范围，绝不可以超出领导的工作范围来进行事务的协调处理。

（3）要求副手有轻重缓急地处理问题。领导的事务工作是复杂而多元化的，副手在协助领导做出事务协调时，必须按照领导所要求的轻重缓急的事务处理程序，切忌眉毛胡子一把抓，工作盲目没有重点有失领导形象。这是领导使用副手必须要注意的关键和要点。

（4）让助理协助处理外来信件、电话等方面事务。领导抓住关键事务、重点事务、领导必须主管的事务，把正确的事情计划到位。

（5）培训副手知识、观念、思维。副手的工作效果直接影响领导的形象和事务协调处理的有效性；所以，中层领导应对副手管理知识、管理理念、管理思维等进行培训，让副手在整体协调事务上的工作质量有一个跨越性的提升，同时也是领导与副手之间在执行管理决策时的理念与思维的融合。

第七节　升迁过度的弊端

领导如果以论资排辈来选拔人才，只能是压制人才，鼓励“阿混”。但是如果随便打破选拔人才管理机制，导致选拔的人太多，提拔的人太多，升迁速度太快，就会产生弊端。

一、无从考察业绩

明朝“中兴之臣”张居正用“器必试而后知其利钝，马必驾而后知其驽良”来说明人应该“试之以事，任之以事，更考其成”。考察员工的德、能、绩，应以业绩为主。这充分说明了，如果选拔人才升迁太快，那么，他在岗位上也就无法做出什么业绩，只能是走过场而已。依据企业考核制度，也就无法再考察他的业绩。所以，选拔人才是慎之又慎的管理决策；选拔人才不但要符合人才标准，还应有一定的业绩，且并不能连续性地破格升迁，否则只会形成一种恶性循环的局面。

二、不利于人才成长

有管理者对表现不错的员工给予选拔，确实对团队可以起到一个良好的激励和带动作用。但是，如果你给下属升迁太快，会导致他们根本没有足够的时间去积累知识技能和丰富工作经验，不论是对企业还是选拔的人才都是不利的。

三、不利于绩效考核

升迁太快也就成了“打一枪换一个地方”，选拔人才还没有来得及掌握、积累工作经验就升迁，也就无法在某一个岗位上做出业绩，甚至还会导致升迁者缺乏长远眼光及责任心，这是领导必须慎重思考的。

四、助长官衔攀比之风

如果一旦出现连续升迁现象，毋庸置疑一定会出现当官的欲望，有的下属“有心当官，无心干事”，这山望着那山高，在一个岗位上还没有站稳就想“挪挪窝”，甚至会想尽办法去讨好上级领导去跑官、要官；那么再也没有员工愿意再踏实干工作了。这样下去，企业危机也就越来越严重。所以，必须严格控制超前升迁，坚决杜绝这种“连升三级”的笑话。

某企业是一家专门生产家电产品的制造业公司，销售部为了提升目标业绩，中层领导从基层选拔了一位年轻有为的业务人员，原来在基层销售工作做得还不错，或许是领导看到这位下属的能力，开始提拔升为助理、还不到一个月便提升为副主管，还没有两个月又提升为主管，在短短三个月内，连续升三级，不能不说是领导的失误。这位下属确实是有能力，有干劲，但是由于对每个岗位业务技能不能一下熟练掌握，最后面对销售部门业绩目标的巨大压力，升迁过快让部门其他人产生妒忌心理，工作打不开局面，自己也感到力不从心，最终选择了离职。这个真实的故事告诉我们一个简单的道理，如升迁太快、不管是对本职工作还是本人都没有好处。即便是选拔人才也要经过培养、岗位历练、过程指导的不同阶段。让一个人直接从地上“飞”到天上很简单，但让他平稳“着陆”却很难。由此提醒领导严谨、遵守逐级晋升的原则。

工作中，管理者必须清晰地认识到，无论一个人多么有才华，如果要想成为一名企业领导，必须具备三点：一是良好的职业道德和职业操守，二是必须具备的业务技能，三是不可缺少的管理知识。任何一个受企业领导厚爱的人，都容易受到部门同事的妒忌、不满，甚至是心理上失衡，直接会影响到组织的目标业绩。因此，领导选拔人才，晋升职务最好不要超过一个级别，尽量不要越级提拔；另外需要注意的一点是，选拔要遵守企业人才管理体系、管理规则，必须经过一个识人、培养、历练、选拔的阶段过程，让候选人有一个相应程度上的曝光，提高选拔人才的威信和知名度。例如，分配一个有难度的业务项目，通过他的业务管理能力来证明自己；在公司重要会议上扮演重要的角色，等等。你只是给人才提供平台和发展的空间，那么后续就要靠他的能力了。

总之，要把握好人才选拔的尺度，太快固然会产生不良影响，人才选拔迟缓也会造成人才流失。因此，人才选拔必须遵守规则程序，设定一个观察、谈话、评估、培养、历练、选拔的过程。要把握好破格选拔的一个“度”，切忌操之过急，避免走向极端。

Chapter9

第九章

如何处理下属的抱怨

中层领导就是为组织、为他人设定目标的管理者。培训员工树立一个清晰的目标："做好事情、追求卓越"。有人说："成功就是停止抱怨"；在你帮助下属获得成功时，你会获得比金钱更多、更为重要的东西。

第一节 了解下属抱怨的原因

作为中层领导，必须时刻留意组织成员的思想情绪及动态。如果你的下属因工作或其他方面原因情绪低落，就要引起重视，因为在团队内部一旦发生下属抱怨就会严重影响到团队的人心稳定和业绩目标达成。例如，团队人员出现以下情况，就要做出快速反应。

1. 工作中心不在焉，频繁出现错误；
2. 经常出现迟到、早退现象；
3. 不善于与同事交流或沟通；
4. 对公司或团队组织的各项活动毫无兴趣；
5. 对上司或同事工作情绪化；
6. 频繁地请假不愿工作；
7. 毫无预兆地愤怒。

其实，下属的抱怨情绪的发生，目的就是希望引起领导的注意和重视，你不必感到惊异，由于很多员工是年轻一代的新生军，自我个性化较强，他们宁可受到上级领导批评，也不愿受到委屈、排斥、冷落。所以，领导者要善于观察原本非常优秀的员工，近期在非常熟悉的工作中却频繁地发生一些低级错误；或者平常非常活跃的员工，突然变得莫名其妙地把自己“关禁闭”，不屑于与任何同事交流沟通。这时，你就要提高警惕了，因为他已经向你发出警讯，如果未能及时发现并做出疏导的话，他的情绪会越来越明显。例如，在团队内部散播一些谣言来肆意渲染个人情绪，甚至会在工作中有意无意地制造出事端让你头疼一番。作为领导者，如果你没有把这些抱怨情绪当回事，很有可能在某一时刻给你带来一个大难题，让你措手不及。所以，你必须对下属的这种抱怨情绪进行疏导，找

出真正原因:

（1）薪资与付出不符

任何一个人都是为了生计才工作，这是最为现实的问题。如果他工作的付出连基本的生活都无法保障的话，难免抱怨，一些员工不得不做一些兼职赚取外快，这样难免会出现工作纰漏，时间一长造成同事投诉、下属对领导更加不满的恶性循环。

（2）对基层管理者态度的不满

虽说下属是被管理对象，但是每个员工都有自尊心，特别是一些管理者专横的态度，一副高高在上的姿态或对下属厉声呵斥，甚至在面对员工的热情问候时却用鼻子哼一声作为回声的话，这些低级、错误的官僚主义态度，很容易让员工产生对领导的不满和议论。

（3）人员配置不足，长时间得不到休息

因各部门工作沟通协调等原因，未能及时招聘人手将空缺补齐，从而造成某岗位的员工长期处于超时工作状态，令本来工作压力大较为忙碌的员工更加吃力。如员工只是在紧张工作之余，稍事休息，活动活动，聊聊天纾解一下心里的压力时，作为上级要求员工不停地工作，甚至会出现中午连班现象，喝水、上厕所都要严格管理，似乎不近人情，那么他们在疲劳之余肯定会有埋怨情绪。

（4）管理者未能公平对待下属，没有给予额外加班补偿

领导喜欢优待工作业绩比较突出的员工是无可厚非的事，但一味倾斜完全不理会其他员工，甚至将大家的一贯努力抹杀，这就是管理者一种不公平的行为。

有不少管理者只是习惯性地给下属安排加班甚至增加工作量，还要求在规定的时间内完成，特别是在人手配置不足情况下，员工提出额外加班补偿时，管理者一概不予理会，反而还批评其无能；试想，谁愿意在如此不近人情的领导手下工作？

（5）上司不重视、同事不合作

如果你的员工给你提出一些宝贵的意见时，你都置之不理当作耳旁风，也没有采纳的机会，等到业绩目标无法实现时，反而指责员工不够努力，从而让员工埋下抱怨的种子。

在企业团队，不是每个员工都具有团结互助精神，有些人专门喜欢将同事踏在脚下往上爬。如果领导缺乏智慧，未能分辨善恶是非，又未能加以疏导管理，吃亏的员工一定会产生抱怨。

（6）工资发放不准时，缺乏职业前景

对企业员工来说，努力工作一个月，“月薪日”就是他们期盼的重要时刻，都指望用一个月的薪资去做自己想做的事情，假如在银行柜员机查看才知道公司没有发放薪资，可想而知员工的抱怨和情绪。

有不少员工除那份薪水之外，更希望能够有好的职业发展前景，如果只是把他们当作流水线赚钱的“工具”，那些有上进心、热爱学习的员工，就会感到迷茫。

总之，员工还有很多产生抱怨和情绪的理由，作为领导，要从实际出发考虑，不断自我反省和提升改善工作环境。同时，能够倾听下属的建议和意见，让更多的下属参与到管理工作中，不断积累经验，从而找到一种适合企业经营管理的好办法。

第二节　如何化解下属的抱怨

一、了解和化解员工的抱怨

员工要发泄积聚在内心的不满，毫无疑问，肯定第一个找你，因为你是他们的直属领导，希望从你这里得到解决，如果你无法帮助他们解决问题，就会找到你的上司。如果同样得不到满意的答复时，就会找到公司的最高管理阶层，到了这里如果还是得不到解决的话，那么，问题就非常糟糕了。

为了避免事情闹大或矛盾升级，领导者必须防患于未然，随时掌握组织团队成员的思想动态，对于任何细微之事抱怨、不满都必须尽快以客观公正的姿态秉公处理，把这些潜在的矛盾消除在萌芽状态，以免事态因此而蔓延扩大。如果在事情扩大前，不能处理得当的话，那么等到公司高层处理时，你也在所难免要承担一定的管理责任了。为了处理好这些事情，中层领导必须经常和员工们交谈，同他们密切接触与沟通。如果员工信任你，他们会毫无保留地向你诉说隐藏在心里的话。因此，当你和员工之间建立信任感和情感的时候，他们才会对你无话不谈，不但会把心中的不满向你倾吐，有高兴的事也乐于和你分享，在双方的沟通畅通时才能有效地处理这些事情。

实际上，在员工的不满情绪中有许多是由管理者引发的，诸如以下“自我”行为。

1. 管理工作过于独断，从不倾听员工的建议。

2. 从不清楚下属对你的期望，总认为是浪费你的时间。

3. 有功就揽，有过就推，让大家对你失去希望。

4. 过于强调自己的管理能力，从不对任何下属表示有信心。

5. 故弄玄虚，过高姿态，官僚主义；从不告诉下属公司的现状，认为是管理者的事情。

6. 缺乏对下属的关爱，当下属有疑问时，从不主动帮助下属，让下属对你产生不满；

7. 朝令夕改，哪怕你知道因改变制度会带来抱怨和不满，仍旧一意孤行。

8. 缺乏科学岗位安排，从不理会下属工作岗位是否对口，只求自己喜欢。

9. 习惯性在午饭前一刻分配任务，且要求下属在三点前完成，让下属吃得匆匆忙忙。

10．对于异性下属话语特别多，虽说同性相斥、异性相吸，但这个定律并不适用领导与下属之间。

总之，作为中层领导不但要观察下属的思想动态和洞察事务的潜在影响，更重要的是加强自我管理。在你的下属眼里，你代表了企业管理文化而非个人行为。所以，领导者要以身作则，时常保持一种自我审视与反省，必须将自己的理性、理智高于情感之上，正确看待管理者与下属的合作关系。在遇到下属有不满情绪时，要理性去接触下属关怀他们，化解自己与下属的不满，才能很好地化解他们对公司或者管理者的不满。

二、先处理情绪再处理抱怨

情绪作为人在特定情况下的心理体验，是使人产生某种行为的活力性因素，因而也是对于人的领导的一个关键因素。应当说，善于驾驭好组织成员和整个团队的情绪，是现在领导者必备的能力。

1. 要善于“察言观色”，必须掌握员工的情绪状态

情绪之所以能被驾驭，就在于人的情绪会通过面部表情、语言和行动反映出来。其中的面部表情可以说是情绪反应的最敏感的指示器，它像天气预报那样及时报告人内心世界的“风霜雨雪”和“阴晴”。领导者要驾驭团队员工的情绪，就必须像关注天气预报那样，随时关注团队下属的状态及表情，从而掌握他们的情绪状况。

2. 要善于“疏通渠道”，及时引导情绪状态差的员工

在发现有情绪状态不佳的员工时，首要方法应该是引导，而不是将其调离工作岗位。只有在无法通过其他途径来解决问题时，才会选择调离岗位。即使为了考虑员工的安全和服务质量，而暂时将其调离工作岗位，也不能就此了结，要做好及时的引导，这就要求领导者主动找到员工进行谈心，深入了解产生不良情绪的原因，在对症下药进行引导。在工作中，员工产生不良情绪的原因不外乎有两大类型：一是由于管理者本身的缺点和

管理制度的局限性造成的；二是由于员工本身的认知偏差导致的。前一种类型要求领导者尽可能提供渠道，让员工倾诉自己的抱怨，欢迎员工对领导者工作进行监督，创造公平公正的团队气氛，以便最大限度地避免和纠正不公平的做法，调动员工积极参与管理的热情。后一种类型要求领导者做到以事服人，以情感人，以造成工作重大影响的实际案例和数据来说服员工，或者提供机会让其亲自去体验他人的工作难度，或者让其换个角度来看待问题，从而改变员工的情绪或抱怨的状态。

3. 要善于"平衡心态"，及时调节员工的情绪状态

领导者在发现员工产生情绪或抱怨时，采取不同的调节方式来帮助员工平衡心态。具体调节方法有以下三种：

（1）语言调节法

语言是人的情绪体验与表现的强有力的工具，通过语言可以引起或抑制情绪反应。

（2）注意力调节

人在情绪低沉时，容易把注意力集中在不称心的人或事上，因而会加重消极的情绪状态。因此，领导者应该有意识地组织一些积极的、有意义的活动，或者设置新的目标，以转移员工的注意力。

（3）"出气"调节法

持续时间过长的消极情绪不仅会造成严重的工作后果，还会影响团队的和谐工作气氛。因此，领导者可以通过"出气"的办法，让员工尽快地释放消极情绪。比如，通过交流和谈心，让员工"一吐为快"，把心中的所有抱怨、困难的事、痛苦的事情说出来。怀有不满情绪的员工经过这样的"出气"调节后，会缓解不满情绪。

（4）要善于"营造环境"，带动整个团队的气氛

由于员工个人的情绪和团队情绪是相互影响的，所以领导者必须通过营造团队环境来控制团队的情绪氛围。首先要提供有益于身心健康的工作环境，尽量排除工作环境中的不利因素。其次是协调好团队内部的人际关

系，使团队员工在真诚相待、和睦相处、团结协作的人际环境中工作。最后是要多组织有益身心健康的集体活动，如技术竞赛、团队旅游、部门聚餐、体育比赛等，让员工在团队活动中培养自己的兴趣爱好，锻炼自己的意志，并在团队活动中释放自己的不快情绪，分享团队的工作和学习的快乐，以达到调动整个团队的积极气氛、鼓舞士气的目标，从而实现团队管理的最终目的。

领导者要驾驭员工或整个团队的情绪，首先要学会驾驭和控制自己的情绪，因为领导者的情绪会直接影响下属以及整个团队的情绪。因此，领导者应学习一些相关心理学知识，掌握自我心理调节的方法，加强个人情感修养，在管理过程中陶冶自己的情操；同时，利用学到的心理学知识对有情绪的员工进行心理疏导，使员工在即将发生不良情绪时可以及时进行心理辅导，避免因员工情绪爆发造成严重后果。

第三节　处理下属抱怨的方法

在处理下属抱怨情绪时，仅凭单方面的理智是不能化解的，因此在处理员工不满时应注意以下几点：

一、将下属邀请到你的办公室，让下属感到你的真诚

不管下属是通过什么状态表现出情绪或抱怨，千万不要对下属的行径感到恐惧，也不必做出不耐烦神情或感受到侮辱。此时此刻，停下来，把对方很有礼貌地邀请到你的办公室进行面对面沟通，理由是避免噪音干扰，让对方有一种备受尊重之感，在情绪稳定的状态下，对方也愿意向你倾吐心中话，从而来了解和消除对方的情绪和抱怨。

二、帮助员工稳定情绪

只有在对方心情平静的情况下才能向你倾吐心中抱怨。既然下属有勇气找到你面谈，一定是对分配的工作岗位或某方面感到烦恼。如果一下子进入正题的话，他的情绪未必能够很好地配合，反而还可能会说出一些不敬的过激语言。首先让他舒适地坐下来，关切地表示欢迎他把困难说出来，表示你有耐心倾听他的意见，接下来再导入正题。

三、调节沟通语言的音调、表情和肢体语言

良好的沟通环境、轻松诚恳的语调，凡事用一种询问的方式表达，友善的身体语言，对下属都会有一种安抚作用。管理者可以通过渗透自己的情感，缩短你和下属之间的距离，来化解下属的情绪和抱怨。

管理者在处理下属的情绪和抱怨时，一定要善于用语言和表达方式来引导对方表述自己的不满。结合自己的肢体语言或者使用一些幽默语言来化解下属的情绪和抱怨。

四、帮助下属理清和确认表述的内容

一时间，你觉得千头万绪，不知道他在反映什么问题。在这种情况下，要宽容对方表述的姿态，耐心地聆听下属讲述事件的过程，如有不太明白的地方，暗中记下再向对方询问。例如：你刚才所说的是指某件事情吗？如果无法弄明白下属产生情绪和抱怨的原因，你就无法解决对方的情绪和不满。不如先暂缓，约一个再沟通的时间，然后，找出解决下属产生抱怨的方法，要点是明确时间和地点，切记不要忘记了双方约定面谈的时间，否则下属会对你产生更大不满。

五、与下属共鸣，获得解决方法

如果你能够尝试站在对方的立场思考问题，并让他知道，你了解他的

心，就会更容易获得有效的解决方法。

六、在你的权限范围内，先给下属一个承诺

如果下属向你抱怨的问题，在你权限范围内可以解决的话，不妨先给下属一个肯定的答复；否则，他们根本就不希望经过一番交谈后还是毫无结论，这样只会令他们满肚子的怨气。

七、说出你替他们解决问题的方法

如果问题不是很复杂的话，可以说出你的解决方法；而不要说“你先去工作吧，我会给你想办法的”，这种神秘兮兮的方式已不合时宜。在他看来，你只是在敷衍他，这并非解决问题的做法。

八、抱怨的问题如果超越你的权限时，可以让下属感受到你的重视

如果事情一时无法解决，要明确地告诉下属，你对这件事情很重视，由于某些原因，暂时不能够给予解决方法，需要获得上级领导的支持，并明确告诉处理问题的时间和步骤，并且强调回复处理结果。即便是暂时无法解决他的问题，也让对方感到你对他提出问题的重视。例如，需要得到上级领导的支持，涉及公司政策时务必要向上级反映以获得授权和支持。

九、对抱怨的下属进行“售后服务”

通过与有抱怨情绪的下属进行沟通，再经过一个周期后做“售后服务”工作。你可以找到那位曾经有过抱怨情绪的下属，去关怀下属，询问问题近期是否得到有效改善，让下属感觉到你一直关注他的问题，并且还深刻感受到一种尊重。

第四节　如何对下属讲道理

领导者解决矛盾的过程便是建立威信的过程。你的思想水平、个性品质、领导艺术，恰恰就体现在这里，因此，领导者的语言沟通能力尤其重要。该如何说服下属，又如何才能把话说到下属的心坎里？都需要领导者针对下属特性采取不同的方法给予“讲道理”。在这里介绍一些方法，仅供读者参考。

一、以事实结果去理解道理

领导在给下属讲道理之前，先以事实案例来说明，通过简洁、真实、通俗易懂的案例，让下属明白其中的意思，这时候再讲出你的道理会有说服力。

道理的“理”性越强，越要注意以真实案例来说明。否则，就会因为下属缺乏感性体验，影响对“道理”的理解、消化和吸收。如果能够先以事实来充实所要讲述的道理，不仅会避免出现说大话、空话，而且会把道理讲得透彻。特别是那些90后、00后年轻时尚的员工，对于领导的一些大道理很是听不进去，最大的原因就是缺少事实、讲得虚。

二、讲道理时柔和情感

不少领导有时讲大道理，教育对象并非对道理本身不接受，而是与讲道理的领导感情上合不来。即便你的道理是对的，如果缺乏双方的情感交流，那么，对方什么道理也听不进去，甚至会产生反感。这就要求领导者不仅要会讲道理，还要懂得善于联络感情，同时，还要注意反省自己有无令对方反感的地方，并及时调整和克服。尤其在下属反感情绪较大时，必须先以诚相待，在尊重、了解、关怀下属的基础上建立情感，再给下属讲道理。

三、先引导再讲道理

人与人是有差别、有层次的，讲道理也应有层次感。在给下属讲道理时，如果缺少层次引导、一下就跨越几个台阶，就会让对方感到道理离得很远，接受不了。因此，要善于从小事中讲蕴含着的大道理，由浅入深逐渐深入引出可理解的深道理，这样有助于让下属有一个理解和接受的过程。

四、在提问中讲明道理

先给下属提出一个问题，一则引发他的兴趣，给下属设定一个思路，二则是创造出一种相互尊重和谐的氛围。让下属觉得并不是大道理大灌输，而是在共同探讨问题。这是以提问的方式，将倾听转为思考，由被动转换为主动，通过抛砖引玉、换位思考给予他引导，让下属自己成为解决问题的主角。

五、轻松诙谐容易接受

领导给下属做思想工作，不能一直板着脸、皱着眉，这样很容易引起下属的反感产生抵抗情绪，反而使沟通工作陷入僵局。与下属谈话沟通，可以适当地点缀一些笑话、俏皮话、歇后语，来营造一种愉快的气氛，让对方产生愉快的心情，从而取得良好的谈话效果。这种加“作料”的方法，只要运用恰当，就能把抽象的道理讲得清楚明白、诙谐风趣，不失为说服下属的技巧方法。

六、适度褒奖、顺水推舟讲述道理

每个人的内心都有自己渴望的“赞美”，希望别人能够理解自己并给予评价。作为中层领导，应适时地给下属鼓励和慰勉，褒奖下属的某些能力，让其感到上司对他的认可，这时候再顺水推舟讲述道理，让他在“赞美”中感受满足，更加努力地配合你的工作。

七、点到为止，适度讲述道理

过度地讲道理会让人感觉啰唆厌烦，听不进去。有不少管理者生怕下属听不懂，翻来覆去讲述一个道理，结果适得其反让人厌烦。正确的方法，应是视情况因人而定，针对实际情况要讲道理，该说的一定要“点到为止”，要注意留有思考的空间，让下属去理解、消化。

八、言行结合，让道理更具有说服力

有不少领导者给下属讲道理，对方之所以厌烦不服，很重要的一点就是因为领导者本人做得不好。“做”得好才能赢得“讲”道理的资格。把单纯的讲道理变成诉诸行动的言行一致，让下属更好地信赖你，此时，在你的影响下自觉接受你的道理。所以，有时候，不仅要会讲道理，下属更希望看到你的实际行动。这就是“此时无声胜有声”的效果。

第五节　如何拒绝员工的非分要求

领导关心下属绝对没有错，但不等于满足下属对你提出的所有要求，对于该拒绝的一定要拒绝。原则要坚持，处理方法要灵活，特别是当有些下属向你提出过分要求时，就没有必要迁就，更不要犹豫，必须摆明自己的态度，明确果断地决绝。回绝下属提出的需求的确并非易事，拒绝的方式要灵活、语气要委婉，但态度必须坚决。切忌遇事犹豫不决，含糊其词不敢拒绝，这样会使对方产生误会，仍抱有不现实的想法，既耽误了别人的事，又给自己增添了不必要的麻烦。

几乎所有的人都想顺从人意搞好人际关系。除非你已经是火烧眉毛、压力重重，否则，要拒绝别人真的很难，例如正赶上客户交期最忙的时期，却有人要向你请长假去旅游或者别的领导想从你部门借调人手帮忙，这时候，你很有可能一口回绝说“不”。

其实，你所接到的下属请求并非都是紧急事务，确实有些困难事务是需要紧迫处理的，但是，有的请求看似合理，其实纯属无理取闹，不管是从当下业绩目标还是从公司大局长远来看，你必须做出拒绝。有时候看似简单的请求，一旦你没有拒绝，接下来你很有可能陷入一种恶性循环之中，所有的工作都处于被动局面。因此，有效拒绝不合理要求可以采取一些措施，具体有以下几方面：

一、拒绝不合理的休假

有两种情况，要么在这段时间你已经安排其他下属休假，要么就是下属没有按照休假计划执行。

面对前者休假情况，可以明确告诉下属部门的休假安排计划，并且向下属说明他没有遵守休假计划程序。可以这么对下属说：“很抱歉，我们部门这个月的业绩目标压力很大，现在是非常时期，现在人手不足，根本无法安排休假，你是知道的，正因为这样我们部门才规定每年的一月份安排休假计划；或者错过这段时间，再安排休假，再说你也是老员工，关键时刻怎么能掉链子呢？”

不管怎样，领导必须要坚持工作原则，如果你不能够坚持原则，那么你的工作很被动，就出现若干个不合理的休假，那也就无法完成部门的业绩目标，所以必要的时候需要勇敢地说“不”。即便是休假安排，也必须让他明白休假安排原则：“先申请先安排”，所以不能批准他的请求。如果允许的话，可以与休假人员进行协商调换休假。

总之，身为中层领导，对于不合理的要求，必须保持原则。

二、下属要求改变上下班时间

因照顾子女上学、交通等事情常常给下属带来困难，能与下属协调帮助他们当然是好的，但不一定都能行得通。作为领导，关键是如何说出你的“拒绝”。否则，你的下属感到你对他的困难漠不关心，他很有可能就会向你递交辞呈。所以，处理这些事情要尽可能灵活，探讨各种可能的办法，这样即使不得不否决他的要求，为这件事情所做出的努力也有助于消除下属的抱怨。

三、下属提出加薪要求时

遇到那些特别是尽职尽责的下属向你提出加薪要求时，要说出“不行”确实是一件很为难的事。特别是跟随你多年的下属，不管是职位，还是薪酬都应该改变了，如果碰到公司经营指标和预算受到影响时，或者是因为某种情况一时无法做出加薪决定时，要说出“不行”更是难上加难。

在处理这些敏感的要求时，必须依据本职岗位职责范围内的规定进行谈话沟通，切忌做出超出职权的任何承诺；即便是做出承诺也要视公司发展情况而定，如在年度调薪时，部门预算松动之后等情况，但是，下属可能仍把它看作是组织领导者的承诺。这时，一定要将实际情况告诉对方，说清楚为什么现在不能提出加薪之类的问题。

四、下属提出迟上班或早下班申请时

下属因某种特殊情况向你提出迟上班或提前下班申请时，在职责范围内做出批准不是什么大不了的事情。其中关键是必须事先提出申请且获得批准，否则你就会发现部门其他员工自行确定自己的上下班时间，这是一种规律，只要有一个就会形成一种不良风气。

在某种特殊情况下你批准了某个下属提前下班，而有时又不得不否定这类要求，这时必须给下属讲清楚，否则在部门内部会有人认为你管理没有原则或偏袒某个人，这必须是领导者要认真思考的原则性问题。

五、下属提出调换部门申请时

如果是可有可无的普通员工向你提出申请调动，这种情况可以立即批准，还让员工庆幸自己的运气。如果是你部门关键岗位的员工提出调动，而且正是业务最为繁忙时，甚至正在因缺少人手无人顶替时，切忌不要贸然拒绝，那样只会使一个好的下属消沉下去，甚至会产生情绪抱怨。

遇到这种情况，建议你与下属找一个时间好好谈谈为什么提出申请调动。很多情况证明，促使下属调动的原因可能与工作是无关的。可能是他与某位同事关系紧张，也许是调整工作就可能解决的问题。所以，面对下属提出调动申请时，不妨先找下属了解一下真正的原因，找到问题的根源，或许会很容易找到解决此类事务的方法。

六、横向部门向你提出借调人员时

为了维持人际关系，只要能够腾出人手，公司内部横向部门之间借调人手帮忙都会允许，属于再正常不过的事，有时候，需要考虑下述问题：

1. 借调后，本部门是否会造成人手短缺？
2. 短期借调是否会变成长期占用的可能？
3. 答应这一次，是否还会有下次甚至形成习惯？
4. 假如在你工作任务繁忙时，对方是否也会将人手借调于你？
5. 被借调出的员工会有什么想法？
6. 是否会因为借调出人手后，造成工作紧张，而出现其他人员不愿顶替的情况？
7. 是否会出现由借调转为人事调动的可能？
8. 是否会因借调人手发生考勤、薪资或其他突发事件？

即便是没有什么顾虑或不会对你产生任何影响，还是让别的部门了解相关情况为好。这样就不会让人产生你人手富余的错误印象。退一步来说，即使有充分理由拒绝借调人员，怎样拒绝对方尤其重要，至少你不希望别人认为你不合作，因为说不定你也会有求人的时候。因此，即便是你拒绝，也要让对方知道你很想帮助对方，只是受一些客观情况所限制，爱莫能助，或者，你能够给对方出一些主意或许可帮助对方解决问题。例如，外包处理，招聘临时工等，即便是对方有想过各种解决方法，至少让对方感到你的关心，也足以表现出你的合作互助精神。

第六节　不要随意揭露下属的隐私

因为工作关系，部门领导一般对于下属的情况较为了解，特别是下属遇到某些事情出于对领导的信任，向领导说出一些心里话，甚至说出一些个人或家庭隐私，期望领导出主意、想办法，帮助自己解决问题。但是，作为领导要谨慎处理好下属的隐私，既然下属告诉了你，就必须尽到这方面的保密义务。有些管理者在了解了下属的个人隐私后，未引起足够重视，而是有意无意地泄露了下属的隐私，结果对下属造成不良影响，既损害了下属的声誉又丢失了领导者形象，甚至造成下属对你的不满和抱怨。

在公司相关会议上因为工作讨论，谈到下属的个人问题也是在所难免，但也需要强调保密要求；除此之外，在任何公共场合对下属的个人隐私必须做到守口如瓶，作为部门中层领导应从职业道德和尊重个人隐私的立场以高度负责的态度予以对待。因此，管理者做到尊重下属隐私应注意以下几方面：

一、不要在公共场合谈论下属的隐私

部门领导必须在讲话时先思考，以尊重下属隐私为前提，切忌不论场合信口开河，把不该说的话说出去。这样，会对下属造成一定影响，凡是

涉及下属的隐私，要闭口不谈，这是对下属的尊重，也是对自己的尊重。

在广东S市某企业销售部门新招聘了一位业务人员，由于对公司的文化和环境不适应，思想非常不稳定，作为上级领导，就不断做他的思想工作。新来的业务员见上司对自己很关心，就把上司当成自己的知心好友，工作中无话不谈，把对公司在管理文化方面的看法以及建议向上司提了出来，并希望领导保密，这位上司当时就答应了。

在一次公司组织业务培训时，这位领导在给新来的业务人员进行培训时，讲到业务人员思想不稳定问题时，这位领导一时间忘记对下属的承诺，便以那位业务员为案例，将他的秘密当众说出。

后来也就传到了这位业务员的耳朵里，这位业务人员非常恼火，于是就找到上级领导发生了矛盾，让这位上司十分难堪，在众人面前很是丢面子，这位业务人员本来销售业绩做得很好，就因为一句话导致一位销售人才愤而离职。

在工作中，对下属的隐私不管是有意泄露还是无意泄露，都会对下属造成不可估量的影响，而下属不会因为你是有意还是无意而轻易原谅你，所以，部门领导在下属隐私方面，必须管好自己、谨慎讲话。

二、不要随意打听下属个人隐私

每一位员工都不希望他人打听自己的私事，除非下属向你征求意见和想法，除此之外，最好不要私下去打探下属的个人隐私。不管你是出于一片好心还是关心员工，都会造成下属对你产生不满和抱怨。

一位资深的人力资源管理师曾对一些刚进入公司的毕业生培训说：“当你进入社会来到企业时，你是一张白纸，需要从零开始学习，职场中，更不要去打探、议论别人的隐私，跟同事交流不要去盯着别人的电脑屏幕，除非别人允许或者让你看，否则绝对不可以以任何方式去打探别人的隐私；哪怕是你无意中看到对方的隐私，也绝对不可以向任何人说出去，到你这儿为终止，必须将对方的隐私烂到你肚子里。否则你将会严重损害他人隐私，导致出现严重的泄密责任。”

三、不要在家人面前谈论下属的隐私

也有不少领导认为在家里说话是安全的，不会对公司的人有什么影响，在回到家后会把公司的一些事物都和盘托出，当然也会涉及下属的隐私话题，虽说是在家里也是欠妥的，有时候家人会把这些谈论和一些个人隐私话题无意识地说出来，殊不知，事情久了，很有可能会传到下属那里。

某企业技术部中层领导有位非常有才华的下属，工作中不少难题都是这位下属解决的，深得上级领导的赏识。有一天这位下属非常不开心，遇到上司就说出了最近的烦心事。就在前几天，这位下属因为去女朋友家里见对方父母，由于一时开心就喝了不少酒，并在女朋友家里吐了一地，让女朋友很是没有面子，最后闹到要分手的僵局，上司也非常同情下属的苦衷，还把双方请到一起吃饭，并耐心给双方做工作，最后这位下属和女朋友也就和好了，这位下属非常感激上司的帮助，还请上司喝酒表示感谢。这位上司也很开心，回去后就把事情告诉了妻子，妻子也觉得很有意思，在第二天上班后就把此事说给了同事，没有想到的是，妻子同事也有家人在这家公司上班，于是没有多久很多人知道某某人在女朋友家喝酒闹出笑话，这位下属知道这些事后感到羞辱难当，认为上司有意把自己的事情当笑话来传播，让自己在公司名声有损，于是就找到上司理论，并向公司提出调离部门。这位领导十分后悔，因为自己无意间失言，失去一个得力助手。

四、不要用隐私去要挟对方

领导与下属接触的机会较多，工作中难免产生一些矛盾冲突或发生一些不愉快的事情，有些下属因为各方面原因很容易失去理性与你争吵不休，让你非常难堪。如果没有做到情绪控制和下属去争吵的话，那就失去了自己的领导形象、有失领导风度，甚至有些领导者会拿出下属的一些隐私短板作为打压下属的武器，对下属进行要挟，这样只会使矛盾进一步激化。

某公司有位员工因为工作分配问题与上级领导发生争吵，一时之气说了一句过激的语言，让上级领导在公众面前很是难堪，颜面尽失。在这种情况下上司失去理性，就把下属的隐私拿出来，说："你跟我到外地出差，晚上进错女厕所，把你当作流氓让人报警，还是我给你做证担保的，你这么忘恩负义！"在这种情况下，下属感到十分恼火，就与上司发生肢体冲突，结果公司对双方进行处理，虽说那位下属主动离职，但这位领导因没有控制好自己情绪与下属发生如此严重的冲突，不能不说是一种教训。

五、当下属隐私涉及公司利益时也要以尊重为前提

维护公司权益和商业机密是员工的重要职责。也是每一个中层领导必备的基本素养，领导管理团队，执行监管下属是一种谨慎使用的方法，要很好地解决这个问题，必须在尊重下属隐私的前提下，在维护公司商业机密和尊重下属隐私之间找一个平衡点。

总之，作为中层领导，为下属保守隐私绝不是一个小问题，而是关乎一个人的基本素养问题，这是以尊重下属为基本原则和前提的，如果你不能把握这个原则，就会失去管理威信，失去下属的信任。

第七节　如何客观对待背后的议论

只要有人群活动的地方就会有不同的声音，这是无法避免的。作为中层，不管你的管理决策如何，总会有背后的不同议论。面对不同的声音，你不需要考虑如何去解释，只需要思考如何处理好背后的议论才是关键。

一、低调对待美好的议论

这类美好的议论是对你的领导工作的认可，这充分说明下属愿意配合工作。但不要高调宣扬，更不能过于表现自我，不管下属是如何赞扬你，你始终都要低调行事，在这些赞扬的声音中不断进取，以争取取得更大的业绩目标。

每个人都希望获得别人的认可，但是，认可你是在低和高之间悬起的一种互反落差，而低调做人与高调做事正是这种落差和尺度的哲学定式。这对于力争达成业绩目标、追求卓越的奋斗领导者来说，不啻为做人做事的永恒嘉勉。

二、面对中性客观议论

这类议论随意性较大，但却真实。面对这类议论也不必烦恼，他们犹如一面镜子，多听一些这方面议论未必不是一件好事，何不把议论当作一种鞭策和自我提升？其实，人都有一个弱点，就是认为别人总是比自己更容易些，作为领导要真正地认识自我不仅需要勇气，更需要勇气去面对，不管发生任何议论，都需要以一种凡事都有助于我的心态积极应对。有些管理者往往不敢承认自我，在面对这类议论后会有一种挫败感，甚至有一种放弃的想法。所以能有勇气接受这种议论，对于领导来说也是一种审视和自我挑战。

世上无完人，也不可能总是出现失误，更不必回避，对于一个有责任心的中层领导，其实这就是一笔财富，并不是每一个人都有这种认识自我、挑战自我的机会。原本，领导和下属在工作上看待同一事物的立场就有所不同，但是只要你在做正确的事，在管理者角度就是正确的，员工不管心里怎么想，背后怎么议论你，好的建议可以参考，不要在意那些议论，毕竟管理决策具有全面性，不能够满足每一个人。此外，一个人无论做得多好，总是会有不足的地方，也不必太在意别人的议论，否则反而容易失去决策机会，有问题的地方及时改正，在确定没问题的地方如果还有人议论，那就是他们的事儿了，和你本身没关系。

三、如何应对恶意诽谤的议论

总会有那么一些别有用心的人，在团队里故意制造谣言，恶意中伤，以达到其不可告人的目的。领导者固然有一颗关怀下属的仁慈之心，对于大多数下属来说，都应加以重视和关怀，对于偶尔出现失误的员工予以宽容对待。但是，对于刻意的伤害，领导者必须做到防范和警示。领导者在面对这类恶意诽谤他人的下属时，必须严格认真审视。首先，坐得正，身正不怕影子斜；在制定和执行管理决策时认真负责，以身作则起到带头作用，绝对不给别有用心的人任何机会。带领团队不懈努力实现目标业绩，那些谣言也就不攻自破，任何人都可以看得出对与错的差别。其次是深入团队多一些交流，明晰表达一下决策思路，让团队对你有一个总体印象，同时在做出管理决策时，让下属参与管理提出一些宝贵建议，如果你给团队所有成员的印象是真诚正确的，即便是有一些不道德的流言诽谤也是无济于事。在这里强调一点：不管你听到什么不道德的闲言，都不要与诽谤你的人发生争执，否则，即使你争论赢了别人，也是输家；如果你争论输了，你将成为永远的输家。因此，无论面对任何议论，你都需要冷静应对，表现出一种宽容的风度，继续去做正确的事，那么，流言蜚语自然也就消失了。

Chapter10

第十章

有效激励下属的策略

管理大师德鲁克说过："卓越成效的领导会鼓励和鞭策部下并以他们为荣。"

成功的领导给予员工正确的指导，通过鼓励和鞭策下属，使下属的优势和潜力得到最大程度的发挥。

第一节 先了解你的下属

业绩目标都是通过下属来完成的，因此只有真正去了解你的下属，才能够有效执行你的管理决策。要真正地了解自己的下属，不仅是技巧、方法的问题，还与领导个人的阅历有关，特别需要对人性有深刻的理解。

有经验的领导一般都认为，要了解一个人，只做三件事情就足够了，这三件事情分别是：与他喝一次酒，与他打一次扑克牌，与他出一次差。根据心理学的理论来看，当一个人身处放松的环境中，特别是深处“私我”情绪中的时候，是很容易表现出自己的真实情性的。稻盛和夫就是这方面的高手，他喜欢在喝酒的时候注意观察那些有“情绪”表现的人，然后主动走过去敬杯酒，这样就很容易能听到下属的“酒后吐真言”了。

具体该如何了解下属呢？

1. 了解下属的基本信息

只有深入了解下属的知识背景、专业技能、家庭情况以及工作履历、工作奖惩记录等基本信息后才能对下属有比较充分的了解，从而通过有针对性地深入交流和沟通，赢得下属对你的信任，而让下属对你产生信赖感，往往是下属支持你工作的基础。

2. 了解下属的职业规划目标或动机

要针对性地交流和沟通，了解下属未来的职业规划、发展目标和动机。他们分别在你的部门希望获得哪些成长，希望得到什么？他们最看重的是什么？要知道，每一个人的动机是有差别的，这就需要从更深层次上去了解下属的职业发展和动机。

3. 了解下属的知识技能

在了解下属的经历和职业规划目标的基础上，你还要清楚下属有什么样的知识技能，他们具有哪些知识特殊才智、擅长什么，喜欢做什么？是否具备未来的接班人的条件等，这样你才能够让下属人尽其才、有更好的发展。了解下属不但能够给其提供职业发展的空间，更是团队人才梯队建设的有效措施。

总之，要想真正地做好团队管理和获得下属的支持，你必须去深入了解下属的需求，才能很好地驾驭他们，才能有针对性地从不同价值取向、从各方面去满足和激励他们；如果下属思想和管理决策不在一个频率上，他的行动力也会有所偏差。

第二节　激励理论与激励误区的鉴别

差不多所有的激励理论，都透着一个共同的基本原理，人们都愿意做那些能够从中得到报酬的事情。

人类激励理论的倡导者们，为了引导人们那深藏内心的工作热情与潜能，费尽了心机。总的来看，现在的激励理论大概可分为三大类：需要理论、强化理论与期望理论。

一、掌握三种经典激励理论

1. 需要理论

激励理论是一种推动力，它产生于一个人想使各种需要（例如：饥饿、干渴、社会认可）得到满足。它主张人们都有某些身体上与心理上的需要，而且他们总要尽力使这些需要得到满足，在需要理论的体系中又出现了三个分支：①马斯洛的需要层次理论：其层次排列从下至上依次为生理上的需要，对安全的需要，对归属的需求，对尊敬的需求，对自我实现的需要。②赫茨伯格的需要双因素理论：该理论认为对于需要的满足可产生两种结果，要么是企业员工对自己的工作感到满足，要么避免企业员工对自己的工作感到不满足。③麦克莱兰需要分类法：这是一种根据想得到的不同结果对需要进行分类。例如，哪些结果可以满足员工对于取得成就的需要，对于交往的需要或对于权力的需要？

2. 强调理论

强调理论也被称之为刺激理论或诱导条件论，它所体现的是一种工作绩效与奖励之间的客观联系，得到奖励的行为倾向于重复出现，而没有得到奖励的行为则倾向于不再重复。

这个道理似乎是显而易见的，如果管理者奖励某些行为，例如高质量的工作，高生产效率，及时汇报或创造性的建议等，那么这些行为就可能增多，如果管理者始终不去理会员工们的工作绩效贡献，那么他们就不能够期望员工们会有持久、很高的工作绩效。

3. 期望理论

这个理论强调，个人的期望可以激发出个人向上的力量。根据期望理论，一个人所做出的决策是三个普遍观念——价值、绩效获奖与期望的产物。价值是下属对奖励价值的评价，绩效获奖估计是高工作绩效能够受到的奖励的可靠性，而期望则是一个人对自己努力能够带来良好的工作绩效的信心，这三者左右着员工潜力的发挥。那些相信自己的努力能够带来出色工作绩效，并预计他们的成就可以获得重大的奖励的下属，会提高自己的生产积极性，并在奖励与他们期望吻合以后继续保持这种积极性。

对于我们现有的激励理论的回顾，只是为下一步有效激励员工，提高工作绩效提供一个理论的依据。激励理论再多，也不过是停留在纸面的文字，企业领导的任务就是破解这些文字符号的同时，将它们有效地统一起来，用振臂一呼的豪情换得排山倒海般的热情。

二、激励的五大误区

如何制定合理有效的激励机制，是企业中层领导的重要职责之一。虽然近年来一些企业越来越重视激励管理，并尝试着进行了激励机制改革，也取得了一定的成效，但在激励的认识上还存在一些误区。

1. 错误地认为激励就是奖励

有不少管理者认为激励就是奖励，甚至认为：激励员工就是奖励员工，这些都是对激励管理的误解。实际上，激励是一个引导员工行为、筛选行为的过程。激励是引发员工思想的发动机、强化员工行为的有效措施，是通过调整外因来调整内因，从而使被激励的行为向提供激励者预期的方向发展的过程。

2. 激励措施的无差别化

许多管理者在实施激励措施时，并没有针对下属的特点和需要进行分析，只是“一刀切”地对不同性格、不同需求的人采取同样的激励手段，结果适得其反。这就是没有认识到激励的基础是需要，而相同的激励手段不可能满足所有员工的需要。

另外，管理者要注重对核心员工的激励。在工作中，那些核心技术人员、工程师、营销骨干等都属于部门的核心员工，他们有着高于一般员工的能力，所以对于这些人的激励方法要区别于一般的员工。加强对他们的激励，可以起到事半功倍的效果。对核心员工的激励，更要使用长期激励的手段，如目标激励等方法。

对员工实施有效的激励，首先是以对人的认识为基础的。从一般意义上来说，凡是能够促进员工绩效或调动员工的积极性的因素，都可称为激励因素。通过对不同员工需求的分析，找到他们的激励因素，并有针对性地进行激励，这样激励措施才能最有效。同时，要注意激励的成本，以可控的激励成本追求最大的效益。

3. 激励过程中缺乏沟通

很多领导者往往重视工作指示的传达，而不注重工作指示后的信息反馈。这样对下属的激励是很没有效果的。如果缺乏必要的沟通，员工就处于一个封闭的环境中，工作就不会有积极性。

首先，对员工做出的成绩进行肯定。所有的员工都希望得到上级领导的认可，但结果却往往令他们失望。很多员工总是抱怨，领导只有在自己出错的时候，才会注意他们的存在。正因如此，领导者注意对员工的正面反馈是很重要的。让员工认识到领导者非常肯定他们的努力，拉近与员工的距离，这才是对员工的极大激励。

其次，透明管理。让员工了解公司的发展方向，了解公司的现实状态是非常重要的。创造一种透明的环境，为员工提供相应的信息渠道，可以极大地提高工作效率。

4. 盲目性的激励

有不少管理者看到其他部门的激励措施很奏效时，就马上效仿，“照葫芦画瓢”。合理的借鉴是必须的，但很多管理者只是照抄。我们知道，激励的有效性在于需要，只有立足本企业员工的需要，激励才会有积极意义。所以，要消除盲目激励的现象，不走形、不盲目，必须对员工的需求做出科学的调查分析，针对不同企业员工的需求来制定有效的激励措施。

5. 认为激励越大越好

其实，这是一种错误的观点，凡事物极必反，激励也是如此。过度的激励会给员工造成过度的压力，当这个压力超过员工承受力的时候，结果是可想而知的。因此，适当的激励才会更有积极意义。

第三节　激励下属要保持原则

激励最终的目的是提高工作绩效，这是不言而喻的。但是，激励仅仅是管理者管理下属的一种方法，而不是万灵药。因此，激励也要有分寸、有原则，不要走向极端，失去效果。

一、激励要围绕团队目标

激励，必须围绕所设定的目标进行，否则就失去了它的意义。管理者激励下属必须让下属明确目标，让下属出于自发性的自我调适，使其思想和行动力朝向公司的目标。

领导的激励措施若偏离团队目标，那么，所有下属就会认为上级领导喜欢随心所欲，从而去揣摩上级领导的心思，全力讨好，以期望获得若干好处。一旦形成这种风气，对于实现公司或团队目标就会起到适得其反的作用，因此，激励措施得当是领导必须掌握的激励管理技巧。

二、激励就是一种管理体系

很多领导都善于使用激励下属的方法，来实现所设定的管理目标。但激励管理应该形成一种体系，一种规则；系统化、规范化、标准化或制度性的激励管理要比随意性的激励效果好得多。

如生产部为了完成客户订单交期和产能目标，根据公司激励体系，领导者设定目标产值，若能够提前完成当月设定的预期产值目标，公司依据激励体系给予一定的奖励。前提是要求把激励管理措施形成管理体系，而不是把激励当作一阵风，吹过就算了。一番热闹之后，瞬间成空，不论是什么品质改善活动、6S管理活动、企业文化活动，等等，都会成为一种形式。而所谓的形式主义，对于激励管理手段而言，是没有任何效果的，反而偏离管理者设定目标管理的初衷。

三、激励不可显得神神秘秘

激励管理必须符合公司的管理体系，激励是为了完成设定的预期性目标而对组织成员的一种奖励，这种奖励是为了让更多人才去努力拼搏，所以激励不可显得偷偷摸摸，那样会让其他部门或人员觉得神神秘秘，还以为是什么见不得人的事情。

不公开可以，守秘密也无可厚非，就是不必要偷偷摸摸。暗中激励，我们并不反对，但是神秘兮兮，只会让其他下属反感，因此，领导者在设定目标和激励时，要掌握分寸。

四、激励时要做好有效沟通

激励必须通过适当的沟通方式，才能相互吐露心声，产生良好的感应。例如：技术部门的张工，在工作中表现突出，为公司挽回巨额损失。因此，公司有意奖励张工，若是不征求张工的意见，便决定送他一台液晶电视。不料一周前张工刚好买了一台，虽说可以向售货单位调换其他产品，但是也给张工造成诸多不便。如果上级领导事先与张工沟通争取意见，或许张工正需要一台洗衣机，那么公司顺着他的希望给予奖品，张工必然更加努力工作。

有一点需要注意的是，如有其他人在场时，激励沟通最好考虑第三者的心情，避免无意触动其他人。例如，公司领导对小李太多关心，很有可能引起小张或其他人的不平。因此，在与个人或团队沟通时，要采取不同的沟通方式，并且要考虑适当的时机介入，避免节外生枝，引起一些不必要的后遗症，降低了激励效果。

五、激励不可任意开先例

激励固然不可墨守成规，却应该权宜应变，以求制宜。然而，激励最怕任意树立先例，所谓善门难开，恐怕以后大家跟进，但是无以为继，那就悔不当初了。

领导者为了便于管理和笼络人心，未经深思熟虑，就慨然应允，承诺的激励一旦说出口，又碍于情面，认为不便失信于下属，因此明知有些不对，也会将错就错，因而造成更大的错误。

凡事都不可以任意树立先例，这是培养制度化概念，确立遵守制度的基本要素。即便是创新管理，求新求变，应该遵守公司的管理程序或向上级领导提交一份激励报告，在获得公司批准后再实施也不迟。

六、激励不可以走形式

许多管理者喜欢用走过场的方式来激励，形成一阵风，吹过就算了。一番热闹光景，转瞬成空。不论组织清洁运动、5S管理还是品质管理活动月，都成一种形式。而形式化的东西，对于企业员工来说，最没有效用。

作为中层领导，激励措施要围绕目标、原则标准、注重实质。因此，领导者在平常状态下去激励，使团队员工养成习惯，才能蔚为风气，正确保持激励的有效性而非走形式化。

第四节　激励管理三部曲

激励的最终目的是提升绩效，这是不言而喻的。而激励管理作为一种工具，只要得以贯彻实施，就能够将团队员工的活力激发起来，从而创造出优异的业绩。其实，从激励到提升绩效的过程中，领导者始终有着自己的角色与担负的职责，他们构成了管理者激励员工，改善工作绩效的前提。管理者激励员工过程中，一般应按设定绩效目标、绩效维护和激励促进三个步骤来进行。

第一步：设定绩效目标。这是领导者在激励员工时应率先考虑的问题。工作绩效包括三个要素：目标、量化与绩效评价。

从管理的角度来说，绩效管理本身就是明确设定目标，当然这个目标是激励所要达成的最基本目标。一般目标分为基本目标、奋斗目标和拼刺目标三种。对工作绩效而言，设定目标也就是改善绩效的有效策略。它不但使岗位分工、责任明确，同时也避免下属之间的推脱扯皮现象，是为团队和所有员工指明了工作方向，同时也可以激发员工的工作热情，是实现个人绩效目标的动力。

设定绩效目标，不仅便于团队管理、明确员工的工作方向，同时，也贯彻执行了公司的绩效管理体系。如明确量化业务指标、检查机制、绩效标准、绩效评价等。要求领导者实施绩效避免过于口号形式，例如“使公司获得好的效益、争取更大目标”这样的目标既无量化、也不明确，在实际工作中是不能贯彻实施的。

在设定绩效时，还要注意绩效评估，根据绩效管理系统来对下属的效率、质量、进度等做出客观、科学的绩效评估，可以促使员工不断地注意提升绩效。如果领导者花费大量时间设定目标和绩效标准，而不去对员工的工作业绩进行评估，这不仅浪费了企业资源或成本，更为重要的是所设定的目标已不能激励员工改善自己的绩效了，只能给那些关心领导者们在完成目标方面许下的诺言的员工带来消极的影响。

因此，只要设定了目标就要执行和进行绩效评价，最终必须贯彻落实绩效奖惩标准；否则，领导不负责的态度将会极大地挫伤团队的工作积极性，更是对企业整个绩效系统的破坏。

第二步：绩效维护。维护意味着防止、维持，绩效的维护就是对激励的实施，即领导者必须对实施的绩效过程进行监督、检查、修正和完善等措施，为员工达到一定的业绩目标提供必需的良好的环境，消除从设定目标到激励和绩效评价过程中的障碍。领导犹如一个园艺管理师，负责对植物的管理，防止花草枯黄和虫害的侵袭。他要为整个团队努力营造一个有利于进一步激励员工的氛围。

（1）为团队员工树立目标和信心，为下属消除客观上的障碍。

（2）为团队员工达成绩效目标提供手段和充足的保证。

（3）为达到工作绩效提供良好的工作氛围。

事实上，经常会遇到企业资源跟不上，设备损坏严重，工作场所环境布局不合理，以及效益低的情况，这些都在很大程度上影响了员工达到所要求的工作绩效，成为影响员工提高绩效的最大障碍。领导者要清除这些障碍，以便形成一个良好的工作硬环境，使激励成为可能。否则员工的工作动力肯定会衰减，员工们也会做出如下的结论，我们的领导对能否很好地完成工作并不是非常看重。

一项激励计划的顺利实施与员工良好工作绩效的达成与领导者是否给他们提供了充分的工作保障是息息相关的。这些东西从长远来看或许对企业是一笔不小的开销，但没有这些充分的保障，激励计划再惊心动魄也无人敢问津。

如果说领导者对客观障碍的消除是为员工们创造了一个良好的硬环境，那么领导者他们创造的良好工作氛围就是一个热意浓浓的软环境。在工作中，良好的人际关系，合理的教育训练，和谐的团队认同，基本的互相尊重将会使员工们在有效的激励下创造出更好的业绩。

第三部：激励的促进。这里所强调的是一种内在的激励，是一种以协调的方法激发员工提高绩效的策略。

如果说在绩效的维护中领导者充当的角色是园艺师喷农药，那么在这里领导者将去悉心地施肥，选用合适的肥料，使得绿色植物获得充分的成长。

对于所有的策略来说，无论是给下属的奖金或物质奖励，甚至是高度重视培养及授予职务等方法，其实都可以用一个词加以概括，那就是“奖励”。

奖励所有员工在工作绩效的问题上有了一个最基本的共识：良好的工作绩效会赢得一个美好的生活。

在这里需要指出的是，奖励只是为领导者提供有效的有机肥料，要想让花园茂盛起来，还需要领导者对奖励有一个尺度的把握，否则施再好的肥也会有副作用。在这需要注意三个方面的问题：

（1）奖励的价值与数量的把握

领导者对员工的奖励从广义上来看包括三类：物质奖励、现金奖励以及精神奖励。但无论选用何种奖励都必须为员工们提供他们自己认为有价值的奖励，并且，必须提供足量的奖励来激励员工，使其肯付出，努力去得到它。

（2）奖励时间与形式的把握

领导者激励请留意两点：一是所有的奖励是有生效期限的，如果员工已经取得了较好的工作绩效，而在奖励时间上过分延迟，这种奖励也就失去了其激发后续工作绩效的潜力。所以很明显，一旦员工的绩效达到目标时，领导者就要不失时机地加以肯定，并在行动上予以表示与支持。

二是奖励的形式要适宜。比较前面说的广义上的奖励，其具体形式更是多样的。奖励可以是一次小小的表彰会，也可以是大张旗鼓的“受勋论功”会。可以给员工以红包的形式发放他们应获得的奖金，也可以在工资条中加上几位数使它们获得一个意外的惊喜。无论采取哪种形式都要做到对员工实用、恰当。

（3）奖励公平性的把握

公平是人类内心世界最基本的要求。在奖励过程中，能够客观公正地把握激励的公平性同样可以促进员工实际的工作成效。

第五节　授予重任激励下属

下属的业绩结果就是领导工作的成果。出色的领导总是给下属提供舞台或发展空间；卓有成效的领导者总是给下属授予重任去激励下属。

工作的重要性有两种含义，一是公司内被所有员工公认是一项重要工作；二是对整个团队来说是一项重要的工作。作为中层领导，在分派给下属重要工作时，应关注以下两方面：

一、发现下属的需求

有员工曾说：“现在公司的管理体系，工作分工越来越细化，也越来越单调；枯燥无味的工作让现在年轻有激情、有上进心的员工感受到工作单一、千篇一律的流程化，显得缺乏挑战性。”广东沿海某集团企业的员工说：“我们工作了大半年，我们不知道工作的意义，工作起来也缺乏干劲，工作状态非常不理想，很想突破现有的固有模式去拼搏一下。”由此看出，在很大程度上那些年轻富有拼搏精神的下属是愿意去做一些重要甚至有挑战性的工作的，否则就会觉得工作没有意义，这也是现代一些公司人员流失的一个原因。

领导的重要职责就是要善于发现人才，特别是那些敢于挑战困难的下属。只要下属有激情、有信心，就要培养其成为团队的核心骨干人才，在适当的时候授予工作重任去激励提升其工作绩效。但是，领导者在授予重任时必须明确以下三个要素：

（1）发现可塑性人才。

（2）明确重要工作的意义和重要性 。

（3）明确实施步骤与评估方式。

这三个要素是实施激励管理的系统性工作。需要整体性规划激励管理工作，绝不是简单地指派工作就可以做好的。

二、委任重要工作时的注意事项

领导给下属分配较为重要的工作时，应提前让下属认识、了解到工作的重要性，并听取其意见。经常性与下属切磋琢磨，这点尤其重要。通过系统地解释，无论多么单调的工作也会使下属感受到工作的重要性，让下属由衷地致力于完成本职工作。一般来说，领导者在交代重要工作时，应注意好以下几点：

1. 最好在公共场合中，有意识地制造隆重的氛围，将最为困难、最具有挑战性的工作委派给下属，使下属感到上司对他的重用和信任。只有如此，下属才能充分发挥其工作的积极性，热情高涨地投入工作，即便是遇到困难也会想办法去克服，以最终实现重要工作目标，实现自我价值。这是一种成就激励的技巧。

2. 在听到别人对下属的意见时，尤其是听到别人对下属的谣言诽谤时，应旗帜鲜明地予以反对，并且一如既往保持对下属的信任，继续重用下属。这是对下属信心的激励，否则受到质疑的下属是做不出业绩的。

3. 在下属发生某些失误时，特意向你解释某种原因时，要给下属适当的安慰和肯定，暗示下属继续大胆干，不要因为一点工作上的失误而背上思想包袱。

4. 在下属确实因某些客观原因而失败时，领导不要把责任推给下属，而是应当主动把责任承担下来，进行自我批评。切记，把下属当作替罪羊的做法是完全错误的。

综合上述分析，领导工作就是协助下属达成业绩目标，为公司的发展做出重要贡献。成就本身是一种积极有效的激励方法，有了成就，就会有一种满足感，为了获得更大的满足感，就会做出更大的成就，这是一种激励下属的良性循环。

在给下属授予重任时要考虑采用合理的方法，以使下属认可。如果分派的工作超过了下属的能力，下属即使竭尽全力也无法完成，这样的工作就不要分配给下属来做，否则不但起不了激励的作用，反而会使下属丧失仅存的一点点信心和希望。

美国心理学家韦纳提出一种有关成功或失败的归因模式。他认为，人们将自己的成功或失败主要归因于四个因素，即：努力、胜任、任务难度与机遇。从内外因方面看，努力和能力属于内因，而任务难度和机遇则属于外因；从稳定性来看，能力和任务难度属稳定因素，努力与机遇则属于不稳定因素；从可控性来看，努力是可以控制的因素，而任务难度和机遇则超出个人控制的范围。因此，领导者在将重要工作委任给下属时，应特别关注下属的心理状态。

领导者不患无才，但有时在位的人或许不如想象中出色。领导者就应多给下属一些机会，让他们历练磨炼，在困难的工作中取得成就，从而成为公司的栋梁之材。

第六节　引入愿景，赋予员工使命感

要想使自己的团队有活力，就必须引入企业愿景，愿景可以让有激情的员工建立自我激励和对达成的目标的共同责任感。这也就让你的员工自动激发起他们的使命感。

企业的使命感决定着企业的发展方向，是企业行为的出发点。但是使命感不仅仅是企业的精神，因为企业所有的事情都是通过员工来完成的，所以企业必须把使命感传递给员工，赋予员工使命感，当员工有了使命感之后，他们就有了工作的动力。

一、善用企业组织的愿景激发员工

一家企业的经营愿景可以创造出卓越的团队管理文化，让所有员工明确工作的方向，一个令人信服的企业发展愿景可以创造出不可估量的业绩。在企业愿景文化的氛围中，所有的团队成员能量都是一致的，员工之间的协调和相互支持，从而带来信任、满意以及强大执行力的团队和客观的组织业绩收益。

阿里巴巴集团拥有大量市场资料及统计数据，对中小企承诺提供数据支持，努力成为第一家为全部用户免费提供市场数据的企业，希望让他们通过数据分析，掌握市场先机，继而调整策略，扩展业务。同时希望成为员工幸福指数最高的企业，并成为一家“活102年”的企业，横跨三个世纪，经过分解后，对企业员工产生巨大的激励作用，可见一个令人信服、强有力、形象生动的美好愿景对团队下属的激励作用是巨大的。

那么，中层领导应该如何通过向团队下属描述愿景来激励员工呢？

1. 愿景要得到员工的认可

要想得到员工对企业愿景的看法和相关信息，就要与员工多沟通，让员工参与企业愿景的设计过程，可以加深企业员工对企业愿景的了解和认同及支持。

2. 描绘令人信服的愿景

领导者必须要懂得描绘一幅令人信服的美好愿景，能够让员工易于深刻了解，从而吸引并调动起员工的积极性去共同努力奋斗，使企业员工通过工作努力而获取收益。

3. 将愿景解码成有意义的目标

愿景只是一个努力方向，从愿景到实现目标，还有一定的距离。具备了美好的愿景只是确定方向的第一步，要将愿景解码成一个有意义的目标，才能清晰地让员工从客观的角度理解自己所要做的工作内容，并激发出工作的积极性和克服困难的毅力。

所规划的美好愿景一旦实现，给员工带来的成就感就会越强烈，哪怕是没有达到设定的预期目标，也会比没有愿景要催人奋进。所以愿景是激励和工作指引的方法。

二、善用精神追求激励员工

人的需求是多层次的，丰富多样的。诚然，金钱等物质属性的需要对人的激励是根本的，但是当人的物质需求得到一定程度的满足以后，金钱就很难带给其有效的激励。人在追求物质利益的同时，还有更高层次的精神追求，换句话说，一个人不仅仅为金钱而工作，而是在工作中带有某种精神的追求，因此，领导者应当善于运用企业发展愿景，启发员工的个人价值观激励下属。

闲暇之余，很多人都喜欢看中央电视台的知名栏目《百家讲坛》，都记住了在这个讲坛上“正说清朝二十四臣”的纪连海，更记住了他的普通中学历史老师身份。

当中央电视台《人物新周刊》的主持人问纪连海有什么成功的秘诀时，他说："自己只是把教师职业当作事业来做。"在他看来，工作有两种：一种是职业，一种是事业。而当中学教师，就是他的事业而不是职业。

一位美国著名管理学家说："把职业当工作，往往一事无成；把职业当事业，往往成就非凡。"

职业和事业，虽一字之差，反映出来的却是两种完全不同的概念和心态：打工心态与老板心态。当我们抱着不同的心态去工作的时候，自然就会有截然不同的结果。

每一个人，身在职场，首先要认清自己，你所从事的职业完全由你自己的职业取向所决定。你的取向是把企业当作收入的来源来对待，还是把职业当作自己的一生的事业来对待。

人要生存离不开物质基础。农民种地、工人做工，首先都要通过劳动换取养活自己和家人的物质，这是一种生存的需要。如果仅仅把自己的工作当成是一种生存的需要，就会有人因为职业的不好产生不如意、不称心的心态。这样的心态则会令你在工作时更加无奈和被动。

作为中层领导，需要明白一个人的心理需求和职业价值取向，如何帮助员工树立一个正确的价值观和发现他所需要的精神食粮，如何引领部属去实现企业的经营目标和个人目标。

第七节　如何激励和使用"特殊人才"

任何团队中都会存在着某些恃才傲物、行为极端、难以操纵和管理的员工，也就是“刺头”员工。而许多管理者由于觉得这类员工不好管理，便往往避免给他们分配工作任务，而他们也因此更加散漫，最终形成团队瓦解、凝聚力涣散的局面。 在企业高层领导的眼中，必然认为管理者缺乏统帅能力，对于中层领导的前途构成的威胁是可想而知的。

一、如何看待“刺头”员工

员工大致可以被分成三个类型：第一种是能力不错，是较好的管理人才；第二种是工作能力一般，但比较服从组织的人才；第三种是工作能力过人，但是个性较强很难驾驭的特殊人才。

在组织团队里，第一种人才属于重点培养的核心骨干，各项工作非常配合，也具有一定影响力。第二种人才占大多数，也比较好管理。第三种人才，虽然在团队组织中比例不大，但是对这类“刺头”员工在管理上存在一定的难度。如果能把他们用好，那么，管理者工作可以说是成功了一半。

实际工作中，所谓：“人心不同，各如其面”，这世界原本就不是每个人都友善、可爱的。作为中层领导能意识到这一点，能坦然面对那些不易指挥的员工，不去计较就不会感到对方不好管理了。

从另外一个角度来分析，所谓“事出有因”，某些员工之所以难以指挥，必有潜在因素：由于对方的傲性使然，或由于对方心有不满，再或由于管理者所下的指令未得其法……总之，若能先找出症结所在，然后设法加以解决，不难使对方为本部门贡献一己之力，甚至能够成为部门的核心骨干。

有关人与人之间心理上的距离问题，不妨参考非常知名的所谓“刺猬理论”。例如，刺猬是一种全身披覆着针尖一般的刺，且会刺痛人的动物。他们通常群居，自成一个小团队。天气寒冷时，他们往往彼此紧紧地挤在一起，由于彼此的针毛互相刺痛，因而必须保持一定的距离，但离开过远又会无法忍受寒冷，结果通常是彼此保持既不冷、也不痛的适当距离。这项理论也适用于人与人之间的心理距离，如同刺猬的针毛一般，距离太远便觉不妥，太近则彼此伤害，因此势必得保持相当的间隔距离方能相安无事。

总之，对于管理者与这种“刺头”员工来说，最好将这项理论用于彼此的关系上，保持互不伤害的适当距离，达到共事共处的目的。

二、特殊人才形成原因分析

团队毕竟是由不同类型人才组成，要想每个人都非常完美且很好指挥是不现实的。既然大家同在一个部门，彼此无法避免不碰面，意见不同也是情理之中。因此，唯有双方解开彼此的心结，敞开心扉去接纳或包容对方，才是根本的解决之道。

1. 管理者对员工产生不好应付的印象原因分析

◆ 有一种心理现象，总觉得对方有一种不好应付的地方，包括气质、性格倾向、出身背景、语言沟通、平常习惯等。

◆ 出于自身的自卑感而感觉受到刺激，比如学历、容貌、家庭、门第条件等比对方低。

◆ 当对方有反抗的态度时，例如敌视上司、顶撞上司或其他显而易见的反抗态度。

◆ 听说对方在公司有某种背景时，从心理上产生的偏见等。

2. 员工对管理者产生成见的原因分析

◆ 首先，管理者要自我反省，先从自己身上找缺点和改善自我。

◆ 从思想上消除相互之间的成见，主动与员工沟通，敞开心扉，向对方承认不足之处，让对方感受到管理者的真诚。

◆ 正确看待他们的优势、缺点。工作上利用他们的优势，包容员工的缺点，让员工感受到关爱。

◆ 在对方工作表现出色时，要及时做出表扬，做错了私下给予鼓励，让员工感到上司在工作上的支持。

◆ 深入抓好团队建设管理、不断组织各项活动，经常性与员工深入交流和沟通，营造团队家庭氛围。

◆ 结合员工的优点，给予下属分派重要任务和充分授权，给员工提供发挥自我的舞台。

对待这些特殊的人才，中层管理者正确而又特殊的做法是，在个人才华上，进一步发挥他们的天赋，在团队纪律遵守上，尽量与之交友，因为“刺头”们往往也更重视感情，他们的纪律观往往是感情观。

虽说他们的一些想法和做法确实有些离谱，但是，从另外一种角度来分析，这种人与循规蹈矩但无所作为的大多数人相比，他们应该算作企业中的积极力量，有时能为企业创造出难以想象的业绩目标。所以，管理者要利用好他们的优点，让其为组织团队人际关系和谐的达成、自由创新的氛围的营造发挥他们的作用。

同时，领导也要从不习惯的工作方式中解放出来，毕竟现代企业管理对象不少是年轻一代的生力军，个性较为明显；对这类特殊人才的大胆使用，让其帮你出谋划策发挥自己优势，这样的做法结果往往是皆大欢喜的双赢效果。

其实，领导也不必太担心这些“刺头”会破坏制度，事实上，任何一家企业管理制度体系都是在不断完善过程中的。这种“特殊员工”就是中坚力量，有时候他们敢于提出质疑，敢于否认，团队建设才有改革创新的理念，进而构建不同阶段的管理秩序。只要善于用人优点，包容他们的缺点，把合适的人放在合适的岗位上，让其创造业绩会比双方内耗的结果好很多，至于怎么利用特殊人才，这就看管理者的领导艺术了。

第八节　领导的奖赏艺术

一句鼓励的话可以改变一个人的观念与行为，甚至改变一个人的命运！一句负面的话，可以刺伤一个人的心灵与身体，甚至毁灭一个人的未来！由此可见，奖赏语言的艺术显得尤其重要。

奖赏是一门领导艺术。作为中层领导，应当熟练掌握运用艺术的方式对下属进行奖赏。许多管理者迷信“重赏之下必有勇夫”这句话，因而祭出了管理者撒手锏，习惯以重赏的方式来管理部门员工，以期能带动好工作。问题是许多管理者没有掌握奖赏的方式、方法，不但未能收到预期的效果，反而使自己管理的团队组织矛盾重重、冲突不断，造成业绩目标下滑、核心骨干人员或关键岗位人员流失的后果。

有一家规模庞大的企业为了提高销售目标，决定制定奖赏奇招，以多项大奖来激励销售部的30名业务人员；这些奖品花样众多，五花八门，大至奖励轿车，小至一张礼券，总共有20多种。

在业务活动期间，销售部所有业务人员努力去开发市场、开发客户提高自己的销售业绩，等到活动结束之后就开始核算每个人的业绩达成情况，业绩位居第一的业务员可以领到30张彩券，第二名29张，第三名28张，以此类推，也就是最后一名可以领到一张。

到了庆功晚会上，抽奖的活动开始，从箱子里所抽出的一等奖可获得小轿车一辆，二等奖笔记本电脑一台，以此类推。到了抽奖的时候，公司领导忽然又宣布一项新规则：每个人只能抽取一项奖品，结果呢？让人大跌眼镜，轿车被第12名的领取，而笔记本电脑则落入第23名手中。销售第一名的居然只抽到一个电饭煲，事实上，销售业绩前五名所抽到的只是一些微不足道的小奖品。在饱受同事的取笑之余，也引起群情激愤，最后那些销售人才都选择跳槽别的公司。原来的公司领导再措手不及，也只有摇头叹息了。

综合上述奖赏案例来分析，主要原因还是领导没有考虑周全：

1．业务人员会有自知之明，晓得自己到底有没有资格去角逐，如果都抱着局外人的心态在看热闹，士气反而会更加低落。

2．“以成败论英雄”的论功行赏失之客观，让那些销售业绩精英人才感到时运不佳为之气结，容易产生强烈的反对和抱怨情绪。

3．不论有多少奖赏，到最后通常都是各个一线部门在论功行赏，其余部门只有在台下当观众，导致怨声载道。

领导者的奖励在于激发下属的潜力和体现出被激励者的价值，重要的是让员工在公司得到认可和尊重。

某公司的一名工程师突然闯进经理办公室，宣称他已经找到公司为之奋斗好几个星期的一个问题的解决办法。经理高兴极了，动手翻腾起办公桌，想找出某种东西来感谢工程师。最后，经理从自己的午餐盒中找出一根香蕉递给工程师说：“干得好！祝贺你！”这个“金色香蕉奖”立刻变成了一项授予一名具有创造性员工的珍贵荣誉。这就是奖励的力量。

这个案例充分体现了领导的奖赏艺术。不要轻视做对事情的员工，要及时进行奖赏。就拿这个香蕉来说，奖赏不算什么非常贵重的物质，不能让情绪破坏了奖赏的美意。同样，作为领导，也可以效仿类似的奖赏方式，预先设定一套临时奖赏标准，重要部门下属达成标准，可给予一项小奖，无须等到达成目标之后再去论功行赏。奖赏的目的是激励团队去完成更大业绩目标。

在此，介绍几种奖赏方式、方法，仅做参考：

1．公、私奖赏必须要分明

用公司的钱，送私人的人情，这是一种明得暗失的算盘。私人的事宜应该说明，使用自己的花费也要表明。不必私垫钱办公事，否则就是公私不分明。私人的恩怨不能公报，更不得违反制度存心谋取私利，因为公私不分的奖赏，到头来必然公私两蒙其害。

2. 明、暗奖赏要分开

奖赏可以公开或私下进行。这两者都要以正当而合理为适宜，才是有效正途。

凡是大家看法一致，不易引起其他人反感的，可以进行公开奖赏；若是智者见智或差异性较大，而又非奖赏不可时，便可以私下给予奖赏，这样既可以避免或减少误解和抱怨，又可以对有功人员进行有效奖赏。

3. 刚、柔奖励要柔和

刚性奖赏方式，多半建立在厉害的基础上面。而柔性的奖赏方式，则是偏重于情谊。用情谊作为出发点来实施奖赏，效果最佳。所谓的柔能克刚，正是此理。在这里柔，并不表示胆怯，也并非推、拖、敷衍了事。

在这里的柔，则是体现出用真诚的关爱让员工从柔中感受到一股强烈期望，激发自己做出更大的业绩。

刚是一种果断的作为，具有短暂的时间性的爆发，做出非常的手段，比较有利。在刚硬之后，再以柔性来安抚或关爱，更能获得下属的信任。绝不可以存有杀一儆百心理，因为人心惶惶，并没有什么好处。应当处罚到什么程度，若是难以判断，最好从轻。又如，应当奖赏到什么程度，倘若难以判断，最好从优。若证据确凿，宁可从轻发落。刚柔相济的运用，重心不在于惩戒，而在于教育和训练。

奖赏作为管理者的一种手段，并不是意味着物质奖励。除了及时给予员工物质上的奖赏之外，“精神奖赏”则是管理者更为重视的一种手段。

Chapter11

第十一章

把权力授给合适的人

管理大师德鲁克说过："授权不等于放任，必要时要能够实时监控。"

成功的管理者不但能够激励员工，更是善于授权给下属去完成分解的目标，给予下属足够的空间，让下属拥有一定范围内的自主权，让下属最大程度去发挥他的专长；但领导者应给予授权监控。

第一节 什么是授权管理

授权，是指领导者将职权或职责授给下属负责，使下属在一定的监督之下，有相当的自主权、行动权。而管理者对被授权者有指挥监督权，被授权者对授权者负有工作报告与完成任务的责任。

授权是一门管理艺术。授权也意味着管理者与被管理者之间建立起某种形式的职权关系。具体而言，管理者充分合理的授权能使自己不必亲力亲为，从而把更多的时间和精力投入到企业经营计划上，以及如何引领组织更好地实现更大的业绩目标。

领导授权也可以说是组织扩大化的结果，没有人能够承担实现企业经营目标所需要的一切任务；同样，也没有人能够行使所有的决策权力。由于存在着管理幅度的限制，领导者必须将相关部分职责授权给下属，便于他们在职责范围内进行决策。

成功的领导者是如何打造一支有潜力的团队的呢？答案是分享权力，而不是管理集权。有一个颇有经验的管理者说过，在尊重团队员工的同时，分享权力是他成功带领部门的秘密武器，这也是一个公司领导的必备素质。

某企业是一家生产小家电系列产品的制造型企业。其生产主管杨先生是大学本科学历，正规院校相关专业的毕业生，工作态度端正，尽职尽责，管理有思路。事实上外围员工也认为这位上司的工作尚可。但是，生产部领导杨先生与本部门下属员工经常发生摩擦，原因是本生产车间基层管理人员及员工始终不能认可这位部门领导，甚至与他格格不入，对他一肚子意见，车间整体工作业绩受到影响。

通过调查了解，虽然这位部门领导能够吃苦耐劳，工作尽心尽力，但是最令人不满意的地方，是他的管理方法上存在的一些问题——授权问题。这位部门领导在日常工作中事必躬亲，唯恐出现差错，且过分强调了基层管理人员“身体力行”的作用，弄得下属倒手足无措。不知道授权，导致形成了“领导干，下属看”的局面，造成了下属一致的抵抗情绪。

从以上案例中，可以看出一个简单的问题，作为领导，要给自己一个合理的定位。根据管理工作的需要，完全可以通过授权促进工作进步，如果不懂得授权，反而会影响工作目标的达成。

管理是一门学问，而授权是管理中的艺术，所谓管理是指通过别人来实现经营目标的艺术。尤其是企业中层领导，若想真正通过下属实现你的预期目标，唯一要做的就是学会授权。据有关材料显示，在中国不少企业组织中， 至少有80%以上的管理者不懂得授权。由于传统观念的影响，他们认为下属的能力永远不如自己，授权给他们唯恐把事情办砸，所以大事小事，事必躬亲，整天忙得不亦乐乎，成效却不甚显著，甚至会遭到下属的反对或抵触。

一个企业要想做大做强，特别是在市场竞争激烈的环境中，尤其是中层管理者，必须懂得授权、愿意授权并且掌握授权艺术。企业发展到一定规模的时候，那些下属希望可以分享到公司的权力，这是企业员工实现自我价值、渴望得到别人尊重的一种需求。这时，企业领导就应该满足员工的心理需求，为积极上进的员工提供成长的空间。

第二节　分享你的权力

成功的中层领导怎样打造一支有战斗力的队伍？答案是分享权利，而不是集聚自身的权力或者想象自己能够集聚权力，这是身为一个中层领导的必备素质。在实际工作中，有很多公司的中层领导却背道而驰，他们利用权力压制员工。追求个人的发展并没有错，但是创造一个强大的团队是更靠谱的方式，最终，他反而会赋予你更多权力。

有不少领导者陷入了事必躬亲的恶性循环，“事必躬亲”与“用人不疑，疑人不用”截然相反，这样的领导者往往只相信自己，事事插手，琐事的缠身导致企业最重要的问题不能够被聚焦；而且，由于事必躬亲，团队员工难以成长，有能力的下属在能力得不到发挥的情况下而流失。

为什么有些领导者不想把他的工作授权给别人呢？ 总结起来有以下几点：

1. 如果随便把管理权给予下属，他能够符合我的标准吗？未必，而且工作效率也没有我快，他们不懂如何执行计划，还是自己做比较放心。

2. 如果给予下属充分授权，下属的工作能力万一比我强，搞不好有一天会顶替我的位置。这样的想法是幼稚的。殊不知，如果领导者给下属充分的授权，让下属去做一些例行性的工作，领导者作为管理领导会有更多的时间去做更有战略性和更有价值的工作。

3. 如果放弃我的管理责任，那我不就什么事情都没得做了？成功的领导者应懂得舍得定律，有舍有得。如果你老是握住旧有的东西不放，那又如何做更有价值或创造力的工作呢？

4. 虽然有不少下属，但是没有合适的人选。其实，这才是领导者不想授权的最大理由，这并不是说真的没有合适的人选，别被这些领导的理由给忽悠了，或许是他太忙了，或许是这一类型的领导并无意接受公司上级领导的安排，但是如果这个领导愿意培养下属的话，完全可以克服所要面对的一切困难，唯一的可能是管理者不希望授权给别人。

通过下面这个案例，可以看出一个死死抓住权利不放的管理者，最终会把他有潜力的下属都逼走，最终也会影响自己的职业发展。

某公司品质部主管领导经常向身边的人抱怨：“部门下属都很懒，没有执行力，所有的品质管理工作都得自己来。”刚开始，这位主管领导的抱怨会博得很多的同情，可是慢慢地，大家发现了其中的奥秘。原来，这位主管领导对团队下属极度缺乏信任感，总觉得下属不如他，很多工作都做不好，所以，很多工作安排下去后总觉得不放心，一定要自己掌握事情的所有细节才能够放心。部门的下属不管做什么，每走一步都要向领导汇报，得到他的首肯后才敢走下一步。如此一来，慢慢就没人敢大胆、主动地做事情了，因为做得再多也没有用，只要领导一句话就得重来，纯粹是出力不讨好。下属是被迫无所事事，主管领导却忙得脑门子冒汗，哪怕是再重要的事情也都忘记了。如此一来，很多事情都成了“烂尾楼”，耗费时间而没有业绩。管理者总是独揽大权不授权下属，久而久之团队员工已经对上司不抱任何希望了，甚至对公司也没有任何希望了，有激情的员工为了能够突破目前事业上的瓶颈，他们就会选择离开公司。

由此看出，企业领导要做到“有为”，首先要做到“无为”，要能在“无为”中实现“有为”。所有的事情并非都要自己做才有好的结果，如果懂得授权和利用下属的才华，那么管理者和下属就会互惠互利，从而缔造一个“双赢”的局面。

杰克·韦尔奇说：“管得少就是管得好。”其实，好的领导完全没有必要把自己弄得那么累，事必躬亲的效果未必最佳。只有从公司的日常事务性工作中跳出来，才能集中精力到战略发展、对外关系开拓上。而放权，实际上也意味着他已经足够有信心，能够用自己的处世哲学、企业文化来影响授权的对象按照自己的意图来处理问题。当一个领导开始放权，企业的经营管理便上升到了一个新的境界。

第三节　掌握授权的原则

为了实现企业既定的经营目标和强化团队建设，企业领导必须从思想上认识授权的重要性和必要性，授权也是各级领导不可回避的决策。如果授权不当会造成许多管理上的问题。因此，中层领导必须掌握好授权的原则。

一、目标性的授权原则

领导授权要体现其目的性。首先，授权是以组织既定的目标为前提，分配职责和委任权力时都应围绕组织的目标来进行，只有在为实现组织目标所需的工作时才能够设立相应的职权。其次，授权的本身就是要体现明确任务目标。在分配职责时应让被授权人清晰地知道应该做什么，达到任务目的的标准是什么，完成业务目标的奖励有什么等。只有在目标明确的情况下，才能有效做出授权，才能够让下属承担相应的责任，否则，没有目标性的授权只会造成更大的混乱。

二、因事而定人的授权原则

领导者要根据需要完成的工作来确定人选，再从需要完成的目标着眼来考虑授权。但是，在决定合适的人选时，考察候选人的综合能力也是必要的。例如被授权人的知识结构、工作技能及综合能力的评估是否与授权匹配，只有在符合上述条件的情况下才能做出授权决策；如果领导者一旦发现被授权下属职权与工作能力不匹配或无法承担责任时，应果断及时收回职权。

三、逐级授权的原则

除特殊情况之外，领导者授权只能对直接下属进行，绝对不能越级授权。否则不仅使中间管理者的工作受到影响，而且也容易造成管理层次的混乱，搞乱了组织结构的管理体系和隶属关系，影响了上下级的关系，挫伤了下级人员工作的积极性和创造性。为避免出现领导者在授权决策时违反逐级授权原则，领导者必须明确授权的对象和授权的相符性是什么。领导是组织的指挥者，不是团队所有权力的拥有者，领导者的权力拥有一定的范围或受到一定的限制。

四、适度性的授权原则

领导授权必须把握一个度，授予职权只是上级领导职权的一部分，而不是全部，一旦授权过度就等于授权不当，甚至会造成工作上的被动。领导者在授权时，应该清楚某些权限是领导者自己所决策，必须亲身为之。所以，领导者应根据自己职权范围，以及下属的能力大小和水平高低，来确定给下属授权的权力和范围。

另外，领导者应根据下属需要完成的任务目标或者根据需要酌情加码。但是关键性权限必须自己掌握，授权也不可以一步到位，而是应根据完成工作任务时所需要调动的资源需要，逐步加码。虽说做出了授权决策，但是正确的授权并不等于放任不管；而是保持最终控制决策权，授权就是保持弹性和适度，可大可小、可轻可重、可多可少，既能授权，也可以有效收回。

五、授权无交叉的原则

在现代企业组织结构中，即使是一个比较小的公司，也会有多个部门，各部门都有其相应的权利和义务，领导在授权时不可以交叉委任权力，那样只会导致部门之间的冲突，甚至会造成内耗，形成不必要的浪费。例如，上级越权、跨部门、交叉的授权或管理指挥只会令问题更加复杂和糟糕。

六、单一隶属授权的原则

下属被授予相应的权力时，只能由一个下属只对一个上级领导汇报，才能很好地履行职责权力去完成既定的任务目标。如果是多头领导管理或隶属关系不清，下级会感到无所适从、左右为难，无法正常行使授予的职权甚至导致互相冲突，也就造成工作执行及汇报的不协调。因此，领导者授权必须符合直接汇报工作的隶属关系的要求。

七、信任授权的原则

授权必须是以领导与下属之间相互信任的关系为基础。一旦领导做出授权决策时，就必须对下属予以充分的信任，不得处处干扰下属的工作。而下属在接受职权之后，也必须尽可能做好分内的工作，不必再事事向领导请示。因为授权意味着两方有着互相信任的态度，有时很难达到绝对的信任：上级可能认为下级锻炼还不够，管理能力欠缺，判断力还不够强；或不能理解各种对情势有影响的事时而迟迟不予授权。有时这些考虑是对的，但是上级还应该培养一些后备人员或者另选准备承担这个职责的其他人员。然而住往有很多这样的上级，他们之所以不信任他们的下级，是因为他们不想放手，担心下级成功的威胁，不能明智地授权或不知道怎样为确保职权恰当地使用控制办法。

授权是一项政策性、原则性很强的工作，因此中层领导必须慎重施之。要充分调查研究被授权对象的信息，认真考察、反复论证，切忌盲目授权。授权必须以工作的需要和授权对象能力的大小、水平的高低为依据，因才授权，防止有才不被重用的现象发生。

八、有效监控的原则

著名管理大师彼得·德鲁克说过：“授权不等于放任，必要时要能够实时监控。”在此很明确地指出， 领导授权不等于弃权。很多人在把

“权”授出去以后就放任自流，不再过问了，任由下属任意操作，授权后撒手不管的结果必然会导致失控，而失控的权力会发生各种意外问题。其实，授权不等于弃权，授权后还需要后续跟进，也就是过程控制。既要授权又要避免失控，还要调动下属工作的积极性。这是因为，首先，监控能明确权责。其次，可以起到过程监督的作用。对被授权者的工作情况随时掌握，一旦发现偏离目标的情况时及时做出纠正措施。最后，可以及时调控。对难以胜任工作的人员要及时调整或更换；对于滥用职权，严重违反企业管理秩序的被授权者要及时收回权力，并给予严厉惩处以儆效尤。

第四节　授权管理的八大要点

授权是为了提高下属工作的自主性、发挥创造力的方法。授权是对权威的挑战，是对控制的突破。授权是为了选拔人才、培养人才，创造新的可能性。但领导者在授权之前必须熟悉掌握授权的过程要求，换句话说，还应当知道“下属怎样做会有更好的效果”。在授权规程中，存在许多的细节和要点。如果能对这些细节给予充分的注意，授权会取得良好的效果，我们把这些细节归纳为授权的八大要点。

一、领导心态的自我调整

之所以有不少领导不敢授权给下属，其主要根源在于他的内心对个人权威缺乏安全感，另外就是对授权管理缺乏领悟。因此，领导者在授权前必须对自我的心态进行调整，敢于面对自我内心的授权恐惧，正确认识授权管理是一种管理方式，也是企业发展的趋势。通过扩大自我认识和建立自我信心，甚至多参加职业经理人培训课程，从而促使管理者提升自我认识、扩大视野、提升格局、调整心态，勇敢地对下属授权，让下属去发挥自己的特长优势，让自我从烦琐的事务中脱离出来，去做富有更大价值的工作。

二、正确认识授权的必要性

作为中层，应清晰地认识到，管理知识无界限，领导工作的职责就是培养下属，让团队成员充分发挥特长，最终以团队力量实现公司的业绩目标。所以说，成功的领导总是善于授权给下属，给下属充分展示才华的空间和舞台。这是因为管理者的绩效不是靠本人的专长技术来衡量的，而是要看他们是否充分发挥了下属的能动性。

三、营造出授权的文化

作为企业中层，应把授权管理打造成一种管理创新、敢于挑战的授权文化，结合企业人力资源管理教育培训，构建授权管理文化，积极去激励下属发挥他们的才华。在授权后，领导者要清楚地知道授权允许下属犯错，即便是犯错领导也应积极地妥善处理。

四、自上而下协调一致的授权

中层领导应使管理层自上而下，对于有效授权都有一个正确的理解：为了企业和全体员工的共同成长，中层领导允许下属做决定，如有错误，亦应妥善处理。为了保证授权的有效性，公司方面必须做好日常授权管理或培训计划，让被授权者有一个学习的平台，这样无论是对组织还是对企业员工，都是一个共同成长的“双赢”行为。

五、教育培训受权者

授权不仅是告诉下属该做什么事情，更重要的是管理者与下属之间的互利合作。真正意义上的有效授权需要双方深入沟通，建立在以团队目标为目标的基础上，才能顺利推行，获得成功。事实上，领导者授权活动正是训练下属的一个好方法，应该引导受权者认识到，新的权力也附带了新的责任，会使他们日后成为一个优秀的管理者。

六、让受权者明白该达到的效果

授权的领导者应该在下属前方树立一个具有诱惑力而又清晰可见的目标，让下属明白上司期望的结果是怎样的。领导者应要求下属在授权后把行动计划写出来，让下属认清自己该如何达到预期效果，并注明需要哪些资源或相关部门的协助。通过这种形式，领导者可以确切地了解到下属对期望绩效的认知程度。

七、先了解下属的能力再给予授权

成功的领导者不是依据下属的技术和现在表现出的能力来授权和分派职务，而是以他们的工作动机和能力来决定的。授权也意味着权力与责任的转移，更是衡量一个中层领导的授权决策水平。所以，授权前不仅需要了解下属的技术能力，更为重要的是深入了解下属的潜能和职业发展需求，只有在双方达成共识后，才能称为有效授权。

有不少领导在授权后无法充分地利用下属的潜力完成业务目标，这是很失败的授权决策，更是对人才的浪费。其主要原因就是对下属没有充分的了解。所以，领导者应明白在授权的同时，下属是企业的宝贵财富，领导者没有理由不深入地了解自己的下属。

八、 领导者给予适时的协助

授权就是决策权和责任的转移，领导要求下属完成某些工作任务，就必须对下属给予充分的授权和资源的分配，让下属能够充分发挥他的才华，领导在授权时，应注意几点：

1. 在给下属充分的授权时也要监督下属达到预期的效果；

2. 关心下属的工作难点；

3. 对听到的重要信息做好记录；

4. 养成将重要信息资料及时抄送下属的习惯。

下属工作过程中遇到困难时，要及时提供协助。这是因为授权的目的是实现公司目标，而授权领导在公司资金、人脉、信息等各方面具有一定的优势。所以，领导不仅是做出授权，更需要对下属给予咨询、制订方案及实施时给予协助。

总之，领导者在授权后应做好“售后服务”，及时给下属提供帮助。避免下属在接受授权后，因缺乏信息、资金等资源而使授权工作处于窘境。

第五节　如何制订授权计划

授权是中层领导的一项重大决策。有效的授权可以提高下属自主性、发挥创造力，但也绝不是随便简单化地给予下属权利，而是需要领导者在授权前必须做好相应的授权计划，可以不是文字性的文件，但一定要具有一个清晰的授权框架、步骤和要求及注意事项，避免过于盲目性的授权给组织带来混乱。

一般来说，授权计划包括以下几方面，仅供读者参考：

1. 授权的目的是什么？需要完成哪些工作任务？

2. 授权的范围有哪些？

3. 授权需要达到什么样的预期效果？

4. 授权需要提供哪些资源？

5. 如何评价下属的工作绩效？

6. 完成工作任务的时间。

领导者可将授权计划编制成表格，形成详细的授权计划，保障授权既符合公司授权管理体系，又能够使授权工作处于受控状态。（授权计划单见表11-1）

表11-1　授权计划单

序号	授权要求	过程细节思考
1	授权与工作任务	职责范围、完成任务注意事项、完成时间；如何进行绩效评估
2	受权人详细信息	工作能力评估、工作动机、教育培训、工作技能等内容
3	培训要求	需要如何培训、方法、时间、成本等
4	职权需求	完成工作任务所需要的对人、财、物、信息等组织资源调用的权限
5	工作汇报方式	受权人向上级做工作信息汇报的方式、频率等
6	领导本人的职责	如何把握授权监督、如何协助下属、如何激励等

根据上述情况来看，领导必须是有规范性的授权计划，避免盲目授权造成团队或结构上的管理混乱。领导者应按照完成工作任务逐步予以授权，而授权不仅是完成某些工作任务，更是领导者对组织人才培养的重要决策。

有效授权不同于委派，委派是以命令和说服为主，只是委派任务和目标，而对方的责任感不强，也缺乏主动性。有效授权的核心是授予对方责任感和主动权，让被授权者有创造的空间，能采用自己的方法去完成目标。领导授权是有效地将一部分工作转交给下属完成，是一个双向过程，需要信赖与沟通，最重要的还是心态，要有伯乐之心、相马之术，授权才能最有效。

海尔的创始人张瑞敏，他的管理能力是公认的卓越，一个重要的原因就是他善于制订授权计划和授权控制。他不仅将权力下放，而且还能够对下放的权力进行监督。张瑞敏在制订授权计划的时候：首先确定授权目标并形成详细的步骤，确定合适的人选，并激发员工大胆去行动。虽说张瑞敏做出了授权，但整个授权过程都处于受控状态，都能根据授权计划做到收放自如。张瑞敏在制订授权计划之后，还提出两个原则：一是各部门一把手必须自律，要有严格的自我约束能力；二是要有控制体系。说到底是要求被授权者必须按照既定的授权计划进行，从张瑞敏在制订授权计划的策略上可以看出张瑞敏的管理艺术之高超。

第六节　如何把握授权时机

有效授权就是将权力进行扩散和让权力产生动力。确定授权计划就是落实授权实战环节了，根据授权计划进行分解实施（可根据工作任务具体而定），即选择适当的时机切入授权，掌握好授权时机，对于授权的效果是不言而喻的。

一、授权的时机

授权时机可能是一些特殊的事件或者是一种司空见惯工作现象的再次发生。领导如果能把握好这种授权时机切入授权计划，就能够让下属切实感受到授权的必要性，或者避免授权进入过程的生硬。一般来说，领导者在经历以下情形时做出授权：

1. 领导者需要进行新的工作计划或项目研究时总觉时间不够。
2. 领导的办公时间几乎全部在处理例行公事时。
3. 领导在工作时总是被下属的频繁请示所打扰时。
4. 下属因工作闲散而绩效低下时。
5. 领导因独掌大权而引起上下关系不融洽时。

6．公司因发生紧急事件或其他事件，领导无法分身处理另一件事情时。

7．公司因业务需要发展扩张，成立新的部门、分公司或兼并其他公司时。

8．公司因管理人员流动，需要提拔年轻有为的中层领导主持部门工作时。

9．公司以战略规范发展或改变以往的决策机制时，以适应市场变化的环境时。

领导授权需要有三个基本条件：首先是领导头脑清晰、思路明确和有完整的授权计划；其次是选择适当的授权时机切入授权；最后是选择或确定最佳的形式宣布授权。

二、受权人的基本条件

作为中层领导往往是“权力固可授予，但责任却无可旁贷”。因此，管理者在授权前应确定好人选来使用这些权利。具体如下：

1．符合受权的人员

（1）领导不在时能负起留守职责的人。

（2）能随时回答领导提问的人。

（3）向领导提出问题和改善建议的人。

（4）忠于执行领导命令的人。

（5）做领导的代言人。

（6）主要或重要工作能经常请求领导请示的人。

（7）敢于承担责任的人。

2．具备的基本要求

（1）工作积极、对工作负责的态度。

（2）具有全盘工作意识，能够站在全局考虑问题。

（3）做事果断、且雷厉风行的习惯。

（4）有发现问题善于记录的习惯，且对数据较为敏感。

（5）对企业或上司具有忠诚的态度。

（6）具有能够提出问题和改善意见的习惯。

作为中层领导，应把人才管理培训作为重点工作。工作中不断发现人才，并给予不同技能、知识、经验及事物处理等各方面的培训，在关键时刻能够为团队或在突发事物的处理过程中起到非常重要的作用，甚至可以培养成为自己或团队的接班人。

第七节　授权的管控方法

授权是中层领导者的一项职责。从一般意义上来说，授权就是放权。那么，是不是说授权后就放任不管了呢？当然不是的。作为中层领导，不仅要敢于授权，而且更要学会控权，做到授中有控。很多管理者认为，授权就是放权。正如管理大师彼得·德鲁克所说："授权不等于放任，必要时要能够实时监控。"

为什么对下属授权后还要对其进行监控呢？管理专家彼特·施坦普说过："权力是一把双刃剑，用得好，则披荆斩棘无往不胜；用得不好，则伤人害己误事。成功的企业管理者不仅是个授权高手，更是一个控权高手。"领导者在做出授权之后进行进度监督和控制，是对授权后的一种制度性约束，可以防止下属滥用职权做出"伤人害己误事"。因此，领导者在做出授权时，必须熟悉掌握以下几种方式：

一、领导授权方式

一般来说，授权分为口头授权与书面授权两种。

口头授权是上级领导利用口头语言对下属所做的工作交代，或者是上下级之间根据会议所产生的工作分配。这种授权形式一般适合于临时性与责任较轻的任务。

书面授权是上级领导利用文字形式对下属工作的职责范围、目标任务、组织情况、等级规范、负责办法与处理规程等进行明确规定的授权形式。这种授权形式适合比较正式与长期的任务。

二、领导授权形式

根据授权规范性程度的不同，领导授权分为正式授权与非正式授权。

正式授权是指组织领导根据相关法律或管理制度并按照法定程序所进行的授权活动，即下属人员根据其合法地位获得相应职权的过程。

非正式授权是指组织体系之外的非程序性授权，带有随机性，因机遇与需要而定，往往是临时性的。

三、领导授权的方法

根据工作内容的重要性程度、上下级的水平与能力等综合情况，将授权分为充分授权、不充分授权、制约授权和弹性授权四种。

1. 充分授权也叫一般授权，是指领导者在下达任务时，允许下属自己进行决策，并能进行创造性工作。充分授权又可分为三种情况:

◆柔性授权，即授权者仅对工作安排给出一个大纲或轮廓，下属可随机应变，灵活而有创造性地处理工作。

◆模糊授权，即授权者只讲明工作所要完成的任务和达成的目标，而不明确指出工作的具体事项与范围，让被授权者自己去选择完成任务的途径。

◆惰性授权，即上级领导者将自己不愿意处理的纷乱烦琐事务交给下属处理，其中也可能包括领导者本身也弄不清楚如何处理的事务。

2. 不充分授权，也称为特定授权或刚性授权，是指领导主体对于下属的工作范围、内容、应达成的目标和完成工作的具体途径等都有详细规定，下属必须严格执行所设定的规定。

3．制约授权，又叫复合授权，是指公司领导将某项任务的职权分解授给两个或多个子系统，使子系统之间产生互相制约的作用，以免出现疏漏。

4．弹性授权，又称动态授权，是指在完成任务的不同阶段采用不同的授权形式。

四、应该授权的工作

1．下属已经具备一定工作能力时应予以授权。

某公司新来了一位产品经理。其主要职责就是负责产品的市场调研规划工作、项目策划、立项及资源协调与过程管理、上市营销，等等。上司要求在每个月写出一个产品推广方案，以及市场调研报告等。但在进入公司三个月后，他的项目策划还是由他部门的上级领导负责，原因是还不够熟悉，对下属不放心。这就是不信任下属，不敢授权的现象，新员工进入企业几个月后，他对工作范围与职责已经有了一定的了解，具备了完成该工作的能力；这时候，领导者应该授权。如果员工依然不能完成工作，管理者就要想一想，是你没有培养他还是没有给他锻炼的机会。总之，对这类工作，要尽快地授权让下属去完成他应该做的工作。

2．具有一定挑战性但是风险不大的工作应予以授权。如写一份产品的市场研究报告，对下属来讲，确实有挑战性，因为他原来没有写过。但这种挑战风险并不大，因为这个文案还要部门管理者或更高的领导来把关决策，风险可以不断降低。对这种工作应加以授权。

3．有风险但可控性的工作应予以授权。这类工作的过程中有很多的关键点，但是可以控制。

例如，让招聘专员去完成一个中层领导的招聘面试工作。这就是个有风险的工作，他可能完不成任务，可能招不来公司需要的中层管理者，但是招聘工作是可控的。比如有完善的部门职能及岗位职责要求、任职资格等，再和组织领导进行沟通过后，可以完全明白企业所需要招聘的中层管理者的基本标准。在招聘过程中如果出现问题，会得到及时控制和纠正。

假如新设的部门非常前沿，可能在整个产业当中，招聘这样的人才比较困难，而且招这些人来做什么，有时候也不一定清楚。这个时候，如果设定在某个时间使这几个人到位，虽然授权给招聘专员，实际上并没有把握他能完成。这类过程看起来比较透明，其实属于不清楚具体要求的工作，授权者要先思考再决策。

五、不应授权的工作

作为中层领导，总有一些工作是无法授权给别人来完成的。以下几种情况不应授权：

1．体现职务身份的这类职责只有本人做才能达到效果，就不能授权让别人来做。比如负责高交会决策一般是副总级别的领导或者是销售副总监的角色，大家都是类似的身份，企业也要派出类似身份的人去参加主持高交会统筹工作。在某种情况下需要领导拍板决策，所以，这类事情就无法授权给别人，因为这是要体现身份或决策性的工作。

2．签署决策公司的管理体系流程或薪资标准文件等事务。比如绩效标准、销售合同文件或者一些管理程序的关键流程等文件的签署，要求团队按照要求去执行的，这类工作不能授权。

3．重大的决策、重大的奖惩决策不能授权给别人。对下属出现的问题，可以授权给别人去处理，但只能是调查了解。假如涉及做出惩罚的决策，要对责任人实施撤职、降职决定时，就不能再授权给别人去做。这类重大人事决策，必须掌握在领导手里，不能授权。

4．相关费用报销或财务方面的审批权，这类权限不可以授权给下属。

5. 签字权不能授权。比如，组织领导通常会授予销售部经理与客户签署多大额度的订单的权力，这种签字的权力不能随便授权给下属。例如财务支出审核的签字权也不能授权给别人。还有折扣、汇款、合同书、销售协议以及一些关于关键人事的安排，等等，这些需要签字生效的关键性工作都是不能授权的。

六、有效授权不等于弃权

有不少管理者认为，授权意味着放权。但真正的授权并非放权后不再监控，更不是对下属没有原则性地授权。智慧型的领导授权一定是建立在原则基础上，并且是在有效的监控之下有目的性地授权。

《韩非子》里有这样一则故事：鲁国有个人叫阳虎，他关于君臣关系的一番话触怒了鲁王，因此被驱逐出境。他跑到齐国，齐王对他不感兴趣，他又逃到赵国，赵王十分赏识他的才能，拜他为相。近臣向赵王劝谏说："听说阳虎私心颇重，怎能用这种人料理朝政？"赵王答道："阳虎或许会寻机谋私，但我会小心监视，防止他这样做，只要我拥有不至于被臣子篡权的力量，他岂能得遂所愿？"赵王在一定程度上控制着阳虎，使他不敢有所逾越；阳虎则在相位上施展自己的抱负和才能，终使赵国威震四方，称雄于诸侯。

由此可见，领导者在授权的同时，必须进行有效的控制。管理者在运用这一谋略时，必须牢记以下三点：

第一，在将下属放在某个岗位上或者交给他某一项任务时，领导者必须首先想到，根据完成这些工作任务的需要，应该授予下属哪些权利，并且根据这些权利，进一步规范相应的职责和利益。

第二，在向下属授权时，最好事先检查一下：在这些授给下属的权力之中，是否混杂着少量有害的、多余的权力。凡是有害的权利或是多余的权力，只要一经发现，就应该坚决将其剔除。

第三，应该设法使每个下属成为领导的手的延伸、脚的延伸、眼的延伸、耳的延伸，但切勿成为脑的延伸。因为这样一来，下属就成为地地道道的管理者的傀儡了。正确的做法是，在智力上，应该是下属与自己形成脑的叠加或者互补，最大限度地发挥人才的群体优势，从而使下属成为一个富有朝气和生命力的细胞。

授权之后，领导的具体事务减少了，但是领导者在工作指导、监督管理上的职能却相对增加了。领导者的这种工作指导、监督和检查并不是干预，而是一种把握方向的行为。

卓有成效的领导者应该时刻细心选择授权监控技术，这样才能在最恰当的时间、以最恰当的方式，将偏离的员工纠正到正确的轨道上来。因此，作为中层领导，在授权之前，要建立一套行之有效的监控体系，通过信息反馈制度、工作汇报、预算审计等渠道获得下属的工作反馈信息，并进行及时行之有效的监控。在授权过程中，领导者必须遵循授权和监控相结合的原则。如果只授权不去监控，管理决策就会混乱；如果不授权只是监控，那么团队则会毫无活力可言。

Chapter12

第十二章

如何组织召开高效会议

会议是领导工作中占用时间最多的活动，而会议效率不高又是一个普遍性问题。因此，要找出会议效率低下的原因，并针对这些原因做好会议管理就显得格外重要。作为中层领导，清楚地了解什么是高效会议、会议规范有哪些关键要素，掌握这些知识，才能真正提高会议的效率。

第一节 提高对会议的认识

一、会议的定义及意义

会议是人们为了解决某个共同的问题或出于不同的目的聚集在一起进行讨论、交流的活动的总称。本章所讲的会议是指企业为了实现经营目标，由特定部门或人员组织相关人员进行讨论、交流的活动过程，是以达成组织目标为目的的管理活动。

在企业组织中有不同类型的会议，例如：经营管理会议、部门管理会议、项目会议，等等。对任何一个商业公司而言，要想让会议开得有价值，必须要有一个明确的目的；通过会议获取所需，提供给与会者相应的价值信息，推动企业经营管理决策。各方面信息的收集极为重要，这其中包括了解客户的需求、了解会议的出席者、了解媒体、了解预算、分析自己的不足等。每一次会议都是对组织领导创新能力的挑战，无论在内容或形式上，不断地创新能使每一次会议都充满激情与乐趣。无论会议大小与否，再好的会议计划都不可能达到完美，最重要的事情是建议、设计和修正。

二、会议的种类

会议是根据企业运营模式和管理结构以及实际情况而定的，一般来说分为公司级战略层面会议、公司级经营层面会议、部门层面管理会议、专题会议、公司员工大会五种类型。每一种会议类型都从一个方面反映不同的功能作用。每一种会议类型都与企业组织的运营实际情况密切相关。

1. 战略层面会议

一般是企业决策层主导或主持，是为制定企业发展方向或重要决策所设定的战略层面会议，是较为高级的会议类型之一。例如集团组织架构调整或重大人事任免；集团3～5年战略规划；经营方针或目标群策研讨；公司重大投资管理决策商讨等。

2. 经营层面会议

此类型会议也是属于公司级别会议之一。是由公司中高层主持召开，该会议是为了实现公司经营目标或达成某种重要项目所设定的中高层管理会议。例如年度经营计划会、月度营销会议、月度经营会、月度成本分析会议等。

3. 管理层面会议

此类型会议分为两种情况：一是公司产销会议；二是部门管理会议。对于工作总结或制订未来的工作目标所要召开的重要会议。

产销会议一般是由公司总经办或公司中高层管理者主导或主持，其目的是对上一阶段的销售总体部署进度完成情况进行总结；组织讨论、制订改善方案即对策；或对公司经营提出下一阶段经营目标进行决策的过程。例如公司产销会、月底经营管理例会、经营管理周例会，等等。

部门管理会议属于公司或部门管理会议。也是由各部门领导主持召开，该会议是为了贯彻公司各项决策以及完成部门月度目标等管理层面的会议。例如生产管理会议、品质管理会议、供应链管理会议、财务管理会议，等等。

4. 专题会议

此类会议类型属于不同性质的某种特征的针对性研讨会。例如，项目洽谈、ISO质量体系项目会议等。

5. 公司大会

此类会议是指由相关部门组织对全员召集，贯彻公司相关信息公布、落实沟通的一种形式。例如公司每月、每周一个大会，组织公布公司的某方面信息、宣导、告知全员的会议。

三、会议频率

每种会议类型是以企业实际情况而定，都有合理性的发生频率，才能更高效地利用各种类型会议来解决企业经营所遇到的问题，达到目的。

1. 公司管理会议

至少每月组织召开一次，也有每周组织召开一次的情形。例如月度经营管理例会。通过组织公司大会通报公司政策或汇报月度经营情况总结，但不能过于频繁，否则会给公司带来沉重负担。

2. 部门固定会议

通常来说，各部门每周组织一次部门固定周会，例如部门生产会议、品质周会、销售会议、成本会议等。

3. 突发性临时会议

随时组织召开。在能够解决问题前提下，根据实际情况组织召开临时会议。但是临时会议也要注意避免过于频繁，否则会让参会人员感觉每天的工作就是“会海”，甚至让下属陷入做事无条理的状态。

四、组织会议的目的

组织召开会议要有目的。即要清楚组织召开会议主要解决什么问题，接下来紧密围绕会议目的做好准备工作，确保会议的有效性。成功的领导者不组织召开没有目的或目的不明的会议，不开无准备的会议。

1. 组织进行有效的沟通

会议是管理者与下属沟通交流的主要途径。通过会议，领导者可以把公司的战略或经营计划等决策资讯传递给下属。可以让公司员工对公司管理决策正确认识和支持，也是体现公司运营规范管理的一种主要形式。

2. 达成协议与解决问题

为了贯彻执行公司既定的经营计划目标，针对过程中所产生的各种问题，组织各部门进行讨论并制订对策予以改善，或者组织相关人员协调资源，以达成意见一致的最终目的。

3. 集思广益、开发创意

集思广益就是组织相关部门或人员进行大讨论，例如头脑风暴法，找到最佳创新方案，以围绕客户需求或解决某种问题为目的，可以正反辩论、集思广益，让所有人员在辩论中说出自己的构思，最终经过论证，确定成为满足客户需求的最佳方案。要素有两点，一是开发创意、不受限制，二是经过辩论获取构思。

4. 营造氛围、激发士气

在某些情况下，领导者组织会议与下属进行近距离沟通、交流能激发下属的工作热情，产生激发士气的作用。公司组织召开会议的过程，让下属有一种重大问题解决参与感，经由他们完成各项工作而产生的满足感，对提高员工士气大有裨益。

5. 相互交流、增进自我启发

公司会议就是面对面地沟通、交流，并且能够听到许多不同的意见和看法，能与多数人交流，正是难得的自我启发的良机。自我启发，首先要形成完全由自己主动去做事的意识，而不是处于被动的被外力支配的状态。只要善于思考，任何事物都有可能成为自我启发的契机。就参会而言，参与者能充分感受到平时未曾经历过的业务以及新鲜的想法和做法。与各部门人员沟通、交流能接受来自不同方面的资讯，可谓置身于一个充满契机的场合，自我启发的几率也较平时有很大提高。

通过组织会议讨论，也可以对部门管理者所制订的方案加以完善对于个人也是一种管理理念上的启发。自我完善，首先要形成积极主动的工作意识，而不是等待上级指示才行动的被动状态。一般最常见的方式就是善于捕捉某种契机，并将自我意识付诸行动。只要具有积极主动性和善于思考，任何不同的意见和建议都能成为完善管理决策的契机。

6. 学习工作基本知识

有不少公司领导将那些业绩非常优秀的人员组织起来，与各部门通过组织会议的形式，进行工作思维或业务技能的团队分享。这种会议既能够让那些业务先进人员有一种成就感和满足感，又能让不同人员学习到成功的经验。

通过开会能够使员工从基本事项着手，再逐渐了解工作上的常识、做法，对业务知识从点滴积累逐渐上升到较高的境界。因此开会也是一种学习工作业务知识、技能的有效形式。

7. 培养管理能力

一般而言，公司管理是指对一件事情进度的掌握和协调过程。领导者必须先从工作计划入手，再分步骤实施和进行过程监控，最后检验成效，再导入下一个工作计划，从而形成一系列连贯的循环管理的动作过程，这是公司的基本模式。

8. 加强团队工作的能力

团队工作是公司中最重要的一环，也是公司发展的主要动力。顾名思义，会议便是一项典型的团队管理工作。从开会的过程中，可以感受到团队工作的重要性。从这个意义上理解，会议便是一项极有效的业务，与会人员可以不断从中学习知识，而且还可以从中领悟团队工作的精神，进而加强团队工作能力。

9. 提高参与感

每个人只要加入了有特定组织的团队活动，就可以在无形中获得不同程度的满足感。倘若在团队中能获得较高的评价，这种满足感会更高。即使是一个很普通的会议，只要能发表意见，与大家共同讨论、交流，便自然会对会议的结果产生高度的责任感。即使最后的决定意见与参与者的意见有所出入，但他在会议中的收获，也远比没有参加会议的人多得多。当下属意识到自己与公司的经营策略息息相关时，便会意识到自己为公司工作的意义。在这一过程中，也可以增进员工之间的互相配合、彼此关心、协同工作的意识。

第二节　会议准备与流程

一、会议准备

在组织召开会议之前，应提前做好会议准备。首先要根据会议目的，提前做好会务准备工作。一般来说，会议准备有以下几方面：

1. 基本要素

（1）确定会议主题 。要有切实的依据，必须要符合企业的实际情况，明确召开会议的目的。

（2）确定会议的时间和地点 。让参会人员明确参会的时间和地点，准确无误地参加会议。

（3）确定召开会议的规模。包括会议出席人员、公司领导、特邀领导、参会人员等。

（4）确定会议议程。包括会议主持、会议重点发言、会议讨论、会议讲话、会议总结。

（5）确定会议文件和材料的准备。

2. 注意事项

（1）确认邀请的主要领导人的时间安排，确定与其他重要工作没有时间上的冲突。

（2）确认会议场地是否能满足会议需要。如外订酒店会议室需提前联系酒店。

3. 会议经费预算

（1） 文件资料费。包括文件资料、文件袋、证件票卡的印刷、制作等开支。

（2）若召开远程会议，如使用有关会议设备系统的费用也应计算在内。

（3）会议使用设备或费用。如扩音器、摄影、投影仪、灯光照明、风扇或空调、记录纸等，以免临时发生故障或出现差错（并计算是自行购置或租借费用）。

（4）会议场所租用费。如会议室、大会会场的租金、会场布置等所需要的费用。

（5）会议宣传交际费。如现场录像的费用，与有关协作各方交际的费用。

（6）饮用水或就餐费用。

（7）会议期间的各项活动如需使用车辆等交通工具，其费用也应列入预算。

（8）其他开支，包括各种不可预见的临时性开支。

4．组织分工

一般是由公司行政部负责统筹安排，每一个工作环节都必须有专人负责，责任到人，并明确任务和要求。

5．会场布置与席位安排

会场除了整洁、安静、明亮、通风、安全等要求之外，还应考虑形状、大小、桌椅安排等布置。一般会议室的前方安排领导台与发言台，面对领导讲台的是参会者席位，公司重大会议的领导台席位应讲究排列。

二、会议纪要记录与资料管理

1．会议记录。由会议记录人员负责将会议内容记录，并形成公司标准格式的会议文件。

2．执行决议。由相关人员负责将领导审批后的会议决议文件资料抄送至各单位、部门并贯彻、执行。

3．会议资料文件管理。由会议专管人员对会议前后产生的有关文字、声像材料进行分类归档和管理。会议文件资料管理的目的有以下几点：

（1）对公司经营管理过程记录，为今后的经营管理工作总结经验；

（2）形成会议决议的重要内容，作为追溯的依据；

（3）针对本次会议组织过程进行总结，发现不足之处，为日后更好的筹备和举办积累经验；

（4）ISO9001程序文件的管理要求。

第三节　确保会议有效召开

一、组织会议前的思考

组织召开会议就是为了商讨解决问题的方法，如果会议计划不周、时间控制不严谨，就会导致某种程度上的资源浪费，甚至成为没有结果的会议。因此，组织召开一场会议，就必须要详细策划整个会议的过程，确保组织召开的会议取得圆满成功。

一般来讲，在确定需要召开某个项目或管理会议时，需要提前做好以下策划：

1．组织召开会议的目的是什么？会涉及哪些项目或内容？是否能够通过电话会议解决；

2．需要哪些人参加？如何邀请？是否有时间参加？例如上级主管领导，横向部门同事或部门内部相关人员参加；

3．召开会议需要做哪些准备？例如，资料、场所申请、影视器材等；

4．召开会议时间？在什么地点？有哪些人员参加。

这些问题都是需要认真思考的，除非在迫不得已的情况下，尽量不要组织没有策划的会议。因为，组织会议会涉及公司各部门人员以及相关资源的占用，召开会议需要一定的成本负担，可以说会议是一般单独活动所产生时间浪费的若干倍，还会占用公司其他方面的资源，所以组织召开会议要思考周全和计划周全。

如有必要组织召开一次会议时，首先就要依据公司会议管理制度文件，以电子邮件或会议通知文件的形式，邀请需要参加会议的人员，并说明组织本次会议所要解决的问题或需要商讨的事项，在明确会议主旨上要严谨、严肃，不得有半点马虎，这是组织会议的中心主题。在措辞方面，不要使用诸如“我正在思考的一些问题或讨论商量的问题”。组织会议需要明确告知参会人员你们需要决策什么？

例如，因客户投诉18003项目工程的质量问题，并且需要你限时提出改善方案时，你需要组织一个相关部门会议，来商讨解决客户对某个项目工作质量问题，并且需要决策出最佳解决方案。这种情况下你可根据会议管理制度及组织程序发出正式《会议通知单》：

（1）会议主题；

（2）会议时间；

（3）会议地点；

（4）会议主持；

（5）参加人员或邀请相关领导参加；

（6）需要准备的资料，等等；

（7）会议议题可以说明：

在本星期三下午14:00在1号会议室召开会议，就如何解决客户提出的18003号项目工程质量问题提出改善方案，并限三天内回复结果，会议时间预计需要一个小时，敬请届时前来参加。我们要决策的具体问题如下：①分析明确18003号项目质量问题的原因分析与责任部门；

②制定出解决改善方案与实施时间表；③由责任部门撰写《总结报告》；④会议内容总结。

通过上述通知就告诉了大家一个主题和要求，共同商讨出一个解决客户问题的方案。任何收到会议通知单的人，都非常清楚参加此项会议自己应该准备什么资料，或者思考该问题的解决方案，从而有针对性地做一些有效准备工作。这种明确又简洁的会议主题是组织召开一个有效会议的基础。

二、组织会议注意事项

要想组织召开卓有成效的管理会议，不但会议主题要明确，还需要计划周全的会议过程与注意事项。一般组织会议应注意以下几方面：

1. 准时开会，绝不拖延。

2. 严格执行会议议程。

3. 每讨论一个问题，都要有一个合理的决策、决定。

4. 明确每一个解决问题过程的部门或负责人，以及完成时间、追踪人。

5. 严格控制会议议题范围、不离主题、不要随意拖延会议时间。

6. 在会议结束时，由会议主持人重复一下会议总结，再次声明会议主题及决策既定的解决方案，所要负责的部门或个人，需要完成的时间。

7. 严格执行会议纪律或会议管理制度，执行奖惩措施。

8. 由指定人员负责将会议内容详细记录并整理，形成电子文档，抄送各相关部门及参会人员。

9. 将会议过程及会议电子文档进行存档管理，便于追溯。

10. 注明会议决策跟踪监督人，按照时间节点跟踪监督。

综合上述需要注意的事项，在会议当天就把会议纪要记录形成文字档案，记录会议的决议内容。这样可以使参会人员都有一个清晰的记忆，在什么时间参加过什么会议、会议有哪些决议、会后需要做出哪些准备与措施；各部门应在什么时间节点发挥什么样的作用。关键步骤不得偷懒，它不但能够让参会人员进一步明确自己的责任，还有助于落实组织会议的一系列目的。

三、掌控会议过程

在会议过程中，会有不同的声音或做法，甚至在会议上会出现一些反对意见及情绪之外的举动。作为领导或会议主持人，应有会议掌控的能力，会议中不管遇到任何反对声音或情绪，从人性属性的角度来说，都属于正常现象。关键是要弄清楚唱反调、提出反对意见、情绪化举动等的根本原因，再进行有针对性地化解与调整方式，但是必须保持不偏离会议主题、不违背会议原则。

在组织会议时，就要对参会人员有一个初步的分析和会议异常的思考。通常来说，提出个人意见对于客观情况而言，属于正常现象，或许正是这些意见反而完善了决策上存在的缺失。对于那些具有特殊技能、公司元老或有背景的人，必要时，可事先与对方做一个工作沟通，让这些人员感受到一种尊重，从而取得立场上的支持，即便是有意见，也不至于让你在会议上难堪。主持会议要严谨并注意礼仪言辞，并且体现出一种大度的格局，让参会者明白，之所以邀请你参会，是因为你会对会议决定或解决方案提出非常宝贵的建议，体现出一个部门职能、一个岗位的职责。会议是一个集思广益共同商讨解决方案的集体形式，针对本次会议的主题，欢迎提出自己的想法、意见与建议。在这里需要说明的是，组织会议，就应鼓励提出反对意见或不同的声音，应该正确看待这些具有启发性的反对意见，或许这正是你需要完善的所在。所以，只要是对解决问题有帮助的意见或建议，都要吸取采纳。包容他人、接纳别人也能体现出一个中层领导的格局。

第四节　提高会议效率的五要素

组织召开会议是公司中层领导最基本的管理方式，是企业各级领导传达公司战略决策、任务分配、集思广益、商讨及解决问题的有效途径。开好一个会议，除了要对会议目的、议题、议程做总体规划之外，还要注重会议功能与效率。

一、做好会务工作计划

1. 确定会议时间，能够提高开会的效率

在什么时候召开会议，往往会直接影响到会议的效果。在美国玫琳凯化妆品公司里，有一个会议规则，即销售会议被安排在星期一上午举行，负责组织召开销售会议的经理说："如果你上周销售业绩不是很好，那你得在星期一上午召开的销售会议上吸取别人的经验；如果你上周销售业绩很好，那你得在星期一销售会议上讲述自己的经验与人分享。"要是一个人散会时浑身是劲，那他有一周的时间把劲使出来。

某公司行政部在周五下午召开部门会议，会议上决策的事情要等过了一个周末才能贯彻落实，无形中抵消了会议的效果。因此，会议的时间也是决定会议效益的重要因素。

2. 科学布置会场，有效改善开会的效果

根据主持会议的不同情况，对开会场所进行科学布置，也是提高会议效率的重要因素。例如环境是否安静，灯光照明是否充足良好，空气流通是否良好等都要考虑到位。就会议桌的布置来说，一般要做到两点：

（1）科学布局会议桌，便于主持人能观察到所有与会人员，能与参会人员的目光交流或沟通。

（2）根据会议性质的不同，所采取的会议桌也要有所区别。如会议桌过于狭长，而主持人又坐在长边的中间，他就无法和每个人形成目光交流。

二、掌握宣布开会的时机和方式

会议主持人不同于发言人，他不应过多地参与到会议发言中去，他应当超脱于一般发言人之外。但并不等于说对会议内容无动于衷，相反，他是会议组织者与控制者，只不过他更多地是用无声的语言手段干预会议。具体有以下几点：

1. 开场时主持人的行为举止

会议主持人在走进会场时的初始形象，例如步履、着装、气场、形态、表情等都会对会议有影响。一般要求会议主持人应当是挺直腰板，充满信心地出现在大家面前。

2. 掌控宣布开会时机与方式

根据会议议程、会议主持人要提前掌握好宣布开会的时机与方式。首先，高明的会议主持人总是通过自己的神态举止来集中大家的注意力，向参会人员微笑致意或者目光投向那些还在说话的人和还未坐稳的人；其次，再次确认掌握会场秩序；再次，调整自己的状态并环视一下会场，然后对参会人员微笑一下；最后，根据会议议程的时间宣布会议开始。

三、明确议题，要简明扼要

会议主持词结构，一般由导语、过渡语和结束语三部分构成。主持人导语要直奔会议主题，简介会议程序、与会对象和与会要求；过渡语要简洁自然，衔接巧妙；结束语要晓畅明快，收缩有力。谨防结束语的两种不良倾向：一是避免将大小标题简单地罗列起来来回重复；二是不要发表长篇大论。因为这些做法不仅浪费了与会者的大好时光，还是对会议发言人和与会者的不尊重、不信任。

在会议结束时，主持人应该将重点问题的主要观点、典型经验进行概括提升，而不应该简单重复。在提要求部分，只要将关键环节、重点要求等讲解清楚、强调到位即可，不要长篇大论。

四、要突出重点，不要轻描淡写

会议主持人在不同类型的会上有着不同的作用：要明确会议的目的和重点。例如在战略规划会上，要起到提出目标性、方向性、指导性规划的作用；在生产会议上，要起到肯定做法、总结、分析、启发的作用；在工作布置会上，要起到落实措施、提出要求的作用；在公司全员大会上，要起到鼓励优秀、号召学习、激励全员的作用。主持人只有将会议内容与召开会议的目的有机结合起来，方能有助于会议目标的达成。

五、会议表述内容要恰如其分，不要夸大其词

有不少企业领导在小型会议上的讲话，却被主持人冠以“领导重要讲话”“领导重要指示”之名，就连一般性发言也被定性为“工作指导意见”。这样的表达在不少管理会议上并不少见，这不仅言过其实，使与会者感觉过于夸张、就连主管领导也觉得不自在。因此，在主持会议时，要根据企业会议的级别、类别、规模等实际情况，做出恰当的会议发言，不得夸大其词、任意拔高。召开会议可这样表述：“请认真严格执行”等。组织召开会议一定要从企业实际情况出发，确保开会的有效性。

六、要有效控制，不要听之任之

在开会时，当某人在发言时，常有些人在那里开小会。这是一种对发言人的不礼貌行为，也会对会议会场纪律和会议气氛产生不良影响，会议主持人要及时制止。同时也要控制好会议预期设定的时间，不要出现随意

长篇大论、偏离议题等不良现象。

1. 要控制好会议预期时间

我们经常会遇到“拖会”的现象，这就要求会议主持人严格按照会议议程执行，在发言人发言前告知时间限制；不管遇到什么情况，会议主持人都要随机应变，根据现场情况做出相应调整。如果时间不够，或要求讲话者压缩讲话内容，或把大会发言改为书面交流，或精简自己的主持内容，以保证会议按时结束。

2. 要控制会议秩序

有的会议上，一些与会人员交头接耳开小会、随意接打手机、会议中随便走动，这些不良现象严重影响了会议效果。这种情况下，会议主持人应通过自己的举止而不是语言来控制局面。例如，自己可以全神贯注地关注发言人，以自己的神态来影响或带动他人；或者可以向开小会者以眼神或手势示意改变；遇到会议争吵现象时，主持人可以表示友好地请发言人暂停发言，然后把身体靠在椅背上，沉默不语。这样会让参会人员感到问题的严重性，这样开小会者就会集中精力。这时候，会议主持人再把身体前倾，向大家微笑示意，这种方法既控制了会议局势，又强调了会议的严肃性。然后再把发言权转给发言人，请继续发言，保障会议正常顺利进行。

七、鼓励参会人员积极发言

公司管理会议就是组织各部门商讨解决问题的一种主要方式。主持会议不仅是管理者或主持人发言，而应该由主持人利用一切方式，鼓励所有参会人员积极参与问题的讨论，来积极带动会议气氛，扩大会议的效果。

当主持人宣布会议开始后，就需要参会者发言了。除了预先确定会议主要发言人以外，就由主持人做好开场白和参会者的讨论衔接，不要出现冷场或大的争端现象。会议主持人要做好会议发言引导，例如可以直接说：“杨工，请你谈点看法，好吗？”在尊重对方的前提下，再请对方发言，引导、带动开会发言的引线，把会议带到讨论解决问题的话题上来。

第五节　出席会议的发言技巧

不管你出席的会议是定期举行的，还是临时组织召开的，你都要为自己定下一条规则：总要计划好为会议做出哪些有益的提议和建议，或从会议中获取一些有助于本部门的信息。只有达到了这一目标，才值得你花费时间出席会议。

同样这也是处世准则中的一条：假定公司需要你到场出席会议，你就必须在会议上有所提议和贡献谏言。如果你出席了一系列会议却无任何形式参与，你应该感到不好受，与其如此，还不如好好利用时间干些别的。徒有虚名地参加会议只会影响你的工作和自尊。

你可以以多种形式参与会议。可以提出一种看法，可以支持或反对某人的意见，或建议采取某种方法，或者你也可以在会议上保持沉默，然后以会议上获取的信息为依据在本部门实行改革。在这里需要注意的是，有时候需要你在会议上慷慨陈词，而有时候只需要你静静地坐着，光听不说。即使要你发表意见，有时候也应尽量少说为妙。因此，参加会议需要知道一些不成文的规则。这些规则概括如下：

1. 让你发表意见，不等于让你直言不讳

仅仅因为有人邀请你发表意见，就相信对方果真要你这样做，这可能是一个错误。因为对你发出参与邀请可能只是出于礼貌，也可能是出于真心。如果你具有这样的一种识别能力，能看出对方是真的要你直陈己见，还是出于别的意思，那么你就是一位真正的领导者了。要做到这一点，首先要了解对方，并知道对方真正需要的是什么。遇到必须说实话的场合，以积极建议的方式提出批评意见或许不失为一种谨言慎行的做法，较之于直接指出对方的错误要好。

2. 一些人可能需要听到真情，然而又不总是乐意听到真情

你很可能发现自己处于一个困难的境地，你需要发表你的见解，或提出完全相悖于对方的观点，又很难委婉表达。在这种情况下，你就要有心理准备对方可能做出对抗的反应。如果你是正确的，对方终将承认事实，即使他一开始有抵触情绪。

3. 有时照直说出心中的想法并非上策

一个保全的做法是，不要在会议上对某一问题做出具体的回答，可以要求安排一次私下的约会来表达你的意见——特别是你的意见和会议领导人的意图完全相悖的时候。例如，倘若你所在的公司的总经理完全错了，你也知道这一点，并且你也想这样说出来，就要考虑在大会之后与他私下交换看法。

第六节　开会就是解决问题

会议的主要目的就是充分整合参会人的智力资源以达成共识和解决问题，但由于开会技巧不佳或过于频繁，不但无益于解决问题，反而使问题愈趋复杂。因此，要分析会议效率低下的原因，并针对这些原因规范会议管理规则或会议方式。只有真正了解了什么是高效管理会议，规范管理会议有哪些要素，如何能在会议中高效率且有效地解决问题，主持人又如何合理地设计会议流程并游刃有余地控制住场面，以及处理各种突发事件，只有掌握这些规则，才能真正保障开好一个高效会议。

一、召开高效会议的最佳时间

在组织召开会议之前，要考虑到各种不利因素，例如，人在最早和最晚都显得疲劳不在状态，上班的准备工作安排最繁忙时间，等等。因此，组织召开会议要分析人的最佳状态或时间；确保组织召开的会议能够成为真正意义上的高效会议。

1．上午时间8—9点，各部门刚进入办公室或工作场所，此时，员工状态还比较混乱，还需要一个时间阶段才能进入工作状态。所以，在这个阶段组织召开会议，试图让员工提出思路或方案，是非常不现实的；从另外一个角度来说，先把部门所有系统工作运作起来，进入状态是第一要素。所以，从实际工作情况来分析，这个阶段组织开会是不现实的。

2．上午9—10点，部门员工已经开始进入状态。从业务方面来说，正是独立思考、分析的时间阶段，最适宜一对一的业务会谈，同样也是洽谈的最佳时间。

3．上午10—12点，组织召开会议的最佳时间。这段时间正是思想活跃时刻，能够调动所有人员的积极性，围绕会议议题，集思广益、头脑风暴地思考，找到新的解决方案。

4．下午13—14点，在13:30前，部门员工还没有完全进入工作状态，因此，不建议在此时间段召开会议。

5．下午13:30—15:00点，此时间已经完全进入工作状态，该准备的工作都已经就绪，正是思想活跃，讨论的最佳时期，在这段时间内可以通过热烈讨论和辩论，找到解决问题的最佳方法。

6．下午16:00—17:00，最好不要安排会议，这个时间段员工已经在收尾一天的工作或处于工作倦怠期，员工都希望下班后可以马上回家，所以，在这个时间段安排会议往往是事倍功半。

二、会议管理规范

会议管理制度是指企业组织为顺利召开会议，需要共同遵守的规范守则，对组织召开会议具有一定的规范性，是保证组织召开高效会议的基本准则。

会议管理规范应特别注意以下几点。

1. 合理组织安排会议时间。

2. 超过一个小时的会议应有正式书面通知、议程表及相关会议资料。

3. 所有与会人员都要围绕议题，在会议上发言讨论。

4. 准时开始、准时结束。

5. 会议结束时达成决议。

6. 会议结束后，参会人员都应拿到会议记录。

7. 参会人员都应承担起对会议质量进行反馈的职责。

8. 必要时邀请会议监督人，以保障会议质量。

三、会议规范模式

组织召开会议，应遵守会议的流程规范，主要包括一个中心、两个要素。

固定会议的中心是指整个会议的议程，它包括以下几点：

1. 会议的开始，具体包括：欢迎致辞，阐明会议的目的和会议议程，介绍时间安排和会议纪律，制定会议记录人等。

2. 进行会议讨论，可根据会议时间情况，分为不同议程，例如议程一、议程二等。例如，进行讨论谈论、交流信息，产生方案、做出决议。

3. 结束会议，通常是会议总结、安排确定下次会议时间等。

组织会议的两个基本要素是指会议的一头一尾，即会议的开始准备和会议结束后的跟踪，看似简单的前后两点，往往是组织会议时最容易疏忽的。但是，这些要素却是成功组织会议的关键。

四、组织召开会议的注意事项

有管理者为了显示人性化，一般开会都是每人一杯茶，在烟雾和茶香中，一个议题能开几个小时，总是在争论中结束，却没有找到解决问题的方法。也有管理者总是喜欢开会，还爱训斥他人，会议气氛紧张，却不解决问题，一个部门把时间都用在了这些无效的会议上，基础性的工作却需要加班来完成。

不少企业往往由于以下原因，造成开会效率低下：

1. 不少管理者并没有把握好组织开会的最佳时机。

其一，许多的会议都是安排在周末进行，有管理者认为周一到周五都要忙于工作，会议应该在不影响工作的情况下召开。看似合理的会议安排，却忽视了最佳的思考和解决问题时机：周末开会，等到下周再去组织实施，就失去了落实决议的最佳时机。其二，在业务最繁忙的时候组织会议，看似边工作边开会解决问题，其实，由于各种工作任务紧张，加之参加各种会议，往往是老的问题还没有处理好，新的问题又必须解决。

2. 粗放型的管理者组织召开会议，几乎都不征求下属的意见，就会使得部门员工忙于奔命，造成措手不及，导致抓不住工作重点。

3. 由于缺乏会议计划，临时会议现象特别突出，有些“必须参会”的下属，因为有重要事情已经安排而不能出席，这使得会议讨论无法正常进行。而那些到场的人员或代理人员，往往并非是与会议关系最密切的人，甚至没有决策权只是例行出席，这就是会议效率低下的重要原因，是在实际工作中比较常见的无效会议。

总之，形成无效会议的原因是多样的。但上述三种原因是最常见的情形，需要管理者在组织会议时格外注意。

第七节　如何避免召开无效会议

在很多公司，管理者每一天都要参加无数的会议，实际上许多会议都毫无价值可言，很多都是出于私心的结果，只要稍做会议分析你就会发现很多会议都没必要。

一、会议主题不明确的会不开

假如会议组织者没有把会议目标开门见山地在会议的一开始就明确给大家，请不要妄想大家会积极主动地猜测这次会议为什么召开。因为不消几分钟，大家就会把这次“毫无目的”的会议看成一天工作当中的小调剂、一次休息时间，或一次与久未谋面的同事的聚会；或许这不会立即引起下属的不满，但是当他们从会议室回到自己的办公室后，一定会愤愤地表示自己的时间又被一次无用的会议给浪费了，这在不少企业是存在的事实。

管理者召开任何会议，必须是主题清晰、议题明确，否则，这样的会议宁可不开。实际上每天给下属召开的各种会议，很大程度上都是一些计划部门内部的事务，有些是检讨目标业务成效，有些是协调工作关系，并无实质上目标清晰、议题明确的确实需要讨论决策的会议。

二、规范会议的时间

这是有效控制会议时间的最直接的办法。有很多企业在会议管理制度上有着明确规范和要求，什么会议大概需要多长时间、并在会议通知单中有明确的说明，会议大概需要多长时间，没有特殊情况，必须严格执行会议管理制度。这就要求管理者在组织会议时，估计会议内容需要多长时间，包括整个讨论、发言及结束时间等。通常来说，应将会议发言人阐述、辩论自己的观点限制在预期时间内，尽可能地尝试将会议的时间控制得越短越好。

三、会议议题不要太多

会议组织者应对会议所能达成的效果抱有切合实际的期望，而会议议题的多少决定了会议的效果和质量。会议的要点宜少不宜多，宜简不宜繁；过多议题只会造成时间无限延长和长时间讨论。

总之，会议组织者要对会议讨论的深度有所掌控，一旦觉察到延伸其他方面话题，应立即掌控修正。同时，也不应过于纠结细枝末节，或者有人开始把会议当成故事会，大讲一些漫无边际的“亲身经历”“个人感受”，以至于人们开始失去兴趣；一旦出现这些偏离会议议题的现象，会议主持人就要立即纠偏，及时把话题拉回到一个让大家可以参与的层面。

第八节 应对会议冷场的技巧

一个有智慧、高效的会议主持人是不会让会议中出现冷场的，会议过程一旦出现冷场，主持人应及时分析冷场原因，分别采取相应对策和技巧来调整会场的氛围。

一、会议冷场的修正方法

出现会议冷场的根本原因是讲话者所讲的内容没有吸引力或偏离主题。而参会人员仅仅是出于纪律的约束或处世的礼貌而扮演一个“接受者”的角色。所以，只要出现冷场的情况，就是讲话者的失败。为了避免冷场的发生，在讲话中应掌握以下方法。

1. 突出主题、言简意赅

在组织会议时，在单向交流中，应景式的讲话关键是要突出主题，通俗易懂，越短越好。而在双向交流中，任何一方都不要滔滔不绝地说个没完没了，要有意识地给对方留下发言的时间和机会。如果自己一轮讲不完，应待对方有所反应后再讲。

2. 调整话题、活跃气氛

所谓调整话题，就是如果会场遭遇冷场，可通过暂时调整话题的办法吸引听众的注意力。如通过穿插活跃现场气氛话题，从而吸引在场人员的注意力。特别是员工在工作或生活中有指导性的谈资，生活中的许多情趣即由此而来。会议主持人要抓住员工渴望趣味的视听倾向，恰当而又适时地讲述一些关心和有吸引力的话题，会使混乱或冷清的现场马上活跃起来，会议注意力也会被迅速地集中到讲话内容上。这时主持人再把话题转回轨道，效果就理想多了。如果是双向交流，话题的调整就是不定的，可根据现场情况随时进行。

3. 实际赞美、求得共鸣

如果参会人员发现讲话内容与主题的关系不大或和自己没有太多的关系，自然不会给予太多的关注，在这种情况下，往往会出现冷场。此时，主持人应当注意采用恰当的方式，拉近与参会人员的心理距离。一个有效方法就是发自内心地赞美一个他人的实际案例，用合情合理的话语唤起员工的心弦，激起他们的共鸣，使他们重新对会议主题产生浓厚的兴趣，从而打破冷场的尴尬局面。

4. 适时提问、调动热情

一般来说，会议主持人可以通过自己的话语和肢体语言来感染调动会场的气氛，将与会人员的参会热情积极地调动起来，确保会议顺利进行。因此，会议主持人在必要的时候，可以提出一个富有针对性和启发性的问题让大家回答，这样可以调动员工参与会议的热情，使大家意识到自己提出的意见和建议也是整个会议的一个重要组成部分；甚至让参会人员感受到，或许自己的建议是完成某个项目工作方案的最佳方法，让参会人员的热情和积极性推动会议的顺利进行，这样会有效地避免和打破冷场局面。

二、如何应对会议冷场

会议冷场是有原因的，会议在讨论中遇到无人发言或无任何反应，陷入冷场时，会议主持人应分原因，分别采取相应的对策措施，及时做出反应。

1. 因不愿第一个发言而发生冷场

由于受到某种因素影响，都不愿意第一个站出发言而发生冷场。在这种情况下，管理者可先讲一个幽默的话语进行“破冰”，引导与会人员进入话题；或者有意点名，让那些性格开朗、胆子较大或者资深员工带头发言。只要打开话匣子，也就破除了冷场局面。例如，“老李，你在这方面经验比较丰富，大概已经有了自己解决问题的方法，大家都想听听你的方案，你就带个头吧？”只要有第一个人开口说话，接下来也就不是什么难题了。

2. 因顾虑重重，担心言多过失而发生冷场

因担心自己的发言是否正确而顾虑重重。这种情况下，管理者应鼓励与会人员积极发言，畅所欲言发表自己的观点和看法，不要怕发言不对，要敢于说真话，也许你的发言就是解决问题的关键，打消大家的顾虑，努力营造出宽松的会议氛围。

3. 因缺乏经验担心错误而发生冷场

因为缺乏工作经验不知道该如何发言，更是害怕错误，所以不敢发言。遇到类似情况，管理者要鼓励和引导他们发言，并让大家明白，即便是说错了也没有关系，至少排除了一个可能性。当大家发言时，要表现出极大关注和兴趣，并对合理的地方及时给予肯定，打消他们胆小害怕的心理，增强其积极发言的自信和勇气。

4. 因自视清高等待时机而发生冷场

有些资深管理者有一种自视清高极其傲气的姿态，即便是有解决问题的思路，也不愿意提前说出来，目的是要显示出比其他人厉害的思想。这类人员往往阅历较深，处世严谨，有自己的见解，既想表现自己，又要摆出一副清高不凡的姿态。对待此类人员，应该事先表示出一种尊重，让他感觉到自己的发言很重要，他就会说出自己的看法。例如，“陈工，在注塑方面你是专家，大家都想听听你的看法。”这样，他在众人面前受到重视和尊重，也就很难再推辞了。

5. 因对他人有对抗情绪而发生冷场

有个别人员与管理者因某种原因发生对抗情绪，始终保持着沉默。这类人员要么有不同意见不想说，或者就是对管理者有意见而不愿意说。遇到类似情况，管理者要以大局观念为重，不计较个人得失和恩怨，保持一种尊重、重视来改变他们的思想态度，并重视他们的发言和意见，引导他们说出真实观点。

第九节　会议总结与结束语

在即将结束时，最后由领导对整个会议的过程、决议所取得的成果进行全面、客观的总结，对不能确定或未能及时做出决议的问题做出解释说明。总之，对会议总结得如何，是衡量一个领导水平高低的重要方面。优秀的领导能把会议总结得非常明确、清晰、精准而有高度，让人一听就明白。因此，卓越的中层领导对会议的总结能够帮助参会人员加深对本次会议的理解，从而有助于会议决策的贯彻和落实。

会议总结并没有标准模式，但其内容大体应包括以下两个方面。

一、会议内容方面

1. 会议的基本

主要是讲述会议的进程，与会者的综合表现。其中主要对会议过程进行的关键环节进行分析、综述与肯定，对每一个环节做出点评；以及参会者的表现如何，要列出实际案例进行点评。总之，要对会议进行多少时间、有哪些议程、解决了哪些问题、改善结果如何、与会者的参与程度都应做出点评。

2. 决议和成果

主要讲述会议核心重点。重要讲通过参会人员的共同努力、会议统一了哪些思想，提高了哪些认识，所形成的决议是什么。把会议核心内容归纳总结后明确告知与会者；让人听了感觉重点突出、条例清晰、便于记忆和贯彻落实。特别是解决某项重大问题的决议和要求，都要具体地表述或数据说明，给人以突出重点和具体生动的感觉。

3. 对后期工作的指导意见

最后主要是对本次会议精神和决议的综合概括，结合企业实际情况，提出实施会议主题的意见。同时，对参会人员在后期工作中应如何进一步落实会议精神和要求根据会议确定目标、任务和措施进行分解，将所做出的工作部署和指导意见落实到具体责任部门和责任人。

二、会议总结方面

会议总结要有方法，一般可以采用以下方法：

1. 直接表述法

是指简要回顾本次会议最终做出哪些决议、解决哪些问题、达成哪些共识、有哪些重要措施，等等。

如通过这次会议取得两项决议，一是确定了客户投诉受理的主管部门，并由责任部门编写流程。二是明确下个季度的市场开发目标、针对市场细分与客户定位，建立某大区销售渠道，具体分为：线下销售渠道，分为大区总代理、一级代理、二级代理、三级代理、专营店；线上销售：公司网站与微信营销等模式相结合。总之，要把任务目标详细计划，目标分解到部门、人员，并限制时间完成项目计划，逐级审批后实施。这次会议精神，我再次提出几点意见：一、二、三……

2. 归纳表述法

是指在简要总结会议的基础上，对整个会议进行高度归纳、概括。

例如，本次会议取得圆满成功，概括有几点：一、二、三……或者本次会议初步形成三个方面的共识：一、二、三……现在，对解决这几个方面的问题，公司各个部门都形成了一致意见，拿出了具体的对策措施，最后，由确定的责任部门——客服部，在三个工作日内制订出具体的解决方案，最后的关键就是严格执行、落实到位。

3. 激励鼓舞法

在不做全面会议总结的情况下，用激励措施及鼓励鼓舞的形式做总结，对大家提出希望和要求，并要求大家为实现企业阶段目标努力工作。

会议总结是详细或简要，要根据会议的性质和要求、会议氛围、与会人员、时间安排等情况具体而定，领导主持会议要灵活地掌握和应用，最好不局限于形式。